Die Bestimmung strafbaren fahrlässigen Verhaltens in der Forschung
am Beispiel ärztlicher Humanerprobungen

D1728383

Schriften zum Strafrecht und Strafprozeßrecht

Herausgegeben von Manfred Maiwald

Band 69

PETER LANG

Frankfurt am Main · Berlin · Bern · Bruxelles · New York · Oxford · Wien

Jessica Däbritz

Die Bestimmung strafbaren fahrlässigen Verhaltens in der Forschung am Beispiel ärztlicher Humanerprobungen

Ein Beitrag zur methodischen Ermittlung und inhaltlichen Bestimmung von Sorgfaltspflichten in der Humanforschung

PETER LANG

Europäischer Verlag der Wissenschaften

Bibliografische Information Der Deutschen Bibliothek
Die Deutsche Bibliothek verzeichnet diese Publikation in der
Deutschen Nationalbibliografie; detaillierte bibliografische
Daten sind im Internet über <http://dnb.ddb.de> abrufbar.

Zugl.: Hannover, Univ., Diss., 2003

Gedruckt mit freundlicher Unterstützung der
Hans-Böckler-Stiftung.

Gedruckt auf alterungsbeständigem,
säurefreiem Papier.

D 89
ISSN 0938-6181
ISBN 3-631-51651-7

© Peter Lang GmbH
Europäischer Verlag der Wissenschaften
Frankfurt am Main 2004
Alle Rechte vorbehalten.

Printed in Germany 1 2 3 4 5 6 7

www.peterlang.de

Vorwort

Ich möchte mich bei Herrn Prof. Dr. Diethart Zielinski für eine wissenschaftliche Betreuung bedanken, die ich mir nicht besser hätte wünschen können. Seine vorbildliche wissenschaftliche Neugier, seine Diskussionsbereitschaft sowie sein besonderes Engagement haben mich stets fachlich gefördert und persönlich ermutigt. Mein Dank gilt auch Herrn Prof. Dr. Hinrich Rüping für die zügige Anfertigung des Zweitgutachtens.

Besonders danke ich meinen Eltern Bernd und Brigitte Schüler für Ihre liebevolle Unterstützung in meiner gesamten Ausbildungszeit.

Gewidmet ist diese Arbeit aber meinem Ehemann Jürgen Däbritz, der mich tatkräftig unterstützt und mir unerschöpflich Zuversicht vermittelt hat.

Gliederung

1. Teil: Einleitung

A. Problemstellung

Forschung und Fortschritt stehen in einem untrennbaren Zusammenhang mit gesellschaftlichem Wandel. Dieser zieht eine Reihe rechtspolitischer Fragen nach sich, weil ständig wechselnde Entwicklungsrisiken für elementare Rechtsgüter unvermeidbar sind. Zum Ausdruck kommt dies durch den Begriff der "Risikogesellschaft"[1], der eine Epoche bezeichnet, die durch die Gefahren des Fortschritts für gesellschaftlich anerkannte Rechtsgüter geprägt ist.[2] Politik, Wirtschaft und Wissenschaft müssen auf diese Herausforderung ebenso reagieren wie das Recht.[3] In der Konsequenz wird damit auch dem materiellen Recht ein gewisses Maß an Flexibilität abverlangt.[4] Flexibilität in der Hinsicht, dass ein stetiger Ausgleich der kollidierenden Interessen am Fortschritt einerseits, und am Rechtgüterschutz andererseits, zu gewährleisten ist. Dazu müssen auch die dogmatischen Grundstrukturen des Rechts Reaktionen auf neuartige Risiken zulassen.

In der "Risikogesellschaft" kann das Strafrecht selbst vor den Gefahren für die Rechtsgüter Leben und körperliche Unversehrtheit keinen vorbehaltlosen Schutz gewährleisten. Ein absolutes Risikoverbot hat sich bereits zu Beginn von Industrialisierung und Technisierung als nicht haltbar erwiesen[5]. Auch im Bereich der medizinischen Forschung kommt dem Gesetzgeber vielmehr die Aufgabe zu, einen *Ausgleich entgegengesetzter Belange* zu erreichen.[6]

---

[1] Vgl. Beck, S. 1 ff.; Prittwitz, S. 49 ff.
[2] Zum Begriff der "Risikogesellschaft" ausführlich Hilgendorf, S. 17 ff.
[3] Beck (S. 8) trifft dazu folgende Aussage: "Wir stehen längst mit einem Fuß in der Risikogesellschaft, aber unser politisches System, unser Rechtssystem, die Wirtschaft, die Wissenschaft, auch die Mehrzahl unserer politischen Akteure sind geprägt von der Wohlstandsgesellschaft und der Verteilungsgesellschaft (...)."
[4] Vgl. dazu Hassemer, NStZ 1989, 553, 558.
[5] Vgl. etwa Duttge, S. 15 ff., 17. Nach BVerfGE 49, 89, 143 hat jeder Bürger ein gewisses Restrisiko zu tragen.
[6] BVerfGE 57, 70, 99: Der Gesetzgeber ist verpflichtet, einen Ausgleich zwischen der bestmöglichen Behandlung des Patienten und der Wissenschaftsfreiheit herbeizuführen. Vgl. auch BVerfGE 85, 360.

Eine Rolle spielen dabei die Grundrechte als Individualrechte, aber auch in ihrer Ausprägung als Wertesystem[7].[8] Die staatliche Schutzpflicht für Menschenwürde, Leben und körperliche Unversehrtheit[9] erfordert im medizinischen Bereich einen Balanceakt zwischen dem Schutz von Versuchsteilnehmern, der Forschungsfreiheit und der Notwendigkeit medizinischer Fortentwicklung.

Ob und wie das Strafrecht den Herausforderungen des Forschungssektors Rechnung tragen kann, soll am Beispiel der ärztlichen Humanerprobungen erörtert werden. Da die Frage nach Inhalt und Grenzen des erlaubten Verhaltens insbesondere im Hinblick auf die Fahrlässigkeitsdelikte diskutiert wird[10], sollen die methodische Ermittlung einer *fahrlässigen Tötung und Körperverletzung* sowie die inhaltlichen Anforderungen an die "im Verkehr erforderliche Sorgfalt" im Zentrum stehen.[11] Dabei wird von der Prämisse ausgegangen, dass die Fahrlässigkeit dem Unrecht[12] und nicht der Schuld[13] zuzuordnen ist, sowie nicht erst für die Rechtswidrigkeit[14], sondern bereits für den Tatbestand[15] Bedeutung erlangt.[16]

---

[7] BVerfGE 5, 85, 204; 6, 32, 40; 6, 55, 72; 7, 198, 201; 10, 59, 81; 21, 362, 372.

[8] Auch in der Diskussion um das 6. Strafrechtsreformänderungsgesetz (Sechstes Gesetz zur Reform des Strafrechts v. 2.1.1998, BGBl. I, 164) konnten sich die Volksvertreter letztlich nicht für eine freie Disponibilität des Rechtsguts der körperlichen Unversehrtheit entscheiden und bestätigen durch die Beibehaltung der "Sittenwidrigkeitsnorm" des § 228 StGB (vgl. § 226a StGB a.F.) die Relevanz der sozialethischen Wertvorstellung über die Belange des einzelnen hinaus.

[9] BVerfGE 45, 187, 254; 64,261, 275 (Menschenwürde); BVerfGE 39, 1, 30ff; 45, 187, 254; 46, 160, 164; 53, 30 (Leben und körperliche Unversehrtheit).Vgl. auch Isensee, Rn 137, 188.

[10] Vgl. zum Überblick Sch/Sch-Cramer/Sternberg-Lieben, § 15, Rn 111ff. Vgl. auch Duttge, S. 40 ff. und zu den Grenzen strafbaren Verhaltens Schlüchter, 1 ff.

[11] Die Frage der Ermittlung des sozialschädlichen Verhaltens muss sich aber gleichermaßen beim Vorsatzdelikt stellen. Im Rahmen dieser Untersuchung bleibt aber unerörtert, ob das Fahrlässigkeitsdelikt ein "minus" zum Vorsatzdelikt darstellt, oder die Vorstellung vom "aliud" (vgl. dazu LK-Schroeder, § 15, Rn 12) haltbar ist. Auch kann nicht entschieden werden, ob das Fahrlässigkeitsdelikt angesichts der erforderlichen Auslegungsbedürftigkeit tatsächlich als tatbestandlich weniger bestimmt als das Vorsatzdelikt gelten kann (so Roxin, S. 91; Struensee, GA 1987, 97, 105; a.A. Gropp, S. 434, Jakobs, Strafrecht AT, S. 322).

[12] So die h.M. Vgl. Überblick bei Sch/Sch-Cramer-Sternberg-Lieben, § 15, Rn 115 ff; zur Systematik des Fahrlässigkeitsdelikts siehe auch Schünemann, JA 1975, 435ff., 438 ff.

[13] So aber die "klassische Auffassung" (vgl. RG 56, 349; 58, 134; Schmidhäuser, Fahrlässige Straftat, S. 129 ff.) die im Tatbestand die kausale Verursachung genügen lässt.

[14] Baumann/Weber/Mitsch, S. 481, die in einem pflichtgemäßen Verhalten einen Rechtfertigungsgrund sehen. Vgl. dazu auch Schünemann, JA 1975, S. 435, 439f.

[15] Z. B. Frisch, Tatbestand, S. 59; Sch/Sch-Cramer/Sternberg-Lieben, § 15, Rn 120 ff.; Schünemann, JA 1975, S. 435, 439, 442.

[16] Zur Begründung muss an dieser Stelle genügen, dass sich ein Widerspruch zur rechtlichen Sollensordnung nicht allein durch die Herbeiführung eines Erfolges beschreiben lässt (vgl. Sch/Sch-Cramer/Sternberg-Lieben, § 15, Rn 115). Die genaue Gestalt des strafrechtlichen Verbots ergibt sich erst nach einer situationsabhängigen Bewertung, die nicht zum Rechtswidrigkeitsurteil passt, sondern den vertypten Handlungsunwert beschreibt (näher dazu Schünemann, JA 1975, S. 435, 439 ff.).

Der Fokus liegt auf der methodischen Ermittlung der Sorgfalt nach der "herrschenden" Theorie von der objektiven Sorgfaltspflichtverletzung: Diese befürwortet
einen doppelten Maßstab für die Verhaltensanforderungen und hält für den Tatbestand des Fahrlässigkeitsdelikts die Verletzung einer objektiv zu bestimmenden
Sorgfaltspflicht für maßgeblich, während es grundsätzlich erst für die Schuld auf
individuelle Fähigkeiten und Kenntnisse ankommt[17].[18]

Auf den ersten Blick ist anzunehmen, dass diese Lehre längst eine Lösung für eine flexible Reaktion auf neuartige Risiken und deren Beurteilung gefunden hat:
Trägt sie der forschungsspezifischen Problematik nicht Rechung, indem sie die
erforderliche Sorgfalt gerade an den sich der Entwicklung anpassenden Anforderungen des Verkehrkreises forschender Ärzte ausrichtet? Oder ist die „Verkehrskreismethode" vielmehr untauglich, weil es bei einer Erprobung am Menschen
nicht ausschließlich um medizinische Problemstellungen, sondern zunehmend um
ethische und rechtliche Fragen geht, und damit die Expertise ärztlicher Fachkreise
fraglich erscheint?

Ein forschungsspezifisches methodisches Problem ergibt sich daraus, dass die
"im Verkehr erforderliche Sorgfalt" durch Verhaltensmuster bestimmt ist, die sich
durch praktische Erfahrungen herausgebildet haben: Auf medizinischem Neuland
können diese logisch aber noch nicht existieren. Unter welchen Bedingungen die
Voraussetzungen für fahrlässiges Verhalten vorliegen sollen, insbesondere eine
Verletzung rechtlich geschützter Güter als *voraussehbar* gelten kann, wenn die
Folgen eines ärztlichen Eingriffs unbekannt sind, ist daher fraglich. Zudem fehlt es
an der Herausbildung eines fachlichen und gesellschaftlichen Konsens über die
Risikotoleranz.

---

[17] Vgl. BGHSt 7, 307 ff.; 20, 315, 321; BGH in JR 1986, 248 ff.; Blei, S. 268; Armin Kaufmann, Personales Unrecht, S. 393, 404; Schönke/Schröder-Cramer/Sternberg-Lieben, § 15 Rn 134 ff.
m.w. N.
[18] Natürlich sind aber auch die anderen Erklärungsansätze für die Fahrlässigkeit mit der Problematik fehlender Erfahrungswerte konfrontiert. Dies gilt für Theorien, die eine *individuelle Bestimmung des Beurteilungsgegenstandes* durch Zugrundelegen der Täterkenntnis ("subjektiver Tatbestand") für eine objektive Bestimmung der Anforderungen fordern (AK-Zielinski, §§ 15, 16,
Rn 92 ff.; Nomos-Puppe, Vor § 13, RN 142 ff; Struensee, JZ 1987, 53, 59; GA 1987, 97, 105).
Oder für solche, die allein auf eine *individuelle* Sorgfaltspflicht abstellen (vgl. etwa Gropp,
S. 436; Jakobs, Strafrecht AT S. 320 ff; SK-Samson, Anh. zu § 16, Rn 13 ff.) Denn es fehlt im
Forschungsbereich auch an individuellen Erfahrungen und erprobten Fähigkeiten.

Und letztlich erscheint auch die *Legitimation von strafrechtlich relevanten "Sorg-faltspflichten"* bedenkenswert, denn traditionell ergibt sich diese aus der prakti-schen Bewährung für den Rechtsgüterschutz. Liegen aber bereits die Gefahren einer Humanerprobung selbst im Dunkeln, gilt dies erst recht für die Wirksamkeit von Schutzmaßnahmen.

B. Gang der Untersuchung

In der folgenden Untersuchung soll die rechtspolitische und dogmatische Proble-matik im Umgang mit dem Forschungssektor zunächst genauer herausgearbeitet und am Beispiel der rechtlichen Beurteilung ärztlichen Handelns verdeutlicht wer-den (2. Teil). Daran schließt sich die Entwicklung theoretischer Lösungsansätze als Diskussionsgrundlage für die weitere Erörterung an (3. Teil). Diese erstreckt sich auf die vorhandenen Regelwerke zur Humanforschung und soll die Frage be-antworten, wie im ärztlichen Bereich bislang mit der Problematik der fehlenden Erfahrungen und des fehlenden Konsens´ umgegangen wurde (4. Teil). Schließ-lich werden die Erkenntnisse in einem Auswertungsteil diskutiert (5. Teil) und einer kritischen Würdigung unterzogen, die mit einem Ausblick abschließt (6. Teil).

C. Begriffsbestimmungen

Zur Gewährleistung der Begriffsklarheit sind zuvor die Termini zu erläutern, die im Kontext dieser Untersuchung eine maßgebliche Rolle spielen.

Humanforschung oder -erprobung bezeichnen als Oberbegriffe alle ärztlichen Einwirkungen auf den menschlichen Körper, die sich noch nicht in der Praxis be-währt haben[19]. Die Anwendung unbekannter Therapien stellt dabei das maßgebli-che Unterscheidungskriterium zur ärztlichen *Heilbehandlung* dar, die als eine auf Heilung gerichtete (therapeutische, schmerzlindernde, diagnostische oder präven-tive) Behandlung mit standardisierten Methoden zu charakterisieren ist.[20]

---

[19] So etwa Laufs, Arztrecht, S. 378.
[20] Vgl. Eser, Lexikon, S. 495.

Innerhalb des Forschungssektors kann nach der Intention des Arztes zwischen *Heilversuch* und *Humanexperiment* unterschieden werden[21].

Ersterer dient der Heilung des Patienten[22], während das Experiment von Erkenntnisstreben motiviert ist[23].

In den vorhandenen Regelwerken zur Humanerprobung wird allerdings meistens danach differenziert, ob eine neue ärztliche Methode an einem kranken Patienten oder an einem gesunden Probanden angewendet wird. Dann werden die Termini des *therapeutischen* und *nichttherapeutischen Versuchs* verwendet. Die Begriffe Heil- und therapeutischer Versuch sind danach keine Synonyme, ebenso wenig wie das Humanexperiment und der nichttherapeutische Versuch stets identische Situationen beschreiben. Wird beispielsweise an einem Patienten eine neue Behandlungsmethode zur Gewinnung wissenschaftlicher Erkenntnisse erprobt, obwohl Standardmethoden zu dessen Heilung zur Verfügung stehen, wäre nach obigen Definitionen die Bezeichnung als Humanexperiment und therapeutischer Versuch zutreffend.[24] In dieser Untersuchung steht aber diese besondere Fallkonstellation nicht im Vordergrund, so dass Heil- und therapeutischer Versuch im Folgenden eine identische Situation beschreiben: Die Erprobung an einem kranken Patienten, dessen Heilung die Anwendung einer neuen Methode bedarf. Humanexperiment und nichttherapeutischer Versuch bezeichnen einen Forschungseingriff beim gesunden Probanden. In der weiteren Untersuchung kommt es häufig auf eine Differenzierung nicht an, dann soll auch allgemein von *Versuchsteilnehmern einer Humanerprobung* die Rede sein.

---

[21] So ausdrücklich Deutsch, Medizinrecht, S. 385. Vgl. auch BGHZ 20, 61 in der "Thorotrastentscheidung".
[22] Z. B. Deutsch, Medizinrecht, S. 385, NJW 1978, 570; Eser, Lexikon, S. 488; Freund/Heubel, MedR 1997, 347, 349; Hart, MedR 1994, 94, 95.
[23] Siehe z. B. Deutsch, Medizinrecht, S. 385; Eser, Lexikon, S. 488; Hart, MedR 1994, 94, 95.
[24] Vgl. zu dieser Konstellation Freund/Heubel, MedR 1997, 349; Hart, MedR 1994, 94, 95.

2. Teil: Die Problematik der Defizite an Erfahrung und Konsens

A. Erfahrung und Konsens als methodische Ausgangspunkte zur Sorgfaltsbestimmung

I. „Ex-ante Perspektive" zur Beurteilung strafrechtlichen Verhaltens

Die Schwierigkeiten einer methodischen Ermittlung von "Sorgfaltspflichten" im Forschungssektor liegen darin begründet, dass es an konkreten Erfahrungswerten zur Unbedenklichkeit einer neuen medizinischen Methode sowie an übereinstimmenden gesellschaftlichen oder fachlichen Beurteilungen der Vorteilhaftigkeit des Forschungsprojektes mangelt. In der weiteren Untersuchung wird diese Behauptung vor dem Hintergrund einzelner Fahrlässigkeitselemente näher begründet; sie wird auch zeigen, dass der Unterschied zu bekannten Lebensbereichen nicht nur in dem Grad der Schwierigkeit einer Risikoprognose und -bewertung liegt, sondern auch strukturelle Fragen nach Maßstab und Anforderungen sorgfaltsgemäßen Verhaltens aufwirft.

Ein Grund für diese Problematik ist nicht zuletzt die im Strafrecht anerkannte "ex-ante Perspektive"[25] für die Beurteilung des als Tathandlung in Frage kommenden Verhaltens. Sie scheint mit dem Forschungssektor kaum in Einklang zu bringen sein, da erst *nach* der Durchführung des Forschungsprojektes dessen Gefährdungspotential erkennbar hervortritt. Der in § 8 StGB zum Ausdruck kommende Beurteilungszeitpunkt ist nicht veränderbar, weil die Norm neben der Aussagekraft für die zeitliche Geltung des StGB auch Bedeutung im Hinblick auf die Grundprinzipien des Art. 103 Abs. 2 GG, § 1 StGB hat[26].

---

[25] Vgl. beispielsweise BGHSt in GA 1969, 246 ff.; Kremer-Bax, S. 57 ff.; Rudolphi, S. 81 ff.
[26] So SK-Hoyer, § 8, Rn 2.

Nach dem Gesetzlichkeitsprinzip[27] muss die Erlaubtheit, bzw. Unerlaubtheit des ärztlichen Verhaltens trotz ungewisser Folgen bereits zum Zeitpunkt der Vornahme des Eingriffs feststehen. Zudem verlangt der Bestimmtheitsgrundsatz[28] zusätzlich die Erkennbarkeit strafbaren Verhaltens für den rechtstreu motivierten Forschenden. Es verbietet sich daher, die Strafbarkeit mittels einer "ex-post Betrachtung" erst an den Handlungsfolgen auszurichten.

Zwar ist eine in die Zukunft gerichtete Beurteilung auch außerhalb des Forschungsbereichs stets schwieriger als eine Bewertung in Kenntnis der Verhaltensfolgen. Trotz der "ex-ante Perspektive" stehen bei der Prognose möglicher mit dem Verhalten verbundener Gefahren typischerweise aber die Kenntnisse zur Verfügung, die aus der ex-post Betrachtung ähnlicher Situationen gewonnen wurden. Dies stellt nicht nur einen Vorteil für die Risikoprognose dar, sondern beinhaltet sogar die Forderung, dass man sich die eigenen und allgemeinen (Lebens-) Erfahrungen für das zukünftige Verhalten zugunsten des Rechtsgüterschutzes zu Nutzen macht. Gleiches gilt für die Berücksichtigung erlebter oder beobachteter gesellschaftlicher Reaktionen und verfestigter Wertvorstellungen.

Fehlt es an diesem Wissen, stellt sich sowohl die Frage nach der Tauglichkeit der Methodik zur Ermittlung fahrlässigen Verhaltens als auch die nach der Funktion des Strafrechts als Instrumentarium rechts- und gesellschaftspolitischer Handlungsvorgaben für eine Risikobewertung.

II. Forschungsfragen und dogmatische Verortung der Problemstellung

1. Forschungsfragen

Im Folgenden soll zunächst nicht der Inhalt, sondern die Methodik zur Bestimmung fahrlässigen Verhaltens erörtert werden.

---

[27] Gropp, S. 43 ff.; Sachs, Art. 103, Rn 49 ff.; Schmidt-Bleibtreu/Klein-Kannengießer, Art. 103, Rn 7ff.

[28] Vgl. dazu Gropp, S. 53 f.; Sachs, Art 103, Rn 60 ff.; Schmidt-Bleibtreu/Klein-Kannengießer, Art. 103, Rn 7 ff.

Während auf dem Wege der Gesetzgebung in Einzelbereichen der Forschung die Anforderungen an die anzuwendende Sorgfalt festzulegen sind, bleibt doch die generelle Frage nach der Ermittlung fahrlässigen Verhaltens bestehen, die sich auf alle Forschungsbereiche erstreckt.

Die Problematik beinhaltet im Wesentlichen die zwei folgenden Forschungsfragen:

1. *"Wie stellt man in der Forschung eine Gefahr für ein Rechtsgut fest?"*
2. *"Wie ermittelt man, ob ein Risiko eingegangen werden und wie hoch es sein darf?"*

2. Einordnung: "Voraussehbarkeit der Rechtsgutsverletzung" und "Erlaubtes Risiko"

Die genannten Forschungsfragen werden für die Sorgfaltspflichtverletzung erheblich: *Wie* man ein bestehendes Risiko ermittelt, ist eine Frage, die für die *"Voraussehbarkeit einer Rechtsgutsverletzung"* relevant wird. *Ob* ein Risiko eingegangen werden und *welches Ausmaß* es haben darf, ist eine Frage nach dem *"erlaubten Risiko"*[29]. Bezeichnet wird dieses ebenso mit dem Begriff der sozialen Adäquanz[30], der "erhöhten Gefahrschaffung"[31] und dem Umfang der anzuwendenden Sorgfalt.[32] Obwohl die aufgeführten Termini teilweise in unterschiedliche Verhältnisse zueinander gesetzt werden[33], betreffen sie letztlich eine identische Rechts- und Wertungsfrage[34]: Es wird die rechtliche Relevanz der Fahrlässigkeit[35] festgelegt[36], so dass es an dieser Stelle keiner Entscheidung bedarf.

---

[29] Welzel, S. 129; Vgl. auch Ebert, Jura 1979, 561, 562; Jakobs, Zurechnung, S. 45; Kretschmer, Jura 2000, 267, 272. Erfasst sind auch die Begriffe: "rechtlich verboten", "unerlaubt", "über das erlaubte Risiko hinausgehende Gefahr".

[30] Siehe Deutsch, Fahrlässigkeit, S. 243, Kratzsch, S. 564, vgl. auch Prittwitz, S. 291 ff; Sch/Sch-Cramer/Sternberg-Lieben, § 15, RN 127.

[31] Vgl. die Darstellung bei Gropp, S. 433.

[32] Sch/Sch-Cramer/Sternberg-Lieben, §§ 15, RN 121; Welzel, S. 132.

[33] So auch Deutsch, Fahrlässigkeit, S. 247; Herzberg, Jus 1996, 377, 379; Kratzsch, S. 564; Roxin, S. 681; LK-Schroeder, § 16, RN 159.

[34] AK-Zielinski, §§ 15, 16, Rn 99; Herzberg, Jus 1996, 377, 380.

[35] Zu Recht weist Jakobs (Strafrecht AT, S. 319) darauf hin, dass die Merkmale nicht den Begriff der Fahrlässigkeit, sondern nur deren rechtliche Relevanz begrenzen.

[36] Über die Unterschiede in der Terminologie hinaus - teilweise wird dem "erlaubten Risiko" neben den Zurechnungselementen eigenständige Bedeutung sogar abgesprochen (vgl. etwa Roxin, S. 681; Schroeder, JZ 89, 776) - wird ihre inhaltliche Relevanz für fahrlässiges Verhalten überwiegend jedoch nicht bestritten (vgl. Prittwitz, S. 293 ff.).

Um der Gefahr einer Suggestion eines normlogischen Widerspruchs[37] zu begegnen, sei letztlich zum verwendeten Begriff der Sorgfaltspflichtverletzung klargestellt, dass durch diese keine Handlungsgebote gefordert sind. Vielmehr existiert nur ein Verbot, eine bezüglich der Gefahren unabgeschirmte Handlung vorzunehmen; neben diesem Unterlassungsgebot bestehen keine besonderen Pflichten.[38]

Für die Fahrlässigkeitsmerkmale der "Voraussehbarkeit der Rechtsgutsverletzung" und des „erlaubten Risikos" werden der Beurteilungsgegenstand, also der maßgebliche Sachverhaltsausschnitt und der Beurteilungsmaßstab relevant. Im Bereich der Humanforschung stellt sich als besondere Herausforderung vor allem aber die Betrachtung der *Beurteilungsvoraussetzungen* dar. Gemeint sind die Fähigkeiten und Kenntnisse, die erst eine Schlussfolgerung von einer wahrnehmbaren Tatsachenlage auf eine rechtsgutsgefährdende Situation und deren Bewertung zulassen. Denn die Wahrnehmung des Sachverhalts bedeutet noch nicht dessen Deutung[39]. Für die "Voraussehbarkeit der Rechtsgutsverletzung" und das "erlaubte Risiko" stehen dazu üblicherweise Erfahrungswerte und ein gesellschaftlicher bzw. fachwissenschaftlicher Bewertungskonsens zur Verfügung.

So wird als Anknüpfungspunkt für eine voraussehbare Rechtsgutsverletzung beispielsweise die Lebenserfahrung genannt[40]. Je nach Ausgangspunkt geschieht dies entweder durch eine Negativdefinition, nach der der Erfolg nach der allgemeinen Lebenserfahrung nicht als ungewöhnliche Folge erscheinen darf (Adäquanzzusammenhang)[41] oder als konstituierendes Kriterium. So findet sich sogar die Behauptung, dass alltägliche Situationen wegen der Bekanntheit ihrer Folgen keiner Beurteilung mehr bedürften[42].

---

[37] Gropp, S. 433, hält den Begriff der Sorgfaltspflicht für normtheoretisch verfehlt.
[38] Vgl. unter anderem AK-Zielinski, §§ 15, 16, Rn 88; Jakobs, Strafrecht AT.
[39] Deutsch, Fahrlässigkeit, S. 96, 97.
[40] RG 65, 135; 73, 370, 372; BGHSt 4, 360, 363; GA 60, 111, 112; oder nach *allgemeiner Lebenserfahrung* mit ihr zu rechnen war; Tröndle/Fischer, Vor § 13, Rn 16b; Schlüchter, JuS 1976, 313; *a. A.* RG 54, 349 ("Bluterfall").
[41] Welzel, S. 46; Sch/Sch-Cramer/Sternberg-Lieben, Vorbem. §§ 13 ff., Rn 87/88.
[42] Jakobs, Strafrecht AT, S. 317.

Diese Merkmalsdefinitionen zeigen bereits, dass die Methodik zur Ermittlung fahrlässigen Verhaltens grundsätzlich an Erfahrung und Konsens anknüpft: Die Theorie vom objektiven Sorgfaltsmaßstab greift darauf zurück, indem sie sich mit einem vergleichenden Blick auf den Verkehrskreis behilft. Denn dieser Vergleich kann lediglich dann sinnvoll sein, wenn die Zuordnung zum Verkehrskreis der Forschenden den Rechtsanwender näher zu den Anforderungen führt. So bedeutet der Rückgriff auf den Verkehrskreis nichts anderes als den *Rückgriff auf herausgebildete Regeln als Ergebnisse vergangener Diskussions- und Konsensbildungsprozesse.* Es handelt sich bei ihnen um - durch Tradition oder wissenschaftlichen Beweis in Verbindung mit überwiegender Akzeptanz - verfestigte Erfahrungen.

In der Humanforschung geht es hingegen erst um die Erkenntnis*gewinnung* über die Folgen neuer ärztlicher Methoden, die in ihrer gesellschaftlichen und medizinwissenschaftlichen Beurteilung noch unklar sind. Dass Erfahrung und Konsens die typischen Elemente für die Festlegung der "Voraussehbarkeit der Rechtsgutsverletzung" und das "erlaubte Risiko" darstellen, soll im Folgenden dargelegt werden.

III. Bedeutung von Erfahrungswissen für die "Voraussehbarkeit der Rechtsgutsverletzung"

1. Voraussehbarkeit und Naturgesetze

Erfahrung und Konsens sind für die Bewertung der "Voraussehbarkeit der Rechtsgutsverletzung" von großer Bedeutung. Ein tatbestandlicher Erfolg ist immer dann voraussehbar, wenn er die Folge eines allgemein bekannten naturwissenschaftlichen Gesetzes ist[43]; diese Art von Erfahrungswissen lässt die sicherste Prognose in bezug auf den Kausalverlauf und eine Rechtsgutsverletzung zu.

---

[43] Puppe, ZStW 95 (1983), S. 287, 293 spricht im Zusammenhang mit der Kausalerklärung insoweit von einem determinierten Bereich.

So, wie nach der "conditio sine qua non-Formel"[44] die Kausalität die Kenntnis von Kausalgesetzen bereits voraussetzt[45], steht auch "Voraussehbarkeit" grundsätzlich in einem Abhängigkeitsverhältnis zur Bekanntheit naturgesetzlicher Regeln. Im Forschungsbereich fehlt es aber häufig genau an diesen Kenntnissen, und oft stellen die naturgesetzlichen Zusammenhänge sogar die Forschungsfrage dar.

2. Voraussehbarkeit und erfahrungsgestütztes Wahrscheinlichkeitsurteil

Die Kenntnis über Naturgesetze ist aber nicht immer hinreichend, um die Erkennbarkeit der Handlungsfolgen zu bestimmen. Denn im Zeitpunkt des relevanten Verhaltens können die hinzutretenden, den Geschehensablauf beeinflussenden weiteren Umstände, etwa das Verhalten Dritter, noch ungewiss sein. Der Tatbestand des Naturgesetzes ist „ex ante" nicht immer offenkundig, der straftatbestandliche Erfolg stellt nicht stets die zwingende Folge des Täterverhaltens dar.

Beispielsweise führt das Abstellen eines Behältnisses mit Pflanzenschutzmittel auf den Tisch eines Familienhaushalts nicht unbedingt zum Vergiftungstod des im Hause lebenden Kleinkinds. Aus der "ex-ante-Perspektive" fehlt es an Umständen, die den Tatbestand des Naturgesetzes vervollständigen, und für deren Hinzutreten logisch nur ein Wahrscheinlichkeitsurteil gefordert werden kann. Auch insoweit ist aber das Erfahrungswissen maßgeblich[46]. Denn diese Prognose besteht aus einer Vergleichs- und Übertragungsleistung. So kann als allgemeinbekannt gewertet werden, dass kleine Kinder häufig unbedacht Gegenstände schlucken, die nicht zum Verzehr geeignet sind. Für die Prognose einer Verletzung aus der "ex-ante-Perspektive" erfolgt also ein Vergleich mit ähnlichen Situationen, die bereits eine Bewertung erfahren haben.

---

[44] Vgl. RG 44, 230, 244; BGHSt 1, 332.
[45] Tröndle/Fischer, Vor § 13, RN 16 m. w. N.
[46] Vgl. Schünemann, JA 1975, 797. Auch Küpper (S. 134 m. w. N.) verweist ausdrücklich auf die Bedeutung des menschlichen Erfahrungswissens für die Schlussfolgerung auf eine Schädigung des Rechtsguts.

Gäbe es genügend Vergleichsfälle und eine statistische Erfassung, könnte man theoretisch eine statistische Wahrscheinlichkeit ermitteln.[47]

Nicht gelöst ist damit die Frage nach dem für die "Voraussehbarkeit" erforderlichen Grad der Wahrscheinlichkeit für den Erfolgseintritt. Forderungen nach einer hohen oder gewissen Wahrscheinlichkeit, der bloßen Möglichkeit oder die Auffassung, der Erfolg dürfe nur nicht unwahrscheinlich sein,[48] bringen keine tatsächliche Konkretisierung mit sich. Hierbei handelt sich um ein Wertungselement, das nicht bis ins Detail mathematisch nachvollziehbar ist.

Aber auch insoweit trägt die erfahrungsgestützte Vergleichsmethode jedenfalls zu einer Formel bei: Je größer die Anzahl der übereinstimmenden Tatumstände der zu beurteilenden Handlungssituation und dem nach der Lebenserfahrung offensichtlich verletzungsgeeigneten Lebenssachverhalt, je höher ist die Wahrscheinlichkeit einer Rechtsgutsverletzung: Die Wahrscheinlichkeit verhält sich damit gegenläufig zur Anzahl der abweichenden Tatumstände.

Zusammenfassend sei festgehalten, dass neben den Kenntnissen von Kausalgesetzen für die "Voraussehbarkeit der Rechtsgutsverletzung" typischerweise ein *Wahrscheinlichkeitsurteil* maßgeblich ist. Dieses basiert auf dem *Erfahrungswissen von vergleichbaren Situationen* und zwei Wertungsmomenten: Die Wertung, dass der fragliche Lebenssachverhalt mit dem bereits bekannten bzw. bewerteten vergleichbar ist, und zweitens, dass das ermittelte Maß an Wahrscheinlichkeit ausreichend ist.

---

[47] Schwieriger wird die Prognose bei weniger eindeutigen Fällen. So etwa, wenn das Gift in einem Erwachsenenhaushalt abgestellt würde. Dann kommt es auf die näheren Umstände, etwa die Optik oder den Standort des Behältnisses an. Aber insoweit sind die denkbar hinzutretenden Umstände durch Erfahrungswerte ermittelbar. Denn es ist bekannt, dass auch Erwachsene einer evtl. Verwechslung oder Unachtsamkeit unterliegen können, wenn z. B. das einer Lebensmittelverpackung ähnelnde Behältnis auf dem Küchentisch abgestellt wird. Auch hier ist theoretisch eine statistische Erfassung dieser Umstände oder vergleichbarer Verletzungsfälle durchführbar. Der Unterschied zum vorherigen Beispiel liegt nur in dem *Grad* der Verletzungswahrscheinlichkeit.

[48] Vgl. zu den Wahrscheinlichkeitsgraden etwa LK-Schroeder, § 16, RN 129.

Ebenso, wie im Forschungsbereich die sicherste Form der "Voraussehbarkeit einer Rechtsgutsverletzung", die Erkennbarkeit der Naturgesetzlichkeit, oft nicht vorliegen kann, ist auch eine Wahrscheinlichkeitsprognose im oben aufgeführten Sinne nicht möglich. Denn bei der Ersterprobung von Operations- oder Behandlungsmethoden fehlt es an konkretem Erfahrungswissen: Vergleichbare Situationen sind logisch ausgeschlossen. Zwar lässt sich einwenden, dass es sehr wohl Forschungsvorhaben gibt, die bereits eine Bewertung erfahren haben und deshalb anerkannte Thesen und Theorien auf neuartige ausstrahlen können[49]. Zu bedenken ist aber, dass die Humanforschung oft gerade die hergebrachten, als unzureichend bewerteten medizinischen Regeln in Frage stellt. Hat sich noch keine Typik von Lebenssituationen herausgebildet, fällt also die Erkenntnisgewinnung mit der Anwendung zeitlich zusammen[50].

IV. Stellenwert von Erfahrung und Konsens für das "Erlaubte Risiko"

Ebenso wie für die „Voraussehbarkeit der Rechtsgutsverletzung" ist auch für die Bestimmung der "erlaubten Risikos" ein Rückgriff auf Erfahrungswissen und Konsens erforderlich. Zum einen sind die Handlungsfolgen für die Beurteilung der "Erlaubtheit" von großem Gewicht; insoweit sei auf die obigen Ausführungen verwiesen. Zum anderen bezieht sich das "erlaubte Risiko" nicht nur auf medizinische oder naturwissenschaftliche, sondern auch auf rechtliche, ethische und moralische Wertungsaspekte, zu denen eine gesellschaftliche oder fachwissenschaftliche Übereinstimmung besteht.

1. Ausrichtung des "erlaubten Risikos" an einem Wertungskonsens

Vom Zweck des Strafrechts betrachtet ist eine Ausrichtung von "Sorgfaltspflichten" an einem Wertungskonsens zwingend. Denn das (Straf-) Recht wird als eine Friedensordnung verstanden, die eine Orientierung an anerkannten ethischen Gemeinschaftswerten gebietet[51].

---

[49] Mummenhoff, S. 48.
[50] So auch Kleindiek, S. 125.
[51] Norbert Horn, S. 23, 24, vgl. auch Pawlowski, S. 100, 118, 127, 207.

Zudem spricht die Notwendigkeit rechtlicher Effektivität dafür, das Recht von Einzelbewertungen loszulösen und auf eine Wertungsübereinstimmung zu stützen. Nur wenn das Recht von der gesellschaftlichen Mehrheit auch akzeptiert wird, besteht eine hohe Chance der Befolgung rechtlicher Regeln[52]. Der Konsens ist also eine wichtige Komponente der Geltungsvoraussetzung von Recht. Er ist aber auch für die Qualität rechtlicher Vorgaben von Bedeutung, da dessen Herausbildung einen Diskussionsprozess voraussetzt, der eine gewisse Gewähr für das Ausscheiden extremer oder vereinzelter (Rechts-) Ansichten bietet.[53] Eine übereinstimmende Bewertung ist zwar kein Kriterium für ihre "Richtigkeit". Sie ist aber zur Feststellung dessen, was *als richtig gelten soll*, durchaus tauglich.

Hat der Gesetzgeber mit der Verwendung von Generalklauseln oder unbestimmten Rechtsbegriffen - wie bei "fahrlässig", bzw. "sorgfaltswidrig" - auf konkrete Vorgaben für eine Einzelfallentscheidung verzichtet, ist der Konsens vor dem Hintergrund des demokratischen Grundprinzips, das auf einer Mehrheitsentscheidung beruht, also legitim. Hinzu tritt, dass akzeptierte Verhaltensvorgaben in der Regel leichter erkennbar sind. Die Orientierung am Konsens trägt damit bei Generalklauseln dem zu erfüllenden Bestimmtheitsgebot am besten Rechnung.

2. Methodische Bedeutung übereinstimmender Bewertungen

Die Wertungsübereinstimmung kann zwar nicht als alleinbestimmendes Kriterium gelten; rechtliche Bewertungsvorgaben, zum Beispiel die im Grundgesetz festgelegten Wertigkeiten von Rechtsgütern und das Gebot der Verhältnismäßigkeit[54], haben zusätzliche Bedeutung. Ein Konsens ist insoweit aber ebenfalls erforderlich. Denn neben den rechtlichen Vorgaben bedarf es für die Rechtsermittlung stets der juristischen Methoden der Interpretation und Argumentation zum Verständnis wertausfüllungsbedürftiger Begriffe wie der "Fahrlässigkeit". Soll es nicht auf die individuelle Einstellung des Rechtsanwenders ankommen, sind diese wiederum auf eine gesellschaftliche Übereinstimmung oder zumindest auf einen Konsens

---

[52] Vgl. Norbert Horn, S. 23, 24; Pawlowski, S. 123.
[53] Ganz ähnlich auch Mummenhoff, S. 46 m. w. N.
[54] Vgl. BVerfGE 90, 145.

des Gesetzgebers oder Rechtsanwenders[55] angewiesen.[56] Ein Bewertungsvorgang wird also durch rechtliche Vorgaben gesteuert, nicht aber vollständig ausgefüllt.[57]

Aus diesen Überlegungen lässt sich ableiten, dass das „erlaubte Risiko" unter Beachtung der gesetzlich vorgegebenen Rechtsgutswertigkeiten und Rechtsregeln in kritischer Reflexion von Erfahrung und Konsens ermittelt wird. Eine strenge Trennung zwischen "gesellschaftlicher und politischer Akzeptanz" und "rechtlich tolerierbarem Risiko" ist nicht haltbar[58]. Ein Wertungskonsens ist damit auch erheblich mitbestimmend für das Verhalten eines besonnenen und gewissenhaften Menschen und damit auch ausschlaggebend für die Ermittlung des "erlaubten Risikos".

Einen solchen wird es in der medizinischen Forschung höchstens in Extremfällen geben, etwa, wenn durch ein Humanexperiment das Leben eines gesunden Probanden bedroht würde. In den häufigsten Fällen geht aber einer Übereinstimmung über die Anwendung einer neuen Methode ein Diskussionsprozess voraus. Der erforderliche Beurteilungszeitpunkt für eine strafrechtliche Haftung humanforschender Eingriffe fällt damit in das beginnende oder laufende Entwicklungsstadium eines Konsens´. Wie ohne eine solche Bewertung die tolerierbare Gefahr ermittelt werden kann, soll in den Teilen drei bis fünf beantwortet werden.

---

[55] Arthur Kaufmann, JuS 1978, 361, 132; vgl. auch Schönke/Schröder-Cramer/Sternberg-Lieben, § 15, Rn 144ff.

[56] Nur so lässt sich z. B. erklären, dass im Sport verletzungsgeeignete Verhaltensweisen innerhalb der Spielregeln als erlaubt gelten, obwohl die Handlungsfreiheit eines Fußballspielers, der ein Tor erzielen will, bereits hinter die allgemeinen Gesundheitsinteressen der anderen Spieler zurücktreten müsste (dazu SK-Horn, § 228, Rn 22 mit Hinweis auf ein spieladäquates Sanktionssystem). Insoweit besteht ein durch Tradition gestützter Konsens über die Erlaubtheit des gefährlichen Handelns. Eine Beurteilung als tatbestandliche fahrlässige Körperverletzung würde als "unangebracht" empfunden werden.

[57] So wird auch ausdrücklich in Rechtsnormen an einen Konsens angeknüpft, indem etwa in § 346 HGB und §§ 157, 276 I 2 BGB auf die "Verkehrssitte" oder in § 228 StGB ("gute Sitten") und § 242 BGB ("Treu und Glauben") auf sittliche Normen Bezug genommen wird.

[58] So aber Hellmut Wagner, NJW 1980, 665, 666. Lucke sieht in der wachsenden Orientierung an der gesellschaftlichen Akzeptanz (S. 144) die Gefahr einer "McDonaldisierung" der Rechtskultur (S. 155). Sie geht dabei aber eher von einer unkritischen Konsensorientierung aus, in dem sie die Rücknahme des bereits im Parlament verabschiedeten rheinland-pfälzischen Transplantationsgesetzes wegen "Bevölkerungsunverträglichkeit" als Beispiel anführt (S. 152).

B. Bedeutung der Defizite für die Beurteilung ärztlichen Verhaltens

Die bisherigen Überlegungen haben ergeben, dass Erfahrung und Konsens generell für die Ermittlung fahrlässigen Verhaltens erheblich sind. Inwieweit sie die rechtliche Beurteilung ärztlicher Therapien bestimmen, soll im Folgenden näher betrachtet werden. In diesem Kontext nimmt der "ärztliche Standard"[59] eine entscheidende Rolle ein.

I. Rolle des „ärztlichen Standards" für die medizinische Praxis

1. Begriffsmerkmale des Standards

Die Untersuchung der Elemente des ärztlichen Standards zeigt, dass dieser letztlich Erfahrungswerte verkörpert und von einer Übereinstimmung im Fachkreis abhängt. Als Definitionsmerkmale des ärztlichen Standards werden wissenschaftliche *Erkenntnisse, Erfahrungswerte und die Akzeptanz* innerhalb medizinischer Fachkreise genannt; eine ärztliche Therapie ist demnach standardgemäß, wenn sie nach medizinisch-wissenschaftlicher Erkenntnis und ärztlicher Erfahrung innerhalb der Profession akzeptiert ist.[60] Standard ist also das Ergebnis verfestigter Erfahrungswerte, denen aufgrund einer Vereinbarung in Fachkreisen allgemeingültige Wirkung zukommt. Im Standard sind die für die Rechtsgüter der Patienten bestehenden Gefahren und deren Bewertung bereits berücksichtigt: Die zur Beurteilung einer „voraussehbaren Rechtsgutsverletzung" und des "erlaubten Risikos" erforderlichen Tatsachen liegen vor.

---

[59] Der Begriff des ärztlichen oder medizinischen Standards ist facettenreich (ausführlich dazu Bohl, S. 32ff.). Während mit dem „medizinischen Standard" Leistungs- und Qualitätsanforderungen in den Versorgungsstufen des Gesundheitssystems bezeichnet werden (Buchborn, MedR 1993, 328), wird der „ärztliche Standard" synonym zum Terminus des ärztlichen "Standes der Wissenschaft" verwendet (Ulsenheimer, S. 14). Er soll dabei auch die Festlegungen für ärztliches Handeln in Diagnostik und Therapie umfassen (Buchborn, MedR 1998, 328), so dass hier der Begriff des „ärztlichen Standards" entscheidend ist.

[60] Vgl. Hart, Jura 2000, 64 ff. m. w. N.

Dabei muss die Vereinbarung über den Standard allerdings nicht von der "gesamten Ärzteschaft" und nicht auf Dauer geschlossen werden. Sie ist vielmehr nur auf Zeit angelegt, da der (Therapie-) Standard nicht statische Festschreibung von Verhaltensregeln meint[61]. Auch ist keine vollständigen Übereinstimmung zu einer ärztlichen Behandlungsmethode erforderlich, um von einem Standard sprechen zu können. Der Grad der Anerkennung scheint den Unterschied zum schillernden Begriff der "Schulmedizin" auszumachen, der vornehmlich durch das Fehlen ernsthafter Kritik gekennzeichnet ist[62]. Der Standard setzt lediglich einen breiten Konsens innerhalb einer anerkannten Fachrichtung voraus.[63]

In der medizinischen Fachwelt wird neben dem *"Standard"* auch von *"Richtlinien"*, *"Leitlinien"*, *"Empfehlungen"* und *"Stellungnahmen"* gesprochen, deren Verbindlichkeit in genannter Reihenfolge abnimmt. Während die Richtlinien ähnlich den Standards als normative Vorgaben bezüglich der Erfüllung von Qualitätsanforderungen verstanden werden und einen "technisch-imperativen Charakter" haben, sind Leitlinien definiert als "systematisch entwickelte Entscheidungshilfen" und belassen dem Arzt "Handlungskorridore"[64]. Empfehlungen und Stellungnahmen haben hingegen eine andersartige Zielrichtung, weil "sie die Aufmerksamkeit der Ärzteschaft und der Öffentlichkeit auf änderungsbedürftige und beachtenswerte Sachverhalte lenken" wollen.[65] Wegen verschwimmender Grenzen kann es zu Einordnungsschwierigkeiten kommen, die für die juristische Beurteilung wegen der (nur) richtungsweisenden Wirkung der Handlungsvorgaben aber nicht von großer Bedeutung sind, wie unter II. gezeigt wird.

---

[61] Z. B. Buchborn, MedR 1998, 328; Deutsch, Medizinrecht, S. 133; Ulsenheimer, S. 16.
[62] Vgl. BGH NJW 1978, 587 ff.
[63] Offen bleibt die Frage nach den territorialen Grenzen für die Akzeptanz von Verhaltensvorgaben durch ausländische Fachkreise. Eine Problemstellung, die insbesondere in der Medizin durchaus erheblich werden kann.
[64] Bundesärztekammer (www.bundesaerztekammer.de/30/Richtlinien/90Verbindlich.html; 22. 05. 03).
[65] Bundesärztekammer (www.bundesaerztekammer.de/30/Richtlinien/90Verbindlich.html; 22. 05. 03).

2. "Standardisierungsprozess": Herausbildung von Erfahrung und Konsens

Im Folgenden wird die Entwicklung von Verhaltensorientierungen in der ärztlichen Praxis aufgezeigt. Dies dient zum einen dem besseren Verständnis der Bedeutung des "Standards".; zum anderen sollen die Anforderungen an das Entwicklungsstadium und damit die Herausbildung von Erfahrung und Konsens beschrieben werden. Der „Standardisierungsprozess" ist wesentlich für die qualitative Hochwertigkeit des Standards und damit letztlich für die Legitimität dessen Einflusses auf eine rechtliche Beurteilung.

Offenkundig ist zunächst die Vielzahl von Institutionen bei der Gestaltung des Standards, die mangels geregelter "Standardsetzungsbefugnis" auch die Aussagekraft für rechtliche Folgerungen fraglich erscheinen lassen könnte. So nehmen sich etwa die ärztlichen Selbstverwaltungskörperschaften in Deutschland der Standardisierungsaufgabe an: Der wissenschaftliche Beirat der Bundesärztekammer entwickelt Leitlinien und Empfehlungen für fachübergreifende und -spezifische Fragestellungen[66], die Arzneimittelkommission der deutschen Ärzteschaft gibt Therapieempfehlungen für die Pharmakotherapie[67], und unter Koordination einzelner Landesärztekammern werden interdisziplinäre Leitlinien erstellt[68]. Auch die medizinischen Fachgesellschaften haben Verhaltensregeln statuiert: Die Arbeitsgemeinschaft der Wissenschaftlichen Medizinischen Fachgesellschaften (AWMF) erlässt ebenso Leitlinien wie ausgewählte Fachgesellschaften und Berufsverbände[69]. Aber auch einzelne (Universitäts-) Kliniken und Klinikverbünde haben Leitlinien beispielsweise zur Therapie von Tumorerkrankungen erlassen[70].

---

[66] Vgl. www.bundesaerztekammer.de/30/Richtlinien; 22. 05. 03.

[67] Vgl. www.akdae.de; 22. 05. 03.

[68] Vgl. www.leitlinien.de/leitlinienanbieter/index/view; 22. 05. 03.

[69] So findet man über die Homepage der AWMF (www.uni-duesseldorf.de/WWW/AWMF/II/index.html; 22. 05. 03) eine Auflistung von Leitlinien einzelner Fachgesellschaften nach Fachgebieten und kann so zu Leitlinien bzgl. Aidsbehandlung über Kopfschmerzen bis Zahnheilkunde gelangen. Allein unter der Rubrik Kopfschmerz-Leitlinien sind 14 in- und ausländische Herausgeber zu verschiedenen Krankheitsformen aufgezählt.

[70] Vgl. Leitlinien des Tumorzentrums Tübingen (www.med.uni-tübingen.de/interdisz_einr/itz/index.html; 22. 05. 03.) und Berlin (www.tumorzentrumberlin.de; 22. 05. 03).

Von einem Diskussionsprozess innerhalb der Ärzteschaft, der in einem weitgehend repräsentativen Konsens mündet, könnte unter solchen Bedingungen nicht gesprochen werden. Daher hat die Ärzteschaft mit dem Ziel der Qualitätssicherung mit mehreren Steuerungsinstrumenten reagiert, eine Rechtfertigung, dem ärztlichen Standard auch weiterhin eine rechtliche Bedeutung zuzumessen.

Die nähere Betrachtung zeigt allerdings, dass die Regeln für den Prozess der Herausbildung dieses Standards auf dessen wissenschaftliche Qualität und nicht etwa auf den Schutz des Versuchsteilnehmers während der Erprobungsphase gerichtet ist. Die Anforderungen an die Standardentwicklung sind also nicht kongruent zu denen einer sorgfältigen Erprobung.

a) Empfehlungen "Guter wissenschaftlicher Praxis" als allgemeiner Verhaltenskodex

Zu den Steuerungsmechanismen der Standardentwicklung zählen in diesem Zusammenhang die Vorschläge der Deutschen Forschungsgemeinschaft (DFG) zur "Guten wissenschaftlichen Praxis"[71], die den Institutionen des Wissenschaftssystems einen Rahmen für eigene Überlegungen zur Umsetzung und Kontrolle "Guter Wissenschaftlicher Praxis" bieten sollen. Die von den Institutionen zu formulierenden Regeln, die auch als innere Grenze wissenschaftlicher Tätigkeiten bezeichnet werden[72], sollten danach zum Beispiel die Grundsätze enthalten, lege artis zu arbeiten und alle Ergebnisse konsequent anzuzweifeln (Empfehlung 1, 2), sowie eine Definition von Tatbeständen, die wissenschaftliches Fehlverhalten wie Erfindung und Fälschung von Daten benennen (Empfehlung 8).

---

[71] Empfehlungen der Kommission "Selbstkontrolle in der Wissenschaft": Vorschläge zur Sicherung guter wissenschaftlicher Praxis, Januar 1998 (www.dfg.de/forschungsfoerderung/formulare/gesamtesdesc.html.; 22. 05. 03.).

[72] Grunwald, 127, 131.

Als Folge sind zahlreiche "Regeln zur Guten Wissenschaftlichen Praxis" von Hochschulen[73] und Forschungseinrichtungen[74] aufgestellt worden[75]. Als professioneller Verhaltenskodex[76] stellen sie eher allgemeine Anforderungen an wissenschaftliches Verhalten während des Standardisierungsprozesses dar und sind als strafrechtliche Sorgfaltsregeln nur bedingt tauglich.

b) Evidenzbasierte Medizin und Konsensuskonferenzen

Die Anforderungen an die Entwicklung eines Standards bestätigen die Orientierung medizinischer Handlungsvorgaben an Erfahrung und Konsens: Vor dem Hintergrund, dass den Elementen des Standards - wissenschaftliche Erkenntnis, ärztliche Erfahrung und Akzeptanz[77] - unterschiedliche Bedeutung zugemessen wird, variieren dabei die Anforderungen an den Prozess.[78] So wird zum Beispiel ein grundsätzlicher Vorrang der wissenschaftlichen Evidenz, also der "wissenschaftlichen Erfahrung", gegenüber dem Konsens als Qualitätskriterium für die Standardentwicklung angenommen[79]. Man spricht insofern von "evidenzbasierter Medizin"[80], der ein Gewinn an Transparenz und Begründung zugute gehalten wird[81]. Andererseits wird vertreten, dass der Bewiesenheit der Methodenwirksamkeit nicht automatisch auch eine Akzeptanz in der medizinischen Wissenschaft zukommt[82].

---

[73] Vgl. beispielsweise die Empfehlung des 185. Plenums (vom 6. Juli 1998) der Hochschulrektorenkonferenz: "Zum Umgang mit wissenschaftlichem Fehlverhalten in den Hochschulen" (www.hrk.de; 22. 05. 03).

[74] Vgl. z. B. die "Regeln zur Sicherung guter wissenschaftlicher Praxis" der Max-Planck-Gesellschaft vom 24.11.2000 (www. mpg.de/deutsch/aktuell/gutwiss/regeln.pdf; 22. 05. 03).

[75] Vgl. dazu auch Grunwald, 127, 133.

[76] So Grunwald, 127, 132.

[77] Vgl. dazu C. I. 1.

[78] Dazu auch Welti/Raspe, NJW 2002, 874.

[79] Hart, MedR 2002, 1, 2.

[80] Dazu etwa Hart, MedR 2002, 1 ff; Welti/Raspe, NJW 2002, 874 f; Vgl. auch die Homepage des Netzwerkes evidenzbasierter Medizin: www.ebm-netzwerk.de; 22. 05. 03.

[81] So Hart, MedR 2002, 1, 3.

[82] Darauf läuft aber wohl die Lehre von der „evidenzbasierten Medizin" hinaus, vgl. dazu Hart in MedR 2002, 1, 2.

Vielmehr ist dieser Konsens erst herzustellen und zu ermitteln. Methodisch wird dies durch Konsensuskonferenzen erreicht[83].

c) Programm zu Qualitätsförderung des Standards

Die Sicherung des ärztlichen Standards wird auf einem weiteren Wege zu erreichen versucht: Aufgrund der Vielzahl von Leitlinien und dem damit drohenden Verlust an Übersichtlichkeit und Qualitätsgarantie, haben die Selbstverwaltungskörperschaften im Gesundheitswesen (Bundesärztekammer, Kassenärztliche Bundesvereinigung, die Deutsche Krankenhausgesellschaft und die Spitzenverbände der gesetzlichen Krankenversicherungen) und die Arbeitsgemeinschaft wissenschaftlich medizinischer Fachgesellschaften (AWMF) 1999 ein *gemeinsames Programm zur Qualitätsförderung von Leitlinien* entwickelt[84]. Dem Programm liegen einzelne Regelungen zur Steuerung der Standardentwicklung zugrunde. Dazu gehören die "Leitlinie für Leitlinien"[85] und die "Qualitätskriterien für Leitlinien"[86] der AWMF, die "Beurteilungskriterien der Bundesärztekammer und der Kassenärztlichen Bundesvereinigung"[87] sowie die "Checkliste zur methodischen Qualität von Leitlinien"[88] der Ärztlichen Zentralstelle für Qualitätssicherung (ÄZQ).

---

[83] Vgl. dazu beispielsweise Buchborn, MedR 1993, 328, 330. Die formale Konsensfindung wird durch Konsensuskonferenzen und die Delphi-Methode erreicht. Bei einer Konsensuskonferenz werden von einer Expertengruppe vorformulierten Fragen an alle Konferenzteilnehmer verschickt. In der Konferenz beraten darüber ein Panel (=Ausschuss), Experten als Sprecher und ein ausgewähltes Auditorium von 80 - 100 Teilnehmern. Das Ergebnis wird am Ende der Konferenz festgeschrieben. Auch für eine Delphi-Konferenz werden vorformulierte Fragen an insgesamt 50 - 100 Experten und an Anwender versendet. In einer zweiten Runde werden die erzielten Antworten erneut an die Teilnehmer verschickt, bevor das Ergebnis dieser Runde festgeschrieben wird. Im Gegensatz zur Konsensuskonferenz bleiben die Teilnehmer füreinander anonym. Auch wenn mit den Methoden der formalen Konsensbildung letztlich nur ein künstlicher und auch vorläufiger Konsens erzielt wird, wird doch deutlich, dass aus medizinischer Sicht weder Einschätzungen eines einzelnen Forschers noch ein "beurteilungsfreier Raum" als für die Entwicklung neuer Behandlungsmethoden ausreichend betrachtet werden.
[84] Vgl. www. leitlinien.de/leitlinienqualität/index/leitlinie/view; 22. 05. 03.
[85] www. leitlinien.de/leitlinienqualität/index/leitlinie/view; 22. 05. 03.
[86] www. leitlinien.de/leitlinienqualität/index/leitlinie/view; 22. 05. 03.
[87] Vgl. DÄBl. 94, Heft 33, 15. August 1997; A-2154 ff.
[88] www.leitlinien.de/leitlinienqualität/index/leitlinie/view; 22. 05. 03.

Der Steuerung der Standardentwicklung dienen zudem die Qualitätsanforderungen der Partner des Leitlinien-Clearingverfahrens der Selbstverwaltungskörperschaften des Gesundheitswesens[89].[90] Ein "Clearingverfahren"[91] hat die Bewertung vorhandener Leitlinien mit dem Ziel der Transparenz, Praktikabilität, Wissenschaftlichkeit und Wirtschaftlichkeit zum Gegenstand[92] und ist damit in das Stadium zwischen der (bereits erfolgten) Leitlinienerstellung und -implementierung anzusiedeln. Erst diejenigen Leitlinien, die dieses Verfahren durchlaufen haben, entsprechen den Anforderungen, die an Handlungsanleitungen zu stellen sind. Ungeprüften Leitlinien einzelner Institutionen wird lediglich Informationscharakter zugebilligt.

Während auch sie für die Richtigkeit einer Therapiewahl sprechen können, kann von einer "Richtigkeitsvermutung" (noch) nicht gesprochen werden.[93] Die oben genannte "Checkliste" stellt ein diesbezügliches Bewertungsinstrument dar. Für die Frage der Steuerung des Standardisierungsprozesses sind aber vor allem die übrigen Regeln zur Qualitätssicherung von Interesse. Diese finden sich in dem von den Selbstverwaltungskörperschaften und der AWMF erstellten Programm zur Qualitätssicherung wieder, das in einem Leitlinien-Manual zum Ausdruck kommt[94].

Diese vereinheitlichten Anforderungen an den Entwicklungsprozess lassen die Bezeichnung als *"Standard der Standardisierung"* zu, der letztlich die Konsensfähigkeit entwickelter Leitlinien bedingt. Die Qualitätsgewährleistung steht damit auch rechtlichen Schlussfolgerungen nicht entgegen. Da die Verhaltensvorgaben nicht am Schutz des Versuchsteilnehmers während der Erprobungsphase, sondern an dem Ziel aussagekräftiger Endergebnisse ausgerichtet sind, können sie allerdings kein Vorbild für die Sorgfaltsregeln sein.

---

[89] Vgl. www.leitlinien.de/leitlinienqualität/index/manual/index/view; 22. 05. 03.
[90] Auch auf europäischer Ebene wird sich dieser Problematik angenommen, vgl. die Arbeit des Europarat- Expertkommitees zur "Methodik der Entwicklung medizinischer Leitlinien" (Vgl. dazu bei www.geocities.com/ollenschlaeger/spmpm.html; 22. 05. 03).
[91] Der Begriff "clearing" wird hier im Sinne von "Sichtbarmachung" verwendet.
[92] Vgl. dazu www.leitlinien.de/clearingverfahren/index/view; 22. 05. 03.
[93] Das OLG Naumburg (Urt. v. 19.12.2001 -1U 46/01 (LG Halle); MedR 2002, 471 f.) spricht den Leitlinien der AWMF solange bloßen Informationscharakter zu, bis sie das Clearing-Verfahren durchlaufen haben. Denn (nur) dann könne davon ausgegangen werden, dass sie dem medizinischen Standard entsprächen.
[94] Vgl. www. leitlinien.de/leitlinienqualität/index/manual/index/view; 22. 05. 03.

Die Gewährleistung von wissenschaftlicher Qualität muss nicht zwingend, kann allerdings im Einzelfall eine konträre Zielsetzung zum Probandenschutz bedeuten.

d) Konkrete Empfehlungen für das Entwicklungsstadium neuer Therapiemethoden

Lediglich in Einzelfällen wird der Standardisierungsprozess auch zugunsten des Schutzes von Versuchsteilnehmers bei der Humanerprobung direkt beeinflusst. Dies kann ausschließlich mit Empfehlungen und inhaltlichen Vorschlägen zur (Fort-) Entwicklung einer neuen Methode gewährleistet werden. So hat die Zentrale Ethikkommission bei der Bundesärztekammer Empfehlungen abgegeben, beispielsweise für die neuartige Behandlung von Morbus Parkinson durch Übertragung embryonaler Stammzellen[95].

Die Betrachtung des Entwicklungsprozesses ärztlicher Standards zeigt, dass die Selbstregulierung innerhalb der medizinischen Forschungsgemeinschaft die Qualität des Standards und in einzelnen Fällen ebenso gute Dienste bei der inhaltlichen Steuerung der Therapieentwicklung leistet. Jenseits dieser Einzelfälle bleibt jedoch die grundsätzliche Frage bestehen, wie ohne einen Standard fahrlässiges Verhalten bestimmt werden kann.

---

[95] Bei dieser Therapie werden embryonale Nervenzellen in das Gehirn von Menschen übertragen, um die Degeneration eigener Nervenzellen auszugleichen, die die Parkinson-Krankheit kennzeichnet. Aufgrund einer ethischen Gesamtbewertung kam die Kommission zu dem Schluss, dass Heilversuche und klinische Studien bis zur Erlangung weiterer Erkenntnisse aus der Grundlagenforschung nicht zu rechtfertigen seien (vgl. Tätigkeitsbericht des Wissenschaftlichen Beirats der Bundesärztekammer 1998, S. 341 (vgl. www. bundesaerztekammer.de; 22. 05. 03).

II. Transformation des „ärztlichen Standards" in das Recht

1. Ärztlicher Standard als Orientierung für die (straf-)rechtliche Beurteilung

Der Standard - als Inbegriff verfestigter Erfahrungswerte[96] - ist nicht nur Orientierungspunkt für ärztliches Verhalten, sondern auch Ausgangspunkt für die rechtliche Beurteilung von Heileingriffen.[97]

"Ob ein Arzt seine berufsspezifischen "Sorgfaltspflichten" verletzt hat, ist (...) in erster Linie eine Frage, die sich nach medizinischen Maßstäben richtet." So formuliert der Bundesgerichtshof.[98]

Stellt man mit der Theorie der objektiven Sorgfaltspflichtverletzung auf den besonnenen und gewissenhaften Verkehrskreisteilnehmer ab, stellt die therapeutische Standardmethode in einer typischen Situation diesen medizinischen Maßstab dar. Die ärztlichen Anforderungen tragen damit als außerrechtliche Vorgaben zur rechtlichen Normbildung bei: Der ärztliche Standard ist die Umschreibung für den Prozess professioneller Normbildung in der Medizin[99].

Während sich eine Transformation außerrechtlicher Anforderungen in das Recht, insbesondere im technischen Bereich, häufig über die Verwendung von Generalklauseln ("Stand der Technik") vollzieht[100], tritt auch die Theorie der objektiven Sorgfaltspflichtverletzung mit ihrer letztlich generalklauselartigen Formel dem Flexibilitäts- und Aktualitätsdefizit festgelegter Verhaltensanforderungen zugunsten einer sachgerechten strafrechtlichen Beurteilung entgegen[101].

---

[96] Mummenhoff (S. 45): Standards sind zu "Handlungsanweisungen geronnenes Erfahrungswissen".
[97] H.M.; vgl. etwa Bohl. S. 48, 82; Laufs, Arztberuf, S. 625, 632.
[98] BGH in NJW 1995, 776, 777f.
[99] Hart, MedR 2000, 1.
[100] Dazu Nicklisch, NJW 1982, 2633 ff. Zum Zusammenspiel von rechtlichen und technischen Normen übersichtlich Wolf, S. 245.
[101] Vgl. auch Nicklisch, NJW 1982, 2633, 2637.

Im Kernbereich des Fachwissens kann dabei von einer vollständigen Rezeption der medizinischen Anforderungen in das Recht gesprochen werden, während jenseits dessen wegen mangelnder direkter Legitimation der Verkehrskreise eine rechtliche Korrektur der Entscheidungsvorgaben vorbehalten bleiben muss.[102] Im Ergebnis ist der „ärztliche Standard" letztlich Ausgangspunkt für die rechtliche Beurteilung.

2. Indizwirkung ärztlicher Standards

a) Verhältnis von Standard und "Sorgfaltspflicht"

Wegen des Zuschnitts des Standards auf *typische* ärztliche Entscheidungssituationen, kann allerdings eine Gleichsetzung mit der strafrechtlichen Sorgfaltsregel nicht stattfinden.

Ein Abweichen vom Standard bedeutet nicht stets einen Kunstfehler, der hier begrifflich synonym zur Sorgfaltspflichtverletzung verwendet werden soll[103]. Die "ärztlichen Kunstregeln" sind es, die das sorgfältige Verhalten beschreiben[104], wenn diese sich in aller Regel auch mit dem ärztlichen Standard decken[105]. Sie ermöglichen es, jenseits typischer Fallkonstellationen auf besondere Sachverhalte zu reagieren[106]. Der Standard hat damit lediglich indizielle Wirkung[107] und stellt keine zwingende rechtlich relevante Verhaltensregel dar[108]. Diese ist umso stärker, je mehr es um medizinische Fachfragen geht, und nimmt entsprechend der Anzahl interdisziplinärer Aspekte ab.

---

[102] Siehe Bohl, S. 65.
[103] Der Begriff des Kunstfehlers wird nicht einheitlich verwendet (vgl. Bohl, S. 31; Ulsenheimer, S. 42 m. w. N.) und soll in seiner Bedeutung für diese Untersuchung ohne Begründung festgelegt werden, da die Bezeichnung keine sachlichen Auswirkungen hat; Vgl. dazu Siebert, S. 9 ff., in MedR 1983, 216.
[104] Ulsenheimer, S. 43 m. w. N.
[105] So auch Siebert, S. 11.
[106] Schünemann (JA 1975, 575, 577) spricht von dem "Vorbehalt des Regelfalls".
[107] So die h.M.; vgl. BGH in NJW 1995, 776 ("Die Sorgfaltspflichten richten sich *in erster Linie* nach medizinischen Vorgaben"); BGHSt 4, 182, 185; 12, 75, 78;. Schünemann, JA 1975, 575, 577.
[108] Vgl. z. B. Buchborn, MedR 1993, 328, 330; Ulsenheimer, S. 15.

Für die „Voraussehbarkeit der Rechtsgutsverletzung" bedeutet die Indizwirkung des medizinischen Standards im Hinblick auf die bestehenden Patientenrisiken nahezu einen zwingenden Schluss, während der Standard für das "erlaubte Risiko" nur einen Hinweis darstellt.

b) Rechtfertigungszwang bei Abweichung vom Standard

Die Indizwirkung des Standards widerspricht aber nicht dessen Wichtigkeit für die rechtliche Beurteilung. Denn die Existenz eines ärztlichen Standards impliziert einen Rechtfertigungszwang für abweichendes Verhalten. Ihm kommt insoweit eine "Richtigkeitsvermutung" zu[109].

Die "ärztlichen Kunstregeln" berücksichtigen zwar auch die "ärztliche Therapiefreiheit"[110]. Diese gewährt grundsätzlich neben der Wahlfreiheit zwischen mehreren alternativen Standardmethoden auch die Freiheit zu abweichender Therapie, die nicht unerheblich vom individuellen Arzt-Patienten-Verhältnis beeinflusst wird[111]. Insoweit wird von einem Beurteilungsspielraum, einer Einschätzungsprärogative[112] oder von ärztlichem Ermessen[113] gesprochen. Dennoch wird aber der ärztliche Standard rechtlich für die sorgfältige Wahl der Therapiemethode erheblich: So werden nach der Rechtsprechung zwar grundsätzlich alle Methoden als gleichwertig bezeichnet; gefordert wird allerdings das Vorliegen eines "sachlichen Grundes" für die Abweichung[114]. Dies stellt deren Gleichwertigkeit zur Standardtherapie aber in Frage. Bei sachlichen Gründen soll es sich um "wohlerwogene", das heißt rational auch für einen objektiven Dritten einsehbare Gründe handeln[115]. Als unsachlich gelten Bequemlichkeit, Eigensinn, Hochmut[116] und Rechthaberei[117].

---

[109] Siehe Siebert, S. 141.
[110] BGH, NJW 1988, 765; 1989, 1538; 1991, 1535, 1536.
[111] Siebert, S. 44, 64 f.
[112] Vgl. etwa Siebert, S. 52.
[113] Buchborn, MedR 1993, 328, 330, 332; Deutsch, NJW 1993, 1506, 1508; Laufs, Arztberuf, S. 625, 626.
[114] Vgl. RGSt 50, 37; 64, 263, 270; 67, 12; 74, 60ff.; BGH in NJW 1962, 1780; BGH in NJW 1978, 1206; BGHSt 3, 383, 385; Vgl. auch Ulsenheimer, S. 15.
[115] Bsp.: RGSt 64, 263, 270; Ulsenheimer, S. 18.
[116] RG 64, 263, 269.
[117] Vgl. BGH in NJW 1962, 1780f.

Obwohl diese Beschreibung Präzision vermissen lässt, kann aber festgestellt werden, dass damit die Beweislast für die Vorzugswürdigkeit der Nicht-Standardmethode dem Arzt auferlegt und die materielle "Richtigkeitsfiktion" des Standards betont wird: Durch den Standard werden der Therapiefreiheit Grenzen gezogen.

Selbst wenn man auf das Erfordernis eines Rechtfertigungszwangs verzichten würde[118], spräche dies nicht gegen die Bedeutung ärztlichen Erfahrungswissens. Denn eine grenzenlose Therapiefreiheit wird auch dann nicht verlangt[119]. Zum einen muss der Arzt die Standardmethode kennen und prüfen, was für ihre indizielle Bedeutung spricht[120]. Zum anderen hat sich auch die alternative Methode, die unter Berufung auf die ärztliche Therapiefreiheit vorgenommen wird, auf objektivierbare medizinische Erkenntnisse und Erfahrungen zu stützen[121]. Auch sie ist also auf Erfahrungswerte angewiesen. Eine Kennzeichnung der Therapiefreiheit als Möglichkeit "höchstpersönlicher Entscheidungen des Arztes"[122] deutet auf unbegründete persönliche Vorlieben hin und ist daher eher irreführend.

Sie steht vielmehr immer in einer Abhängigkeit zu anerkannten Erfahrungswerten und ist damit mittelbar am ärztlichen Standard ausgerichtet. Deshalb schlägt auch die Kritik fehl, es bedürfe der Verkehrskreismethode mit dem Rückgriff auf Standards nicht, weil zur Fahrlässigkeitsbestimmung eine Abwägung kollidierender Interessen ausreichend sei[123]. Zwar ist eine situationsbedingte Abwägung außerhalb des Regelfalls erforderlich. Sie steht jedoch gerade nicht in freiem Raum, sondern kann nur in Abhängigkeit zum typischen Fall mit auf Erfahrungen gestützten Abwägungskriterien vollzogen werden.

---

[118] So Siebert, S. 85, 86.
[119] Ausdrücklich Ulsenheimer, S. 18.
[120] Bohl, S. 52; Siebert, S. 57.
[121] So Buchborn generell zum ärztlichem Ermessen, MedR 1987, 221, 222 f.
[122] So Ulsenheimer, S. 17.
[123] So vertritt Schünemann (JA 1975, 575, 577), dass die Sorgfaltsanforderungen durch eine Abwägung zwischen dem Interesse an der Vornahme der Handlung und dem Interesse an der Unversehrtheit der Rechtsgüter ermittelt werden müssen, weil die Orientierung an einem Leitbild nur trügerische Sicherheit böte und deshalb nur beschränkte Bedeutung habe. Seine "drei Hilfskoordinaten" für die Abwägung sind aber auch auf Erfahrungswerte gerichtet. So lassen sich der "Erfahrungsgrad, die Verfügbarkeit von Sicherheitsvorkehrungen und die Zumutbarkeit von Vorsichtsmaßregeln" (S. 576) nicht ohne herausgebildete Erfahrungswerte oder Bewertungen ermitteln.

3. Exkurs: Sozialrechtliche Bedeutung des „ärztlichen Standards"

Neben seiner Bedeutung für die straf- oder haftungsrechtliche Beurteilung hat die Qualifikation als Standardtherapie auch sozialrechtliche Konsequenzen.

Denn obwohl die standardisierte Behandlung wegen des hinzutretenden Notwendigkeits- und Wirtschaftlichkeitsgebots nicht zwangsläufig als von den gesetzlichen Krankenkassen erstattungsfähige Leistung gilt, hat sie dennoch als Mindestvoraussetzung für die Aufnahme in den Katalog erstattungsfähiger Leistungen Bedeutung[124]. Auch insoweit ist also eine Orientierung an Erfahrung und Konsens zu verzeichnen, weil der Standard als allgemeinverbindliche Verhaltensvorgabe akzeptiert ist.

---

[124] Nach § 2 Abs. 1 SGB V haben die Krankenkassen den Versicherten Leistungen zur Verfügung zu stellen, deren Qualität und Wirksamkeit dem *allgemein anerkannten Stand der medizinischen Erkenntnisse* entsprechen. Vertragsärzte dürfen Leistungen aber nur erbringen, wenn die Bundesausschüsse der Ärzte und Krankenkassen (vgl. § 91 I SGB V) in Richtlinien nach § 92 Abs. 1 S. 1 Nr. 5 Empfehlungen über die Anerkennung des Nutzens der neuen Methode *und deren medizinische Notwendigkeit und Wirtschaftlichkeit* abgegeben haben; zur Erforderlichkeit einer positiven Entscheidung vgl. auch BSG, Urt. v. 16.09. 1997 1 RK 28/95, SozR 3-2500 § 135 SGB V Nr.4. Da es durchaus vorkommen kann, dass in der Fachwelt akzeptierte Methoden noch nicht in entsprechende Richtlinienempfehlungen übernommen worden sind, kann es zu einer Pflichtenkollision zwischen sozial- und haftungsrechtlichen Anforderungen kommen; dazu Sandbiller, MedR 2002, 19, 21f.

C. Strukturdifferenz der Gefahrprognose im Forschungssektor

Die bisherigen Ausführungen haben gezeigt, dass Erfahrung und Konsens grundsätzlich erforderlich sind, um das "im Verkehr erforderliche Verhalten" zu bestimmen. Es stellt sich die Frage, wie die für die "Voraussehbarkeit der Rechtsgutverletzung" und das "erlaubte Risiko" maßgebliche Gefahrprognose erfolgen kann, wenn das Erfahrungswissen und eine Bewertung des Forschungsvorhabens fehlen.

I. Bedeutung des "Adäquanzgedankens" für die Gefahrprognose

Eine *Gefahrprognose im traditionellen Sinne* stellt ein Wahrscheinlichkeitsurteil dar, das einen "wissenschaftlichen Kausalnexus"[125] und eine normative Wertung voraussetzt.[126] Dabei ergibt sich die Schlussfolgerung auf eine Gefahr aus einem Komplex von Tatsachen, aus dem der Erfolg logisch ableitbar ist[127]. Auch wenn der Handelnde nicht *unmittelbar* eine naturgesetzliche Folge herbeiführt, können Tatsachen hinzutreten, die die Voraussetzungen für den Eintritt eines Naturgesetzes vervollständigen. Als "voraussehbar" gilt die Rechtsgutsverletzung unter dieser Bedingung dann, wenn diese Tatsachen ihrerseits erkennbar sind.[128] Nur dann, wenn die zu beurteilende Situation kognitiv vollständig erfassbar ist, kann eine logische Ableitung des Erfolgseintritts stattfinden.

Für die Prognose einer Rechtsgutsverletzung gilt es, die nur theoretisch denkbaren Tatsachen, die den Kausalverlauf beeinflussen könnten, von denjenigen zu trennen, die *strafrechtliche Relevanz* erlangen sollen. Der oben genannte Tatsachenkomplex, der für die Erkennbarkeit eines Erfolgseintritts maßgeblich sein soll, muss begrenzt sein, also aus endlichen Tatsachen bestehen. Ansonsten wäre bei jeglichem in die Außenwelt wirkenden menschlichen Verhalten ein tatbestandlicher Erfolgseintritt zwingend als voraussehbar zu werten, da das Freisetzen von Kraft stets die Möglichkeit einer Rechtsgutsverletzung in sich birgt.

---

[125] Di Fabio, S. 67.
[126] Vgl. dazu A. III., IV.
[127] Puppe, ZStW 95 (1983), 287, 294.
[128] Dazu A. III. 2.

Das Abgrenzungskriterium zur rein theoretischen Möglichkeit stellt die *Adäquanz*[129] dar: Voraussehbar ist eine Rechtsgutsverletzung dann, wenn (sie die unmittelbare Folge eines naturwissenschaftlich bekannten Gesetzes ist oder) nach *allgemeiner Lebenserfahrung* mit ihr zu rechnen war.[130] Bei der traditionellen Gefahrprognose wird dem Handelnden folglich nur die Berücksichtigung von Tatsachen abverlangt, die sich nach Erfahrungswerten als verletzungsgeeignet darstellen. Durch die Erfahrungswerte wird damit dem Wahrscheinlichkeitsurteil über den Eintritt einer Rechtsgutsverletzung eine Grenze gesetzt.

Fehlt es in der Humanforschung an diesen Erfahrungen, ist zwar ein Wahrscheinlichkeitsurteil im weitesten Sinne möglich. Die Aussage, dass eine Humanerprobung eventuell zu einer Verletzung oder sogar zum Tode des Versuchsteilnehmers führt, kann durchaus getroffen werden. Dieses Wahrscheinlichkeitsurteil unterscheidet sich aber gravierend von demjenigen der traditionellen Gefahrprognose. Ohne eine Grenzziehung bei den "lebensnahen" verletzungsrelevanten Tatsachen, ist der mögliche Tatsachenkomplex unendlich groß, weil er auch die fernliegendsten Beeinflussungen des Kausalverlaufs einbezieht. Der Handelnde kann daher den Tatsachenkomplex in seiner Vorstellung nicht dergestalt vervollständigen, dass er eine logische Schlussfolgerung auf die Rechtsgutsverletzung ziehen kann. Denkbar sind unendliche schädigende Handlungsfolgen, ebenso wie unendliche Folgen vorstellbar sind, die zu keiner Rechtsgutsverletzung führen. Der Forschende *kann* trotz größter Bemühungen kein Wahrscheinlichkeitsurteil im traditionellen Sinne treffen. Die Unsicherheit über den erkennbaren Tatsachenkomplex schlägt also auf die Gefahrprognose durch: Weil sie nicht auf Erfahrungen gestützt ist, ist sie gekennzeichnet durch die Vorstellung von rein theoretisch möglichen Schadensszenarien. Ein Wahrscheinlichkeitsurteil im Forschungssektor hat damit einen anderen Charakter als in traditionellen Bereichen. Es verliert die Konturen, die üblicherweise eine rechtliche Bewertung ermöglichen: Mit der fehlenden Begrenzung der als erkennbar geltenden Tatsachen, löst sich die Grenze zwischen rein hypothetischen Schadensverläufen und denjenigen mit strafrechtlicher Relevanz auf.

---

[129] Zum Adäquanzgedanken vgl. Hoyer, S. 70 ff.; Schlüchter, JuS 1976, 312, 313.
[130] Vgl. A. II. 2., III. 1.

Der Grund liegt darin, dass der "Gefahrprognose" nicht eine Gefahr im üblichen Sinne eines bekannten verletzungsgeeigneten Zustandes zugrunde liegt; vielmehr muss sie sich zwangsläufig auf eine "potentielle Gefahr" oder die "Vermutung einer Gefahr" stützen. Denn ausschließlich diese Schlussfolgerung kann gezogen werden: Statt einer Gefahr im traditionellen Sinne, ist genaugenommen eine *Unsicherheitssituation* die Grundlage für eine Gefahrprognose. Das *unauflösliche Informationsdefizit* im Forschungsbereich führt damit zu einem gravierenden strukturellen Unterschied zum Gefahrbegriff. Die erforderliche Prognose einer Rechtsgutsverletzung wandelt sich, weil es in der Forschung letztlich nicht um den Ausschluss bekannter Gefahren, sondern um die *Zukunftskontrolle unbekannter Gefahren* geht.

II. Wandel des Gefahrbegriffs zum "Gefahrenverdacht"

Das Erfordernis zur rechtlichen Beurteilung unbekannter Situationen hat bereits im Verwaltungsrecht zu einem gewandelten Gefahrverständnis geführt. In Parallele zur Problematik der fehlenden Erfahrung und des fehlenden Konsens im Forschungssektor hat vor allem im *Atomrecht und Umweltrecht* eine Auseinandersetzung mit den Anforderungen der *"Risikogesellschaft"*[131] stattgefunden, die auch für das Strafrecht relevant ist.

Im ursprünglichen Verständnis war der Gefahrbegriff hauptsächlich durch die *erwiesene Eignung eines Sachverhalts zu einer Schädigung*, bzw. Rechtsgutsverletzung geprägt und ging von statistischen Wahrscheinlichkeitsaussagen aus[132]. Gefahr ist danach ein "Sachverhalt, der den Voraussetzungsteil eines Verletzungserfahrungssatzes verwirklicht".[133] Dabei muss entweder der allgemeine praktische Verstand oder der wissenschaftliche Sachverstand, gestützt auf Lebenserfahrung oder wissenschaftliche Erfahrungssätze, die Schädigungsvermutung belegen.[134]

---

[131] Dazu bereits 1. Teil A.
[132] Vgl. dazu Di Fabio, S. 68.
[133] Eckard Horn, S. 152.
[134] Vgl. bei Di Fabio, S. 67.

Der erste Wandel des Gefahrbegriffs vollzog sich, indem der Grad der Eintritts-wahrscheinlichkeit für eine Schädigung von der Schadenspotentialität, also dem Schadensausmaß und dem Rang der Rechtsgüter, abhängig gemacht wurde: Je größer der erwartete Schaden, desto geringere Anforderungen wurden an die statistische Wahrscheinlichkeitsaussage gestellt ("Je-desto-Formel")[135].

Während nach dieser Ausweitung des Gefahrbegriffs aber auch die entfernten Möglichkeiten einer Schädigung durch konkrete Umstände zu belegen und der Kausalnexus zum Schaden rational zu begründen waren[136], führten die Herausforderungen der Kernenergie zu einer elementaren Veränderung des Gefahrenbegriffs. Maßgeblich dafür war die atomrechtliche Entscheidung des Verwaltungsgerichts Freiburg (Wyhl-Urteil)[137], in der bei einem großen Schaden auch die nur *theoretische Schädigungsmöglichkeit für ausreichend erachtet* und damit letztlich auf den Kausalnexus verzichtet wurde: Das Gericht hat das Bersten eines Reaktordruckbehälters für äußerst unwahrscheinlich gehalten; da dies allerdings nicht auszuschließen war, qualifizierte es die atomaren Anlagen ohne Berstschutz als nicht genehmigungsfähig. Zwar setzte sich im Anschluss daran die Ansicht durch, dass der Grundsatz gegenläufiger Proportionalität ("Je-desto-Formel") in der Konsequenz nicht zu einem Verbot dieser Anlagen führen kann; aus der Unsicherheit bezüglich der Wahrscheinlichkeit eines Schadenseintritts hat sich aber die Forderung nach einer weitgehenden Störfallvorsorge ergeben.[138]

Das *Komplexitätsproblem* einer neuen unerprobten Technik und den *Verlust von Beurteilungssicherheit* hat auch das Bundesverfassungsgericht in der "Kalkar-Entscheidung"[139] erörtert und eine begriffliche Differenzierung zwischen einer Gefahrenabwehr und einer *Schadensvorsorge* vorgenommen,[140] deren Bedeutung sich über die Grenzen des Verwaltungsrechts auch auf das Strafrecht erstrecken könnte.

---

[135] Di Fabio, S. 67 f.
[136] Vgl. dazu Di Fabio, S. 67 f.
[137] VG Freiburg, NJW 1977, 1645, 1648.
[138] Vgl. dazu Di Fabio, S. 69, FN 16.
[139] BVerfGE 49, 89 ff.
[140] BVerfGE 49, 89, 138; vgl. Bender, DÖV 1980, 633, 635.

"Wenn Erfahrungswerte und wegen der Komplexität der Anlage die Vorhersagen nach Maßgabe überschaubarer Ursache-Wirkungs-Zusammenhänge fehlen, tritt neben eine empirisch fundierte Wahrscheinlichkeitsprognose eine anhand von Denkmodellen und Störfallszenarien vorgenommene Abschätzung von Risiken."[141] Damit löst sich der verwaltungsrechtliche "Risikovorsorgebegriff" von empirisch ausreichend gesichertem Wissen im Sinne einer technisch-wissenschaftlichen Regel- oder Erfahrungsbildung[142]. Das *"Besorgnispotential"*[143] wird zum Anknüpfungspunkt staatlicher Eingriffsverwaltung, die sich damit vom Repressiven zum Präventiven verschiebt[144]. Dieses *"Vorsorgeprinzip" gilt auch im Umweltrecht*: Jede entfernte Möglichkeit der Kontamination von Grundwasser ist auszuschließen.[145] Zu Recht hat das Verwaltungsgericht Baden-Württemberg[146] diese Unsicherheitssituation nicht als Gefahr qualifiziert, sondern den Begriff des *"Gefahrenverdachts"* für zutreffend gehalten.

Die Anforderung an die "Risikogesellschaft"[147], mit dem Verlust von Beurteilungssicherheit umzugehen, führt im Verwaltungsrecht also zu einem erweiterten Gefahrverständnis. Dieser Wandel steht im Einklang mit den Überlegungen zur Strukturdifferenz der Gefahrprognose bei der strafrechtlichen Beurteilung von Forschungsverhalten[148]; der Lösungsansatz im Verwaltungsrecht ist daher aussagekräftig für den strafrechtlichen Umgang mit Informationsdefiziten. Die "Voraussehbarkeit der Rechtsgutsverletzung" und das "erlaubte Risiko" aus einer *Unsicherheitssituation* heraus zu bestimmen, ist nur möglich, wenn statt einer "Gefahrprognose" im traditionellen Sinne einer Voraussehbarkeit des Eintritts naturgesetzlicher Zusammenhänge, ein "Gefahrenverdacht" für ausreichend erachtet würde.[149] Mit dem Wandel der Lebensbereiche in der "Risikogesellschaft" müssen sich die dogmatischen Strukturen ändern, um den Forschungsbereich erfassen zu können.

---

[141] BVerwGE 72, 300, 315.
[142] So Di Fabio, S. 85, 86.
[143] BVerfGE 72, 300, 315.
[144] Di Fabio, S. 448.
[145] Zur historischen Entwicklung Salzwedel, S. 13.
[146] ESVGH Bd. 32, S. 161 ff (amtl. Slg.).
[147] Dazu 1. Teil A.
[148] Vgl. dazu I.
[149] Im Sinne einer weiten Gefahren-, bzw. Risikodefinition soll zur Übersichtlichkeit dennoch im Folgendem von "Forschungs*gefahren* und -*risiken*" die Rede sein.

Unbekannte Gefahren als spezifische Erscheinungsformen der heutigen Gesellschaft nehmen damit Einfluss auf die Entwicklung des Rechts.[150]

D. Umgang mit Informationsdefiziten als strafrechtliches Risikomanagement

I. "Risikostrafrecht"

Die gewandelte Bedeutung der Gefahrprognose im Strafrecht[151] sowie die Tendenz des Verwaltungsrechts zu einer strukturellen Anpassung der staatlichen Eingriffsvoraussetzungen an die Herausforderungen der "Risikogesellschaft" legen nahe, dass auch in strafrechtlicher Hinsicht eine Diskussion über den Umgang mit Unsicherheiten über Wirkungszusammenhänge stattgefunden hat.

Unter dem Begriff des *"Risikostrafrechts"*[152] hat das *juristische Schrifttum* die Fragen nach dem Umgang mit Fortschritt und Entwicklung unter unterschiedlichen Gesichtspunkten aufgeworfen. Es werden drei Modelle des "Risikostrafrechts" danach unterschieden, ob sie den Diskussionsschwerpunkt hauptsächlich auf die Zunahme von "Großgefahren" (zum Beispiel durch Technisierung und Industrialisierung), auf die von Risiko und Risikowahrnehmung verunsicherte Gesellschaft oder aber darauf legen, dass die Gesellschaft unkontrollierbare und unvorhersehbare Gefahren zu "Risiken" transformiert hat. "Risiken" werden als Gefahren definiert, die "gesellschaftlich thematisiert, abgegrenzt und damit potentiell kalkulierbar" werden.[153] In diesem Kontext wird das "erlaubte Risikos" mit der "Geburtsstunde der Risikodogmatik"[154] in Verbindung gebracht.

---

[150] Hassemer, NStZ 1998, 553 ff.
[151] Vgl. dazu C. I.
[152] So Wolter, S. 36; vgl. zum "Risikostrafrecht" auch die Arbeiten von Felix Herzog (Gesellschaftliche Unsicherheit und strafrechtliche Daseinsvorsorge, Frankfurt a.M., 1990); Dietrich Kratzsch (Verhaltenssteuerung und Organisation im Strafrecht, Berlin 1985), Cornelius Prittwitz (Strafrecht und Risiko, Frankfurt a.M. 1993).
[153] Prittwitz, S. 167 f.
[154] Prittwitz, S. 267.

Weil das Strafrecht funktional auf die *Risikominimierung* gerichtetes Recht ist, erlangt die Risikodogmatik aber auch in anderen Bereichen des Strafrechts Bedeutung[155], hauptsächlich aber im Zusammenhang mit dem "erlaubten Risiko", dem "Risikovorsatz" und der "Risikoerhöhungslehre"[156].[157]

Ausführungen zur Problematik der methodischen Bestimmung der "Voraussehbarkeit der Rechtsgutsverletzung" und des "erlaubten Risikos" spielen allerdings in der Auseinandersetzung des Schrifttums mit dem "Risikostrafrecht" letztlich keine Rolle. Lediglich vereinzelt wird betont, dass auch die Lehre vom tatbestandsmäßigen Verhalten von den spezifischen Anforderungen der Risikogesellschaft betroffen ist.[158] Überwiegend wird die Problematik des Umgangs mit unbekannten Wirkungszusammenhängen aber der *Erfolgszurechnung* zugeordnet[159]. In der Konsequenz bezieht sich die Diskussion damit hauptsächlich auf die Frage nach dem Charakter und der Legitimation der Gefährdungsdelikte, die als "Prototyp des Risikostrafrechts"[160] bezeichnet, als Lösung der dogmatischen Probleme eine prominente Rolle in Strafrecht und Kriminalpolitik einnehmen.[161] Auch bei den sogenannten "Kummulationsdelikten" des Umweltstrafrechts steht letztlich die Zurechnungsproblematik im Vordergrund, die darauf basiert, dass Umweltbelastungen auf komplexen Wirkungszusammenhängen (Summations-, Kummulations- und synergetische Effekte[162]) beruhen.

In der *Rechtsprechung* wird die Erörterung des rechtlichen Umgangs mit unbekannten Wirkungszusammenhängen unter der Überschrift der *"generellen Kausalität"*[163] und damit ebenfalls im Zusammenhang mit der Erfolgszurechnung geführt.

---

[155] Prittwitz, S. 320.

[156] Vgl. Prittwitz, S. 320.

[157] Aufgrund des Interesses der "Risikogesellschaft" an der Minimierung von Unsicherheit und globaler Steuerung hat die Frage des Umgangs mit Risiken aber auch die Kriminalpolitik, die Straftheorien und die Lehre vom Rechtsgut erreicht; vgl. Hassemer, NStZ 1989, 577.

[158] Frisch, Vorsatz, S. V.

[159] Wolter, S. 17 ff, 24 ff.

[160] Prittwitz, S. 153 ff.

[161] So etwa Herzog, S. 1 ff. mit einer Übersicht über die Wurzeln des Gefährdungsstrafrechts: S. 45 ff.; Kratzsch, S. 119; S. 1 ff.; Prittwitz, S. 152 ff.

[162] Kuhlen, GA 1986, 389, 399; vgl. auch Tröndle/Fischer, Vor § 324, Rn 4; Wohlers, S. 142 ff., 318.

[163] In diesem Kontext auch Zieschang, S. 103.

Im sechsten Teil wird näher auf die Rechtsprechung im "Contergan-Beschluss"[164] sowie in der "Holzschutzmittel - Entscheidung"[165] eingegangen,[166] die eine prozessuale Lösung der Problematik befürwortet.[167]

Neben der Erfolgszurechnung werden die unbekannten Wirkungszusammenhänge allerdings auch für die Bestimmung einer Sorgfaltspflichtverletzung erheblich, wie in Bezug auf die Strukturdifferenz der Gefahrprognose dargelegt wurde.[168] Für die "Voraussehbarkeit der Rechtsgutsverletzung" ist der naturgesetzliche Zusammenhang zwischen dem Täterverhalten und dem tatbestandlichen Erfolg allerdings keine notwendige Bedingung; erforderlich, aber auch ausreichend ist vielmehr die *Prognose* einer rechtsgutsverletzenden Handlungsfolge.[169] Nach den bisherigen Erörterungen kann für diese Prognose theoretisch eine Gefahr im Sinne eines Gefahrenverdachts ausreichend sein[170], während sich die realisierende Gefahr für die Kausalitätsfeststellung ex-post als tatsächlich verletzungsgeeignet darstellen muss.[171]

Über eine mögliche Änderung des Gefahrverständnisses hinaus, sind weitere Entscheidungen zum Umgang mit Unsicherheitssituationen erforderlich. Da die Sorgfaltanforderungen grundsätzlich auf eine Gefahrenreduzierung zielen[172], ist beispielsweise zu erörtern, wie eine solche Unsicherheitssituation "abgesichert" werden kann. Eventuell ist insoweit die fehlende begriffliche Fixierung der "fahrlässigen Handlung" als Vorteil zu begreifen, um auf neue Gegebenheiten im Forschungsbereich flexibel reagieren zu können[173]. Lösungsoptionen für die Beurteilung von Forschungseingriffen werden im folgenden dritten Teil aufgeworfen.

---

[164] LG Aachen, JZ 1971, 507, 520 ff.
[165] BGHSt 41, 206.
[166] 6. Teil B. I. 1. b).
[167] Dem hat sich die Literatur teilweise angeschlossen: Z. B. Hoyer, S. 128; Kuhlen, NStZ 1990, 566, 567; Maiwald, S. 109; Zieschang, S. 110 f.; a. A. Armin Kaufmann, JZ 1971, 569, 573.
[168] Vgl. dazu C. I., II.
[169] Vgl. dazu auch Puppe, ZStW 95 (1983), 287, 294 ff.
[170] Vgl. C. I., II.
[171] Zur Unterscheidung der "Gefahr im Augenblick der Handlung" und der "Gefahr nach dem Eintritt des Verletzungserfolges" vgl. Horn, S. 15 ff.
[172] Vgl. Sch/Sch-Cramer/Sternberg-Lieben, § 15, Rn 147; Jescheck, S. 581.
[173] BVerfG in NJW 1979, 359, 363: "Unbestimmte Rechtsbegriffe" ermöglichen eine Reaktion auf den Fortschritt.

II. Ausgleich kollidierender Interessen

Das "strafrechtliche Risikomanagement" verlangt den Umgang mit Informationsdefiziten und erfordert dazu neben einer Anpassung der Strafrechtsdogmatik vor allem auch *rechts- und gesellschaftspolitische Grundsatzentscheidungen*. Diese
können theoretisch von der grundsätzlichen Toleranz von Forschungsgefahren bis
hin zu einem strengen Regelwerk reichen.

Der Umfang des "erlaubten Risikos", das als Kennzeichnung eines allgemeinen
Handlungsfreiraums verstanden wird[174], kann allerdings nicht frei bestimmt werden. Rechtspolitische Entscheidungen sind vielmehr inhaltlich abhängig von der
Zielsetzung des Ausgleichs kollidierender Interessen. Eine strafrechtliche Reglementierung von Lebensbereichen, die durch Unsicherheiten geprägt sind, hängt
von der Schutzbedürftigkeit betroffener Rechtsgüter sowie der Strafwürdigkeit
gefährlicher Verhaltensweisen ab. Dabei gilt es, kollidierende Interessen zu einem
Ausgleich zu bringen, für den das Verfassungsrecht Vorgaben enthält. Die Forschungsfreiheit in Art. 5 Abs. 3 S. 1 GG wird lediglich durch "immanente Grund-
rechtsschranken" begrenzt[175]. Ihr kommt daher innerhalb der Verfassungswerte
und auch im Vergleich zu Leben und körperlicher Unversehrtheit in Art. 2 Abs. 2,
S. 1 GG eine hohe Wertigkeit zu. Auch sind bei einer Reglementierung des Forschungssektors die Berufsfreiheit und die allgemeine Handlungsfreiheit (Art. 12
Abs. 1, Art. 2 Abs. 1 GG) betroffen[176]. Für den Ausgleich der Interessen spielen
neben den rechtlichen Vorgaben die gewandelten gesellschaftlichen Vorstellungen
und die Ethik eine erhebliche Rolle[177].

Trotz des zunehmenden gesellschaftlichen Strebens nach Sicherheit ist stets zu
bedenken, dass das höchste Gut in einer Demokratie nicht die Sicherheit, sondern
die (Handlungs-)Freiheit darstellt[178].

---

[174] Vgl. AK-Zielinski, §§ 15, 16, Rn 100; SK-Samson, § 16, Rn 20.
[175] Vgl. dazu Dreier, DVBl. 1980, 471ff.
[176] Vgl. beispielsweise Brammsen, GA 1993, 97, S. 102.
[177] Meder (267, 269) spricht nicht zu Unrecht davon, dass das politische Problem dem Rechtssystem "zugemutet" wird.
[178] Zur Bedeutung der Wertentscheidung der Verfassung für die allgemeine Handlungsfreiheit vgl.
auch Brammsen, GA 1993, 97, S. 102.

Die Humanforschung aufgrund der Kollision verschiedener Rechtsgüter generell zu untersagen, verbietet sich damit bereits aus der Verfassung[179]. Die grundgesetzliche Stellung der Forschungsfreiheit bedeutet in der Konsequenz, dass die anwendende Humanforschung zumindest "bedingt erlaubt" sein muss. Die Legitimation von Einschränkungen kann sich aus den staatlichen Schutzpflichten für Leben und körperliche Unversehrtheit[180] ergeben, denen durch eine Steuerung des Forschungssektors nachzukommen ist.

Das Gebot, niemanden zu schädigen ("neminem laede")[181], kann also nicht im Sinne eines absoluten Schädigungsverbots verstanden werden. "Neminem laede" kann lediglich ein Leitprinzip sein, das nicht absolut zu realisieren, sondern grundsätzlich mit den gegenläufigen Interessen in Einklang zu bringen ist[182]. Die Orientierung des Strafrechts am Rechtsgüterschutz[183], rechtfertigt zwar die Auferlegung von (Sorgfalts-) Pflichten; bei Handlungsbeschränkungen ist aufgrund der Bindung an den Verhältnismäßigkeitsgrundsatz aber stets deren Zumutbarkeit zu prüfen[184]. Das Strafrecht stellt die "ultima ratio" staatlicher Instrumentarien dar.[185]

---

[179] Kratzsch (GA 1989, 89, 52, 53) meint, die Verfassung verpflichte das Strafrecht, das die Wirklichkeit mitgestalte, zu einem Mittelweg.

[180] Vgl. BVerfGE 39, 1; 88, 203. Vgl. zur Schutzpflicht in Form der Pflicht zum Erlaß von Gesetzen: BVerfGE 39, 1; 88, 203. Das Bundesverfassungsgericht stellt aber ausdrücklich heraus, dass die Pflicht, zum Schutze der Rechtsgüter zu strafen, sich nur darstelle als "die aus der Einsicht in die Unzulänglichkeit anderer Mittel erwachsende "relative" Verpflichtung zur Benutzung der Strafdrohung" (BVerfGE 39, 1).

[181] Zu diesem Grundsatz vgl. Jescheck/Weigend, S. 58; Picker, JZ 1987, 1047 ff; Prittwitz (S. 369) spricht diesem Grundsatz für die Entwicklung des Risikostrafrechts Bedeutung zu.

[182] Brammsen, GA 1993, 97, 103; Picker, JZ 1987, 1048, 1049.

[183] Vgl. z. B. Roxin, S. 9 ff; SK-Rudolphi, Vor § 1, RN 2.

[184] Vgl. BVerfGE 90, 145; Roxin, S. 11, 17; SK-Rudolphi, Vor § 1, RN 14.

[185] "Subsidiarität des Rechtsgüterschutzes", Roxin, S. 16, 17; SK-Rudolphi, Vor § 1, RN 15. BVerfGE 39, 47; 90, 145 ff.; SK-Rudolphi, Vor § 1, Rn 14.

E. Zwischenergebnis

Die Untersuchungen im 2. Teil haben gezeigt, dass sich die Ermittlung einer objektiven "Sorgfaltspflicht" im Forschungsbereich problematisch gestaltet. Für die Prognose, dass mit einem Verhalten eine Rechtsgutsgefahr einhergeht und die Bewertung, dass dieses Risiko tolerierbar ist, wird methodisch üblicherweise auf einen Vergleich mit bekannten, identischen oder ähnlichen Handlungen abgestellt.[186] So stellen Naturgesetze und statistische Wahrscheinlichkeiten den Ausgangspunkt für die Feststellung der "Voraussehbarkeit der Rechtsgutsverletzung" dar.[187] Das "erlaubte Risiko" wird maßgeblich beeinflusst von einer gesellschaftlichen Übereinstimmung bezüglich Risikobewertungen, die sich nach einem ausdrücklichen oder stillschweigenden Diskussionsprozess ergeben.[188] Insbesondere gilt dies auch für die rechtliche Beurteilung ärztlichen Handelns, da insoweit der "ärztliche Standard" eine erhebliche Rolle einnimmt. Die medizinischen Erkenntnisse, Erfahrungen und die Akzeptanz der Diagnose oder Therapie stellen die entscheidende Informationsbasis für die strafrechtliche Beurteilung eines sorgfältigen Handelns dar.[189] Da es vergleichbare Erfahrungen und einen Konsens bei der erstmaligen Erprobung einer neuen Therapiemethode nicht geben kann, stellt sich die Frage, wie die "Voraussehbarkeit der Rechtsgutsverletzung" und das "erlaubte Risiko" festgestellt werden können.

Diese forschungsspezifischen, unauflöslichen Informationsdefizite führen zu einem *strukturellen Unterschied der Gefahrprognose*: Im traditionellen Sinne zielen die strafrechtlichen Sorgfaltsanforderungen auf den Ausschluss bekannter Gefahren, während es in der Forschung um die Zukunftskontrolle unbekannter Gefahren geht. Damit gilt es einen Zustand zu beurteilen, der richtigerweise als "potentielle Gefahr" oder als "Gefahrenverdachtssituation" bezeichnet werden muss.[190] Zwar ist auch auf der Grundlage eines Verdachts ein Wahrscheinlichkeitsurteil über den Eintritt einer Rechtsgutsverletzung möglich.

---

[186] A. II. 2.
[187] A. III.
[188] Vgl. A. IV.
[189] Vgl. B. I. , II.
[190] Vgl. C. I., II.

Dieses zeichnet sich aber nicht durch einen wissenschaftlichen Kausalnexus und eine normative Wertung im traditionellen Sinne aus: Bei einer typischen Gefahrprognose ist entweder bei "einfacher Sachlage" aufgrund bekannter Naturgesetze eine unmittelbare Schlussfolgerung von der Handlung auf die Rechtsgutsverletzung möglich (strengste Form des Kausalnexus). Oder es geht beim typischen Wahrscheinlichkeitsurteil um die Bewertung eines *Komplexes von Tatsachen, aus dem sich der tatbestandliche Erfolg logisch ableiten lässt.* Die "Voraussehbarkeit der Rechtsgutsverletzung" hängt also von der Erkennbarkeit derjenigen Umstände ab, die die Voraussetzungen für den Eintritt einer naturgesetzlichen Folge bilden. [191] In welchem Umfang der Handelnde diese Umstände zu bedenken hat, und somit die Folge als erkennbar gelten kann, ist eine *Frage der Adäquanz.* Diese ist aus der kausalitätsbezogenen Diskussion bekannt, zieht aber auch für die "Voraussehbarkeit der Rechtsgutsverletzung" eine Wahrscheinlichkeitsgrenze. Grundsätzlich ist nicht jede theoretisch denkbare Schädigung von Rechtsgütern zu vermeiden, und folglich müssen auch nicht alle möglichen Kausalverläufe bedacht werden. Das Adäquanzurteil hängt aber seinerseits wiederum davon ab, ob mit dem Erfolgseintritt nach *allgemeiner menschlicher Lebenserfahrung* gerechnet werden musste.[192] Im Forschungssektor kann die Gefahrprognose aber nicht durch derartige Erfahrungswerte begrenzt sein, die denkbaren Kausalverläufe sind damit unendlich. Die Unsicherheit über den zu beurteilenden Tatsachenkomplex schlägt sich also in der Gefahrprognose nieder, indem das Wahrscheinlichkeitsurteil lediglich auf reine Vermutungen über Schadensszenarien gestützt werden kann.[193]

Aufgrund dieser *Differenz der Risikostrukturen*, stellt sich die Frage, wie das "Risikostrafrecht"[194] mit den forschungsbedingten Unsicherheiten umgehen kann. Durch die verfassungsrechtlichen Vorgaben steht fest, dass ein strafrechtliches "Risikomanagement" darauf gerichtet sein muss, kollidierende Rechtsgutsinteressen auszugleichen.[195]

---

[191] Siehe C. I.
[192] Vgl. A. II. 2.
[193] Vgl. dazu C. I., II.
[194] Siehe D. I.
[195] D. II.

Für Art, Inhalt und Maß der Sorgfaltsanforderungen werden die Forschungs- und Berufsfreiheit sowie die allgemeine Handlungsfreiheit des forschenden Arztes ebenso relevant wie die staatliche Schutzpflicht für die Rechtsgüter Leben und körperliche Unversehrtheit.[196] Das Gebot des "neminem laede" darf also auch in Risikobereichen nicht zu einem absoluten Handlungsverbot führen. Dies gilt insbesondere, weil das Strafrecht die "ultima ratio" staatlicher Reaktion bleiben muss. Auch aufgrund des wissenschaftlichen Fortschritts und gesellschaftlichen Wertewandels ist das "Risikostrafrecht" damit sowohl methodisch wie inhaltlich vor eine große Aufgabe gestellt.[197]

---

[196] Vgl. D. II.
[197] Dazu D. II.

3. Teil: Lösungsansätze zum strafrechtlichen Umgang mit dem Forschungssektor

A. Reaktionsmöglichkeiten des Strafrechts

Ob und wie sich das "Risikostrafrecht"[198] auf den Forschungssektor erstreckt, wird in der folgenden Untersuchung am Beispiel der Humanerprobungen dargestellt. Dazu sind zunächst theoretische Überlegungen anzustellen, die sich mit verschiedenen Lösungsansätzen auf der Grundlage des geltenden Rechts beschäftigen. Diese dienen als Diskussionsgrundlage für den vierten und fünften Teil, während die Möglichkeit einer spezialgesetzlichen Regelung dem Ausblick im sechsten Teil vorbehalten bleibt.

Theoretisch erstreckt sich die Spannbreite strafrechtlicher Möglichkeiten zum Umgang mit der Humanforschung von einem Verzicht auf eine Reglementierung bis hin zu strengen Sanktionsnormen. Dies hängt davon ab, wie methodisch ein Ausgleich kollidierender Interessen zu erreichen ist[199].

I. Anwendung unveränderter Methodik oder strafrechtsfreier Raum

1. Anwendung unveränderter Methodik

Eine denkbare Form des Umgangs mit dem Forschungssektor liegt darin, ohne methodische Ergänzungen an dem bisherigen Verständnis von einer "voraussehbaren Rechtsgutsverletzung" und einem „erlaubten Risiko" - und damit an den Erfahrungswerten als Ausgangspunkt der Beurteilung - festzuhalten. Fehlt es an diesen, könnte das Kausalgesetz grundsätzlich als nicht erkennbar oder nicht bekannt gelten. Legt man die traditionellen Risikostrukturen zugrunde[200], ist eine Rechtsgutsverletzung in aller Regel nicht voraussehbar.

---

[198] Dazu schon 2. Teil D. I.
[199] Vgl. dazu 2. Teil D. II.
[200] Vgl. dazu 2. Teil C. I., II.

Diese naheliegende Auslegung hätte allerdings eine weitgehende Experimentier-freiheit zur Folge. Mit der Anerkennung eines unbeschränkten Forschungsfrei-raums müsste das Strafrecht in bezug auf seine Ordnungsfunktion des gesell-schaftlichen Zusammenlebens kapitulieren, denn der verfassungsrechtliche Schutzauftrag für die körperliche Unversehrtheit und das Leben[201] könnte im For-schungssektor nicht erfüllt werden.

Abzulehnen ist hingegen auch, bei fehlendem Erfahrungswissen stets das Merk-mal der "Voraussehbarkeit einer Rechtsgutsverletzung" mit der Begründung zu bejahen, zum Zeitpunkt der Handlung könne auch der Nichteintritt eines Verlet-zungserfolgs nicht festgestellt werden. Zwar läge in dieser weiten Interpretation des Risikoverständnisses kein Verstoß gegen den Zweifelsgrundsatz. "Fahrlässig-keit" beinhaltet den Begriff "Gefahr", und als gefährlich könnte im allgemeinen Sprachgebrauch durchaus jedes Handeln gelten, das eine Rechtsgutsverletzung ermöglicht. Dann würde allerdings jeder "Gefahrenverdacht" die "Voraussehbar-keit der Rechtsgutsverletzung" begründen. Die Interpretation im Sinne einer sol-chen abstrakten Möglichkeit steht aber dem Fahrlässigkeitsmerkmal als die Tat-handlung spezifizierendes, unrechtsbegründendes Merkmal entgegen. Denn es ist bereits die Zukunftsbezogenheit der Beurteilung ("ex-ante Perspektive"), der stets die abstrakte Möglichkeit jeglichen Kausalverlaufes immanent ist. Letztlich müßte jede menschliche Bewegung, die zwangsläufig Kraft freisetzt, als verletzungsge-eignet interpretiert werden, weil sie sich theoretisch zum Nachteil anderer Rechts-güter niederschlagen könnte.[202] Es bedarf daher notwendigerweise einer Begren-zung auf einen "*strafrechtlich relevanten Gefahrenverdacht*", die nach der bisheri-gen Methodik für den Forschungssektor nicht existiert. Im Ergebnis trägt die An-wendung unveränderter Methodik den Besonderheiten des Forschungssektors nicht zufriedenstellend Rechnung.

---

[201] Dazu bereits im 2. Teil D II.
[202] Dazu bereits 2. Teil C. II.

2. Strafrechtsfreier Raum

Ist der Forschungssektor mit dem bisherigen Verständnis strafrechtlicher Methoden nicht zu erfassen, kann das "Risikomanagement" auch darin liegen, diesen einer strafrechtlichen Reglementierung zu entziehen.

Humanerprobungen, bei denen sowohl der tatsächliche Schadensverlauf als auch die Interessenbeurteilung - jedenfalls nach dem bisherigen Verständnis der Fahrlässigkeitsmerkmale - in Frage steht, könnten mit der Lehre vom strafrechtsfreien Raum[203] als "unverboten" qualifiziert werden. Die auf ethisch komplizierte Fälle zugeschnittene Ansicht fordert einen Verzicht auf ein strafrechtliches Verbot, wenn es an rational einsichtigen, allgemeinverbindlichen Entscheidungsmaßstäben fehlt[204]. Das Urteil des "Unverbotenen" hängt daher von der strafrechtlichen Erfassbarkeit des Forschungssektors ab; die Tauglichkeit strafrechtlicher Instrumentarien und Methoden steht dabei nicht nur aufgrund möglicher ethischer Probleme in Frage, sondern wegen des ständigen forschungsbedingten Wandels gilt dies auch für dauerhafte und klare Verbote. Gelingt es nicht, ein flexibles Risikomanagement im Strafrecht zu gewährleisten, spricht dies für einen strafrechtsfreien Raum und es bliebe zu untersuchen, ob das Zivil- und Verwaltungsrecht die Problematik sachgerecht erfassen könnte.

II. Ausgestaltung der Methode zur Ermittlung von "Sorgfaltspflichten"

Näher liegt eine neue Betrachtungsweise von fahrlässigem Verhalten, die die Bestimmung der "Voraussehbarkeit der Rechtsgutsverletzung" und des "erlaubten Risikos" ermöglicht. Die im Verkehr erforderliche Sorgfalt könnte in der Einhaltung von Rahmenregelungen liegen, die den Schutz des Versuchsteilnehmers gewährleisten, ohne zu einer Lahmlegung der Forschung zu führen.

---

[203] Z. B. Arthur Kaufmann, JuS 1978, 361, 366; Schönke/Schröder-Cramer/Sternberg-Lieben, § 15, Rn 219.
[204] Arthur Kaufmann, JuS 1978, 361, 366.

Wenn den Forschenden ein gewisser Spielraum verbliebe, wäre eine solche "Teil-verrechtlichung" jedenfalls geeignet, der Unsicherheitslage im Forschungssektor und durch eine flexible Ausgestaltung gleichzeitig den kurzen Halbwertzeiten wissenschaftlicher Theorien Rechnung zu tragen. Eine Kompromisslösung, die weder eine generelle Handlungserlaubnis noch ein -verbot erteilt, würde zudem dem Verhältnismäßigkeitsprinzip entsprechen. Vor allem im vierten Teil wird näher verdeutlicht, dass die bisherige Tendenz im Umgang mit Risiken auch auf die rechtliche Erfassung gefahrschaffenden Verhaltens gerichtet ist.

B. Mögliche Ausgestaltung der Methode zur Ermittlung von Sorgfaltsanforderungen

I. Lösungsansätze: Kenntnisgewinnung, Entscheidungsfindung und Verfahrensregeln

Wie im zweiten Teil herausgearbeitet wurde, werden nach der Theorie der objektiven Sorgfaltspflichtverletzung die *typischerweise* verkehrsrichtigen Verhaltensweisen herauskristallisiert[205], an denen der Täter zu messen ist. Vor dem Hintergrund der bisherigen Feststellungen stellt sich Frage, ob auch für den Forschungssektor die Erstellung eines Katalogs von Sorgfaltsanforderungen aus einem Situationstypus heraus möglich ist. Oder funktioniert diese methodische Herangehensweise nicht, weil die Unterschiede in der Risikostruktur des Forschungssektors[206] auch die auf die Gefahrenreduzierung gerichteten Sorgfaltsregeln beeinflussen? Üblicherweise handelt eine Person dann sorgfältig, wenn sie zur Wahrnehmung der Sachlage, zur Deutung deren Verletzungsgeeignetheit sowie für das Ergreifen von Sicherheitsmaßnahmen ihre Erfahrungswerte einsetzt.[207] Zusätzlich hat sie ihre Sinne, technische Hilfsmittel zu deren Erweiterung sowie die intellektuellen Fähigkeiten[208] zu bemühen.[209] Mit dem Einsatz dieser Mittel ist es dem forschenden Arzt allerdings nicht ohne weiteres möglich, die Risiken einer Humanerprobung abzuschätzen und Sicherheitsmaßnahmen im traditionellen Sinne zu ergreifen, die geeignet wären, diese "unsichere Gefahr" zu mindern. Für eine Lösung zur Forschungsproblematik sind die nicht spezifizierten Fähigkeiten zur Assoziation[210], die Geisteskräfte oder Intelligenz[211], bzw. die allgemeinen intellektuellen Fähigkeiten[212] nur dann von Ertrag, wenn sie zur Überwindung der forschungsspezifischen Erfahrungs- und Konsensdefizite eingesetzt werden.

---

[205] Vgl. zur "Typik" auch Armin Kaufmann, Das fahrlässige Delikt, S. 133, 144.
[206] Dazu 2. Teil C. I, II.
[207] Dazu ausführlich 2. Teil.
[208] Vgl. z. B. LK-Schroeder, § 16, RN 133.
[209] Dies geht auch aus der Formel zur Bestimmung einer objektiven Sorgfaltspflichtverletzung hervor: Das Verhalten des Täters wird an dem eines "besonnen" und gewissenhaften Mitglieds des Verkehrskreises gemessen.
[210] Deutsch, Fahrlässigkeit, S. 97
[211] Vgl. Deutsch, Fahrlässigkeit, S. 97.
[212] LK-Schroeder, § 16, Rn 133.

In Anbetracht dieser unauflöslichen Informationsdefizite sind drei Lösungsmöglichkeiten alternativ oder kumulativ denkbar. Sinnvoll können sie nur direkt an der spezifischen Problematik des Forschungssektors anknüpfen: An die *"Situationstypik der forschungsbedingten Unsicherheit"*.

Erstens könnten die Sorgfaltsanforderungen darauf gerichtet werden, *unbekannte Handlungsfolgen zu erhellen*. Die Erkenntnisse, die sich aus den zumutbaren Bemühungen des Forschers zur Antizipierung des Kausalverlaufs ergeben würden, begrenzten den Kreis der möglichen verletzungsgeeigneten Umstände für eine Gefahrprognose. Damit könnte ein Wahrscheinlichkeitsurteil über die Folgen der Humanerprobung möglich werden, das sich der traditionellen Gefahrprognose annähert[213]. In der Konsequenz würde damit allerdings der Forscher für die Beseitigung der Unsicherheit verantwortlich gemacht, er wäre zuständig für die Ermittlung einer Gefahr, bzw. für die Widerlegung des "Gefahrenverdachts".[214]

Zweitens könnte eine Loslösung vom Konsens- und Bewertungserfordernis dadurch erfolgen, dass eine *neue Entscheidung über die Vornahme einer Handlung zum Gegenstand der Sorgfalt* wird. Ist ein Rückgriff auf vergangene wissenschaftliche und politische "Entscheidungen" für die Bewertung einer neuen ärztlichen Behandlungsmethode logisch ausgeschlossen, liegt nahe, dass die Sorgfaltsanforderungen auf eine *Entscheidungsfindung* zu richten sind. Möglich wäre also eine Ausrichtung der Verhaltenspflichten auf einen sorgfältigen Entscheidungsprozess.

Drittens bleibt trotz der Kenntnisdefizite zu der konkreten Erprobungshandlung das *Ausnutzen von Erfahrungen*, die sich auf die weitere Handlungssituation beziehen, möglich. So sind beispielsweise die Kenntnisse über die Verwendung steriler Instrumente für Verhaltensvorgaben nutzbar zu machen. Zudem sind Maßnahmen in Betracht zu ziehen, die nach bisherigen Erkenntnissen eine Risikominimierung für die Rechtsgüter des Patienten oder Probanden erwarten lassen.

---

[213] Vgl. zu den Unterschieden der Risikostrukturen 2. Teil C. I., II.
[214] Dazu 2. Teil C. I., II.

Hierunter könnten zum Beispiel die sorgfältige Planung des Forschungsprojekts und eine stetige Kontrolle der Sicherheit fallen.

Gelänge es, aus diesen Lösungsansätzen einen Katalog von Sorgfaltsanforderungen für medizinische Humanerprobungen zu erstellen, änderte sich aber der Charakter der „im Verkehr erforderlichen Sorgfalt". Denn methodisch wäre sie nicht mehr nur durch einen Vergleich im Sinne eines Abgleichs von bewerteten Verhaltensweisen zu ermitteln, es ginge nicht mehr um das "Auffinden"[215] sorgfältigen Handelns mittels Erfahrungswerten und Übertragungsleistungen[216]. Vielmehr ist methodisch das "Erfinden" sorgfältigen Verhaltens erforderlich. Die "Sorgfaltspflicht" kann danach die konkreten rechtsgüterschützenden Verhaltensweisen nicht abschließend beschreiben, da aus der ex-ante Perspektive die Erprobungshandlung selbst noch unbewertet ist. Die Sorgfalt muss sich daher auch auf diejenigen Verhaltensweisen beziehen, die den Prozess der Handlungsbewertung lenken. Die Sorgfaltsanforderungen sind danach größtenteils *Verfahrensvorschriften*, deren Einhaltung eine als sorgfältig zu qualifizierende Entscheidung über die Durchführung des Forschungsprojektes produziert. Nur unter dieser Bedingung entspricht die Erprobungshandlung selbst auch der "im Verkehr erforderlichen Sorgfalt".

Welche Auswirkungen diese Lösungsansätze für die "Voraussehbarkeit einer Rechtsgutsverletzung" und das "erlaubte Risiko" haben, soll im Folgenden erörtert werden.

---

[215] Vgl. zum Begriff des "heuristischen Prinzips" Zielinski, S. 172, 173.
[216] Dazu 2. Teil A. III. 2., IV. 2.

II. Bedeutung für die "Voraussehbarkeit der Rechtsgutsverletzung"

1. Gewinnung von Kenntnissen über den Kausalverlauf

Die mögliche Problemlösung, unbekannte Handlungsfolgen erkennbar zu machen, betrifft das Fahrlässigkeitselement der "Voraussehbarkeit der Rechtsgutsverletzung". Eine entsprechende „Sorgfaltspflicht" wäre sinnvoll, wenn sie imstande wäre, eine Grundlage für die Prognose einer Rechtsgutsverletzung zu schaffen. Zu diesem Zweck muss sie auf die Gewinnung von Kenntnissen über den Kausalverlaufs gerichtet sein. Realisierbar ist dies in Form von Tests und Untersuchungen, die dem ärztlichen Eingriff am Menschen vorzuschalten sind; hierzu zählen theoretische Überlegungen ebenso wie Labor-, Tier- und Modellversuche, die eine Schlussfolgerung über die Folgen ärztlicher Eingriffe ermöglichen.

Die Formulierung, die "Voraussehbarkeit der Rechtsgutsverletzung" müsse zum Zeitpunkt des tatbestandsverwirklichenden Verhaltens vorliegen[217], lässt zwar auf den ersten Blick vermuten, auch die Sorgfaltsanforderungen beschränkten sich auf diesen Zeitpunkt. Die "ex-ante Perspektive" ist aber letztlich kein Argument gegen Voruntersuchungen. Akzeptiert ist vielmehr, dass sich Sorgfaltsanforderungen auch auf das zeitliche Stadium vor der eigentlichen, das Rechtsgut unmittelbar gefährdenden Handlung beziehen. So ist im Zusammenhang mit der "Übernahmefahrlässigkeit"[218] bekannt, dass es ebenfalls darauf ankommt, ob zum Zeitpunkt einer Tätigkeitsübernahme das Fehlen von Erkenntnissen und Fähigkeiten zur Erfolgsvermeidung voraussehbar war.[219] Dann besteht nicht nur die Pflicht, die Kenntnisse zur Prognose eines Schadensereignisses einzusetzen[220], sondern auch zu überprüfen, ob man die Erkenntnismöglichkeiten besitzt und Defizite

---

[217] Vgl. LK-Schroeder, § 16, Rn 140; Sch/Sch-Cramer/Sternberg-Lieben § 15, Rn 125, 180.
[218] Vgl. BGH in JR 1986, 248, 250 m. w. N.; BGHSt 10, 133, 134/5; 43, 306, 311; Sch/Sch-Cramer/Sternberg-Lieben § 15, Rn 136.
[219] LK-Schroeder, § 16, Rn 141; Sch/Sch-Cramer/Sternberg-Lieben § 15, Rn 125, 180.
[220] LK-Schroeder, § 16, Rn 122.

durch Erkundigungen ausgleichen kann[221]; erst wenn diese Nachforschungen nicht zum Erkenntnisgewinn führen, resultiert daraus eine Unterlassungspflicht[222]. Im Unterschied dazu, kann eine zeitlich der unmittelbar rechtsgutsgefährdenden Handlung *vorgelagerte Verhaltensvorgabe* im Forschungsbereich aber auch im Idealfall nicht durch Erkundigungen[223] oder durch Aus- und Fortbildung[224] erfüllt werden. Während es in Fällen der „Übernahmefahrlässigkeit" um einen Assistenzarzt, der die erforderliche Fachkunde *noch* nicht besitzt[225] oder um einen Heilpraktiker, dem die Fähigkeiten eines ausgebildeten Arztes *noch* fehlen[226], geht, ist ein Wissenserwerb durch eine Angleichung an den für die Tätigkeitsübernahme üblichen Wissensstand bei der Humanforschung nie möglich. Die "Erkundigungs- oder Erlernpflicht[227]", die auf Erfahrungswissen gestützt ist, würde sich mit den Voruntersuchungen in eine *"Erforschungspflicht"* wandeln. Ob eine solche Ausdehnung von Sorgfaltsanforderungen in den Grenzen des Zumutbaren liegt, bedarf der weiteren Erläuterung.[228]

2. Wissenschaftliche Plausibilität der Prognose

Hat der Forscher aufgrund von Modellversuchen Erkenntnisse über die Handlungsauswirkungen gewonnen, bedarf es einer begründeten Schlussfolgerung, warum diese für oder gegen die Verletzung oder gar Tötung des Versuchsteilnehmers sprechen.

Da die Prognose einer Rechtsgutsverletzung die medizinische oder biologische Fachmaterie betrifft, sind die Anforderungen an sie auch dem medizinwissenschaftlichen Bereich zu entnehmen. Es muss gewährleistet sein, dass die Schlussfolgerung als innermedizinisch akzeptiert gelten kann[229].

---

[221] Jakobs (Strafrecht AT, S. 323) nimmt eine solche Pflicht nur dann an, wenn der Handelnde Garant für die Qualität des späteren Verhaltens ist. An näheren Ausführungen zu den Voraussetzungen der Garantenstellung fehlt es jedoch.

[222] Vgl. Roxin, S. 688.

[223] Jescheck/Weigend (S. 581) spricht ausdrücklich von Erkundigungspflichten.

[224] Vgl. LK-Schroeder, § 16, Rn 142.

[225] Vgl. BGHZ in NJW 1984, 655.

[226] Vgl. BGH in NJW 1991, 1535, 1537.

[227] Jescheck/Weigend, S. 581; vgl. dazu auch Tröndle/Fischer, § 15, Rn 14.

[228] Dazu 5. Teil A. II. 2.

[229] So auch Hart, MedR 1994, 94, 99.

a) Wissenschaftlichkeit der Methoden zur Kenntnisgewinnung

Dazu müssen vernünftigerweise die Methoden zur Kenntnisgewinnung selbst wissenschaftlichen Ansprüchen genügen. Da der Wissenschaftsbegriff höchst umstritten ist[230], und ihm nur in einer ausführlichen Betrachtung Rechnung getragen werden kann, muss mit einer Definition von "Wissenschaft" vorlieb genommen werden, die eine Handhabung in diesem rechtlichen Kontext ermöglicht.

Dabei wird auf Komponenten zurückgegriffen, die in den Wissenschaftstheorien mehrfach anklingen: *Wissenschaftliche Methoden* sind logisch und experimentell verifizierbar[231]. Insoweit wird die "Medizinische Biometrie" relevant, die die Unterstützung und Objektivierung der Erkenntnisgewinnung in der Medizin durch den Einsatz formaler Methoden und Modelle für die Versuchsplanung und Durchführung zum Ziel hat[232]. Ihre Grundsätze finden sich in Richtlinien[233] wieder, die auch für die strafrechtlichen Sorgfaltsanforderungen Bedeutung haben. Auch in der Definition des Bundesverfassungsgerichts findet sich eine Bestätigung der Komponenten: Forschung ist "geistige Tätigkeit mit dem Ziele, in methodischer, systematischer und nachprüfbarer Weise neue Erkenntnisse zu gewinnen."[234] Hinzu tritt der wahrheitsbezogene Erkenntniszweck: "Wissenschaftliche Tätigkeit ist alles, was nach Inhalt und Form als ernsthafter und planmäßiger Versuch zur Ermittlung der Wahrheit anzusehen ist."[235]

Während die Forderung nach wissenschaftlichen Vorversuchen in diesem Sinne in der medizinischen Forschung wohl selbstverständlich ist, trägt sie zu einem rationalen nachprüfbaren Kriterium bei, das ebenso eine Grundlage für die rechtswissenschaftliche Beurteilung sein kann.

---

[230] Vgl. die Darstellung bei Dickert, S. 123 ff.
[231] Dickert, S. 124 f.
[232] Dazu Victor, MedR 1999, 408.
[233] Übersicht bei Victor, MedR 1999, S. 408, 410.
[234] BVerfGE 35, 79, 113 (" Hochschulurteil").
[235] BVerfGE 35, 79, 113 ("Hochschulurteil").

b) Regeln für die Prognose

Zudem müssen die aus den Vorversuchen gezogenen Schlussfolgerungen die Ausgangsthese bestätigen und den Regeln der Logik entsprechen, um eine innermedizinische Akzeptanz zu verdienen. Dies setzt ihre Schlüssigkeit voraus; sie dürfen sich nicht widersprechen, wohl aber bisherige Erkenntnisse in Zweifel ziehen. Selbst diese Anforderungen lassen aber letztlich keine Reduzierung auf die "*eine richtige*" Schlussfolgerung zu. Näher liegt es, die Plausibilität einer Folgenerklärung genügen zu lassen, und so der verbleibenden Unsicherheit mit einem Beurteilungsspielraum nachzukommen.

Einem solchen *Plausibilitätserfordernis* steht auch nicht die Praktikabilitätserwägung der fehlenden Messbarkeit entgegen. Eine hundertprozentige Sicherheit über den Kausalverlauf kann wegen der Komplexität des menschlichen Organismus und seiner Eigenartigkeit im Vergleich zum Modell nicht erreicht werden[236]. Es kann sich immer nur um die Gewinnung von "Annäherungswissen"[237] handeln. An einer genauen Messbarkeit fehlt es zudem bei jeder Wahrscheinlichkeitsaussage, so auch dann, wenn sie sich auf Erfahrungswerte stützt[238]. Das Kriterium der *Wissenschaftlichkeit* katalysiert aber nicht nur die wertungsbehaftete Beurteilung zum Vorteil vernunftbasierter Argumente, sondern zieht damit auch eine Grenze zwischen abstrakt vorstellbaren und realistischen Geschehensverläufen. Auf dieser Grundlage ist auch die nachvollziehbare Feststellung von Plausibilität möglich.

3. "Forscherverkehrskreis", Beurteilungsspielraum oder Einsatz eines Entscheidungsgremiums

Auch eine „Erforschungspflicht" lässt allerdings eine Orientierung darüber vermissen, in welchem Umfang Voruntersuchungen zumutbar sind und welche Schlussfolgerungen als vertretbar gelten können.

---

[236] Vgl. auch Kleindiek, S. 123.
[237] Zu dem Begriff vgl. BVerfGE 49, 89, 143; Kleindiek, S. 126.
[238] Siehe Armin Kaufmann, Das fahrlässige Delikt, S. 133, 142.

Existiert ein "Forscherverkehrskreis", der die genannten Kriterien aufgreift und Inhalt und Umfang der Voruntersuchungen näher bestimmt? Dann müsste entweder die Vergleichsgruppe "Ärzte" zu einem Konsens über die Methoden zur Kenntnisgewinnung gelangen, oder in einem eigenständigen Verkehrskreis existierte ein solcher "Forscherstandard"[239]. Für die Bereiche der Forschung, in denen es an einem solchen fehlt, müssten sich die Sorgfaltsanforderungen auf ein Minimum an Rahmenregelungen beschränken oder ein weiter Beurteilungsspielraum des einzelnen Arztes akzeptiert werden. Dazu gehörte dann die grundsätzliche Forderung nach einem rational begründeten, schlüssigen Forschungsplan, der bezüglich des Kausalverlaufs Prognosen beinhaltet, die auf rationalen Vorversuchen basieren. Ein solcher "Minimalforschungsstandard" unterschiede sich dann aber deutlich von den Anforderungskatalogen standardisierter Lebensbereiche, die konkrete Verhaltensmuster vorgeben.

Ein objektiver Maßstab für Inhalt und Umfang der Voruntersuchungen könnte aber auch auf anderem Wege zu gewährleisten sein, indem die Entscheidung über die "Voraussehbarkeit" einem Gremium überantwortet wird. Dieses könnte zwar nicht festlegen, welches die ausreichenden Voruntersuchungen *sind*, wohl aber, welche als ausreichend *gelten sollen*, bis entsprechende Erkenntnisse die Beurteilung erleichtern. Vorteilhaft stellte sich nach dieser Lösungsoption dar, dass der forschende Arzt jedenfalls strafrechtlich entlastet, das Misserfolgsrisiko von seinen Schultern genommen wäre. In bezug auf die Verantwortungsentlastung, wäre ein vergleichbarer Effekt erzielt, wie er bei Zugrundelegung des ärztlichen Standards besteht.

Ob es eine solche Entscheidungsinstanz mit entsprechender Autorität und Legitimation in der medizinischen Forschungslandschaft gibt oder geben kann, und wie diese ausgestaltet ist, wird im vierten und fünften Teil untersucht werden.

---

[239] So etwa Deutsch, Medizinische Versuche, S. 25, 31.

III. Bedeutung für das "Erlaubte Risiko"

1. Trennung der Komponenten des "Erlaubten Risikos"

Um die Auswirkungen der Lösungsansätze besser beschreiben zu können, ist eine genaue Betrachtung des "erlaubten Risikos" erforderlich. Die Zerlegung des Merkmals in einzelne Elemente stellt sich insoweit als problematisch dar, als die Grenze zwischen naturwissenschaftlicher und normativer Bewertung im Forschungsbereich aufgrund eines wechselseitigen Bedingungszusammenhangs zwangsläufig verschwimmt[240]. So hängt ein positives normatives Urteil entscheidend von der Wahrscheinlichkeit des Erfolgs[241] und dem erwarteten medizinischen Nutzen für die Gesundheit ab, während "Krankheit" und "Gesundheit" wiederum wertbehaftete Begriffe sind. Diese Trennungsunschärfe wirft Fragen nach den Beurteilungskompetenzen und der verfassungsrechtlichen Verantwortungszuteilung[242] auf. Dies verhindert aber eine grundsätzliche Aufteilung in typische Entscheidungsaspekte aus dem medizinisch-wissenschaftlichen Bereich einerseits, und den normativen Aspekten andererseits, nicht.[243]

2. Kenntnisgewinnung durch Antizipierung effektiver Gefahrenabschirmung

Für die Erlaubtheit des Forschungseingriffs spielt die weitgehende Reduktion des Risikos auf ein Minimum eine maßgebliche Rolle, Erfahrungswerte bezüglich möglicher Sicherungsmaßnahmen existieren jedoch nicht. Insoweit wird abermals das Kenntnisdefizit relevant, so dass es ebenso an dieser Stelle logisch um die *Gewinnung von Kenntnissen über die Tauglichkeit von Sicherungsmaßnahmen* gehen muss.

---

[240] Vgl. Mummenhoff, S. 45; Prittwitz, S. 267f.
[241] Zur "Voraussehbarkeit der Rechtsgutsverletzung" vgl. unter III.
[242] Prittwitz, S. 269.
[243] Mummenhoff (S. 45f.) und Prittwitz (S. 267f.) ziehen allerdings eine Trennbarkeit grundsätzlich in Zweifel.

Vergleichbar der Gewinnung von Kenntnissen über den Kausalverlauf für die Beurteilung der "Voraussehbarkeit", könnten im Vorfeld Sicherungsmaßnahmen gegen mögliche Gefahren während der Anwendung einer neuen Methode gedanklich durchgespielt oder getestet werden. Damit gewinnt auch die Antizipierung der Gefahrenabschirmung eine Bedeutung für die Bestimmung des "erlaubten Risikos".

3. "Vertretbarkeit" der Handlungsbewertung

Die normative Komponente des "erlaubten Risikos" wird hingegen durch rechtliche Vorgaben und die "eigentliche Abwägung" bestimmt. Hier wirkt sich das Konsensdefizit aus, das nach den vorliegenden Lösungsmodellen eine neue Bewertung erforderlich macht. Von Einfluss für eine neue Entscheidung sind die kollidierenden, grundrechtlich geschützten Interessen von Arzt und Patient[244], aber auch der gesellschaftliche Standpunkt zu den Werten Leben, Gesundheit und körperliche Leistungsfähigkeit ist entscheidend. Der für diesen Abwägungsprozess üblicherweise vorliegende Konsens stellt das Ergebnis eines Vorganges dar, der auf mehr oder weniger bewusster und zeitintensiver Auseinandersetzung fußt.[245] Fehlt es insoweit an einer Übereinstimmung, ist es sinnvoll, den Konsens durch eine *vertretbare Begründung des Abwägungsergebnisses* zu ersetzen.

Der Ausdruck "vertretbar" soll dabei nicht nur die Anerkennung eines Beurteilungsspielraums beinhalten, sondern auch als objektivierendes Kriterium verstanden werden: Die Handlungsentscheidung muss sich im Rahmen dessen halten, was als möglicher Konsens in Betracht kommt.

Eine Akzeptanz der Wertung könnte neben der Festlegung von Grenzregeln vor allem durch eine Systematisierung des Entscheidungsprozesses oder den Einsatz einer Kontrollinstanz erreicht werden: Durch die Formalisierung des Abwägungsprozesses ist ein Rechtsgüterschutz durch ein Verfahren zu gewährleisten, das auf Achtsamkeit, Genauigkeit und Selbstkontrolle abzielen kann.

---

[244] Vgl. dazu 2. Teil D. II.
[245] Dazu 2. Teil IV.

Eine Pflicht zur Offenlegung berücksichtigter Interessen trüge zur Entscheidungs-transparenz und damit zur Möglichkeit der Selbst- und Fremdkontrolle bei, die Fehlentscheidungen vermeiden kann.

Durch eine "Offenlegungspflicht" würde ins Bewusstsein gerufen, dass ausschließlich Argumente des gesellschaftlichen Nutzens oder allgemeine ethische Erwägungen (etwa die Sorge des "Überschreitens des Rubikons"[246]) für ein Forschungsverbot nicht entscheidend sein können. Denn der grundrechtliche Schutzbereich der Forschungsfreiheit ist aufgrund seiner verfassungsrechtlichen Gewährleistung nur durch grundrechtlich verbürgte Rechte und Wertentschei-dungen beschränkbar[247]. Die Aussage, "eine rechtsgutsgefährdenden *Handlung* müsse für die Gesellschaft unerlässlich sein, um als rechtlich erlaubt bewertet zu werden"[248], ist danach unhaltbar. Vielmehr muss im Gegenteil das zum Rechtsgüterschutz geeignete und erforderliche strafrechtliche *Verbot* "zur Wahrung des öffentlichen Friedens und zum Schutze der für unser Gesellschaftsleben notwendigen sozialen Gegebenheiten unerlässlich sein"[249]. Auf die näheren Bedingungen, unter denen die Handlungsbewertung letztlich als vertretbar gelten kann, wird im fünften Teil der Untersuchung eingegangen.

4. "Forscherverkehrskreis", Beurteilungsspielraum oder Einsatz eines Entscheidungsgremiums

Wer aber soll die wertende Entscheidung über das „erlaubte Risiko" und die Einhaltung der Sorgfaltsanforderungen treffen? Auch hier stellt sich die Frage, ob die Problematik der forschungsbedingten Unsicherheit zugunsten eines eventuell existierenden "Forscherverkehrskreises", eines Beurteilungsspielraums des einzelnen Forschers oder zugunsten des Einsatzes einer Entscheidungsinstanz zu lösen ist.

---

[246] So Bundespräsident Rau in der Berliner Rede vom 18. 05. 2001: "Wird alles gut ? Für einen Fortschritt nach menschlichem Maß." (www.bundespraesident.de/frameset/index.jsp; 22. 05. 03).
[247] Vgl. dazu 2. Teil D. II.
[248] So Jescheck/Weigend, S. 580; Schönke/Schröder-Cramer/Sternberg-Lieben, § 15, Rn 146 m. w. N.
[249] BVerfGE 39, 1, 47; 90, 145; SK-Rudolphi, Vor § 1, Rn 14.

Im Gegensatz zur Fahrlässigkeitsvoraussetzung der "Voraussehbarkeit" geht es bei einer Güterabwägung nicht um die Einschätzung des kausalen Verlaufs des ärztlichen Eingriffs, also einen Bereich, in dem man Mediziner als besonders ausgewiesene Experten bezeichnen würde. Vielmehr fließen auch rechtliche, ethische, moralische und gegebenenfalls wirtschaftliche Aspekte in den Wertungsvorgang ein, so dass bedenklich ist, dem einzelnen Arzt eine solche komplexe Abwägung von Eigen- und Fremdinteressen zu überantworten. Das Bundesverfassungsgericht hat allerdings eine "*Mitbedenkungspflicht* für schwerwiegende gesellschaftliche Folgen für verfassungsrechtlich geschützte Gemeinschaftsgüter" bereits ausdrücklich festgestellt. [250] Vieles spricht dafür, die Entscheidungsbefugnis darüber, was als erlaubt gelten soll, schließlich ebenfalls einem Expertengremium zu übertragen. Auch dies zieht jedoch Fragen nach der Sachkunde sowie der Legitimation dieser Entscheidungsinstanz nach sich.

Trotz der unbeantworteten Fragen ist an dieser Stelle Folgendes festzuhalten: Eine rechtsgutgefährdende Handlung ist rechtlich erlaubt, wenn unter Beachtung gesetzlicher Vorgaben ein herausgebildeter Konsens über die Risikoakzeptanz besteht oder, im Falle einer nicht abgeschlossenen Konsensbildung, eine vertretbare Bewertung der Tolerierbarkeit des Risikos besteht.

---

[250] BVerwG in NJW 1978, 1621, 1622, 1623; vgl. dazu auch Hellmut Wagner, NJW 1980, 665, 666.

C. Rolle des Strafrechts im "Risikobereich Forschung"

I. Steuerungs- und Kontrollfunktion

Mit den Herausforderungen der "Risikogesellschaft"[251] erfolgt schon nach den ersten theoretischen Überlegungen eine Ausgestaltung der Methodik zur Fahrlässigkeitsermittlung, die auf eine veränderte Rolle des Strafrechts hinweist. Vor allem die Pflicht zur Erkenntnisgewinnung und Entscheidungsfindung wäre eine deutliche Konsequenz daraus, dass es in der Forschung nicht mehr nur um die Bewahrung von bekannten Schutzpositionen vor bekannten Bedrohungen geht, sondern das Strafrecht *zukunftsgerichtet* auf die Regulierung unbekannter Lebensbereiche bezogen ist. Es ist als wertprogressiv zu begreifen, als "Steuerungssystem und soziale Handlungsorganisation"[252]. Beispielsweise hat der Gesetzgeber mit der Übernahme der Umweltstrafnormen in das StGB (29. Abschnitt) die generalpräventive Zielvorstellung verfolgt, das Umweltbewusstsein der Bevölkerung zu erhöhen[253]. Theoretische Lösungsansätze müssen sich daher, losgelöst von den dogmatischen Einzelfragen, auch mit dem grundsätzlichen Verständnis eines "Risikostrafrechts" und seiner "sittenbildenden Kraft"[254] beschäftigen.

Die Zukunftsbezogenheit von Verhaltensvorgaben bringt notwendig auch den Einfluss staatlicher Gestaltung auf den Forschungssektor[255] mit sich. Eine inhaltliche Lenkung in Form detaillierter Vorschriften kann aufgrund der Unkenntnis darüber, welche Maßnahmen rechtsgüterschützend sind, kaum erfolgen. Die Gestaltung des Forschungsbereichs kann nur auf eine (best-) mögliche Gefahrenreduzierung zielen, also letztlich nur eine *Gefahrenkontrolle in Form einer Steuerung* leisten.

Während es beim traditionellen Sorgfaltsbegriff also um den Ausschluss bekannter Gefahren geht, muss das Strafrecht im Forschungssektor die Aufgabe einer *Zukunftskontrolle unbekannter Gefahren* wahrnehmen.

---

[251] Vgl. dazu 2. Teil D. I.
[252] Prittwitz, S. 263.
[253] BT-Drs. 8 / 2382; Tröndle/Fischer, Vor § 324, Rn 4.
[254] Prittwitz, S. 263 m. w. N.
[255] So ausdrücklich Deutsch, Medizinische Versuche, S. 25, 26, 34.

"Steuerung" und "Gefahrenkontrolle" sind damit die Begriffe, die die Rolle des Strafrecht im "Risikobereich" der Forschung beschreiben.

II. Exkurs: Erfordernis neuartiger Risikokonzepte

1. Rechtsgebietsübergreifendes Risikokonzept

Der rechtliche Umgang mit unbekannten Gefahren ist kein neuartiges Phänomen, vielmehr wurde auch außerhalb des medizinischen Forschungssektors bereits im Zivil- und Verwaltungsrecht auf "Risikobereiche" reagiert.[256]

Im zivilen Haftungsrecht hat die deliktische *Produzentenhaftung* nach § 823 Abs. 1 BGB eine expansive Ausdifferenzierung erfahren, um den Risiken zu begegnen, die sich aus der industriellen Warenproduktion ergeben. Beweiserleichterungen für den Verschuldensnachweis[257], die Konstitution und Verschärfung einer "Produktbeobachtungspflicht"[258] sowie einer "Verkehrssicherungspflicht"[259], seien als Beispiele genannt.[260] Hierzu zählt auch das *Produkthaftungsgesetz*[261], das eine verschuldensunabhängige Haftung des Herstellers und Importeurs für die Verletzung elementarer Rechtsgüter vorsieht.[262] Mit der Einführung der Gefährdungshaftung hat sich der Gesetzgeber im "Risikobereich Produktgefahren" für eine Verlagerung der zivilrechtlichen Haftungsfunktion des individuellen Schadensausgleichs zur allgemeinen Vermeidung von Schadensfällen entschieden[263].[264]

---

[256] Vgl. dazu schon 2. Teil C. II., D. I.

[257] Vgl. dazu die "Hühnerpestentscheidung", BGHZ 51, 91 ff. Näher dazu Hilgendorf, S. 80 ff.

[258] BGH, Urt v. 9. 12. 1986 -VI ZR 65 / 86.

[259] BGHZ 104, 323 ff.

[260] Näher dazu Hilgendorf, S. 80 ff.

[261] Gesetz über die Haftung für fehlerhafte Produkte, vom 15. Dezember 1989, BGBl I 1989, 2198.

[262] § 1 Abs. 1 Satz 1 ProHaftG. Ausgeschlossen ist die Herstellerhaftung allerdings, wenn zum Zeitpunkt des Inverkehrbringens der Fehler des Produktes "nach dem Stand der Wissenschaft und Technik" nicht erkannt werden konnte, § 1 Abs. 2 Nr. 5.

[263] Dazu Hilgendorf, S. 87.

[264] Zur strafrechtlichen Produkthaftung vgl. Lothar Kuhlen, Fragen einer strafrechtlichen Produkthaftung, Heidelberg, 1989.

Zudem tragen die verwaltungsrechtlichen Vorschriften den "neuen Risiken" Rechnung. Dabei ist allerdings keine Beschränkung auf rein verwaltungsrechtliche Instrumentarien festzustellen. Im Gegenteil sind beispielsweise im *Atomgesetz*[265] neben Genehmigungs- und Überwachungsvorbehalten[266] auch zivilrechtliche Absicherungsmechanismen[267] sowie Bußgeldtatbestände[268] vorgesehen. Und auch im *Umweltrecht*[269] besteht *eine* Kombination von verwaltungs-, zivil- und bußgeldrechtlichen Vorschriften. Nach dem "Vorsorgeprinzip" des Umweltrechts[270] wird der kognitiven Unsicherheit über die Handlungsfolgen[271] letztlich durch ein vielseitige Anknüpfen an abstrakte Gefahren[272] begegnet. Beispielsweise sehen das *Wasserhaushaltsgesetz*[273] und das *Bundesimmissionsschutzgesetz*[274] Genehmigungs-, Erlaubnis- und Bewilligungserfordernisse vor[275], denen durch Bußgeldvorschriften Nachdruck verliehen wird[276]. Haftungsregeln tragen einem Ausgleich materieller Schäden Rechnung[277]. Auch mit dem *Umwelthaftungsgesetz*[278] wird der öffentlich-rechtliche Umweltschutz mit privatrechtlichen Mitteln gestärkt, indem eine Gefährdungshaftung konstituiert wurde.[279] Auch diesem Gesetz wird durch Straf- und Bußgeldtatbestände zusätzliche Durchsetzungskraft verliehen[280].

---

[265] Gesetz über die friedliche Verwendung von der Kernernergie und den Schutz gegen ihre Gefahren (AtG), vom 23. Dezember 1959, BGBl 1959, 814.
[266] Z. B. §§ 6 Abs. 1, 7 Abs. 1 AtG.
[267] Dazu zählen die Haftpflichtvorschriften gemäß §§ 25 ff. AtG sowie die Pflicht zur Vorsorge für die Erfüllung gesetzlicher Schadensersatzverpflichtungen (Deckungsvorsorge, §§ 13 Abs. 1, 14 AtG).
[268] § 46 Abs. 1 AtG.
[269] Zur Genese des Umweltstrafrechts vgl. Wohlers, S. 111 ff.
[270] Di Fabio, S. 70.
[271] Vgl. zur Diskussion über das Maß der Schadenswahrscheinlichkeiten: BVerfGE 49, 89, 129 (Kalkar); 53, 30, 58 (Mühlheim-Kärlich); BVerwGE 72, 300 ff; BVerwG in NVwZ 1989, 1168 f.
[272] Salzwedel, S. 13.
[273] Gesetz zur Ordnung des Wasserhaushalts vom 27. Juli 1957 (BGBl. 1957, 1110, 1386) i. d. F. v. 19. 08. 2002 (BGBl I, 3245).
[274] Gesetz zum Schutz vor schädlichen Umwelteinwirkungen durch Luftverunreinigungen, Geräusche, Erschütterungen und ähnliche Vorgänge vom 15.3.1967, BGBl I, S. 721, 1193.
[275] §§ 2, 7, 8 WHG, § 4 Abs. 1 BImSchG.
[276] § 4 Abs. 1 Nr. 1 WHG, § 62 Abs. 1 Nr. 1 BImSchG.
[277] Vgl. § 22 Abs. 1 WHG.
[278] Umwelthaftungsgesetz vom 10. Dezember 1990, BGBl I 1990, 2634.
[279] §§ 2, 6 Abs. 1, 2 Satz 2 UmweltHG.
[280] Vgl. §§ 21, 22 UmweltHG.

In dem erkennbaren Risikokonzept spiegelt sich wider, dass es in der "Risikogesellschaft"[281] nicht um reine Verantwortungszuweisung, sondern um einen bestmöglichen Interessen[282]- und damit *Risikoausgleich* geht. Dieser kann effektiv
aber nur durch eine *Kombination unterschiedlicher Verhaltensregeln in verschiedenen Rechtsgebieten* gewährleistet werden. Denn die gesellschaftliche Toleranz
von Risiken hängt nicht ausschließlich von der Wahrscheinlichkeit der Gefahrenverwirklichung ab; je unsicherer diesbezügliche Aussagen sind, umso mehr kommt
es auf die Schutzmechanismen für betroffene Rechtsgüter vor den Gefahren und
zudem auf einen nachträglichen (zivilrechtlichen) Schadensausgleich der verwirk-
lichten Gefahren an. Derjenige, der im eigenen Interesse fremde Güter durch Gefahren in Anspruch nimmt, ist zum Ausgleich des entstehenden Schadens verpflichtet.[283] Haftungsbestimmungen sind der Preis, um den die Rechtsordnung auf
das Verbot von Gefahren verzichtet.[284] Diesem Risikokonzept entspricht es, dass
der Ausgleich von Interessenkollisionen eine vom Verfassungsrecht vorgegebene,
also eine das gesamte Recht betreffende Aufgabe ist,[285] die durchaus durch ein
rechtsgebietsübergreifendes Schutzsystem zu gewährleisten sein kann.

Auch die *Umweltdelikte im Strafgesetzbuch (§§ 324 ff. StGB)* bestätigen ein derartiges rechtsgebietsübergreifendes Risikokonzept, indem die Tatbestandserfüllung
beispielsweise an die "Verletzung verwaltungsrechtlicher Pflichten" (§§ 324a
Abs. 1, 325a Abs. 1 StGB) anknüpft. Diese "Verwaltungsakzessorietät"[286] lässt
zudem auf eine weitere Feststellung schließen, die die Funktion des Strafrechts in
einem umfassenden Schutzsystem betrifft: Es nimmt gegenüber den speziellen
verwaltungsrechtlichen Regeln, die als "primäre Verhaltensordnung"[287] bezeichnet
werden können, eine *sekundäre Rolle*[288] ein. Das Strafrecht allein kann komplexe
gesellschaftliche Abläufe nicht regulieren, so dass ein Rückgriff auf "vorstrafrecht-
liche Verhaltensvorgaben"[289] in speziellen Rechtsgebieten erfolgen muss.

---

[281] Vgl. dazu 1. Teil A.
[282] Dazu bereits 1. Teil C. II.
[283] Koziol, S. 143, 145.
[284] Koziol, S. 143, 146.
[285] Dazu 2. Teil D. II.
[286] Vgl. dazu Heghmanns, S. 35 ff.
[287] Frisch, Verwaltungsakzessorietät, S. 7.
[288] Dazu Heghmanns, S. 38 ff.
[289] Frisch, Verwaltungsrechtsakzessorietät, S. 7.

Damit greift das Strafrecht in die Steuerung von Entwicklung und Forschung insoweit ein, dass es durch seine Sanktionsnormen den verwaltungs- oder zivilrechtlichen speziellen Verhaltesvorgaben Geltung verschafft. Aus diesem Grunde ist es nicht mehr ausschließlich auf Kriminalitätsbekämpfung, sondern zusätzlich auf die Unterstützung der Politik gerichtet. [290]

Zusammenfassend kann festgehalten werden, dass das Recht auf die Herausforderungen von Fortschritt und Forschung tedenziell mit einem *rechtsgebietsübergreifenden Risikokonzept* reagiert. Ob ein solches auch für den Bereich der Humanforschung zu empfehlen ist, wird im sechsten Teil näher erörtert.

2. Strafrechtliches Risikokonzept: Garantenstellung des Forschers

Der Umgang mit Unsicherheiten verlangt auch dem einzelnen Rechtsgebiet Flexibilität ab; dies gilt insbesondere für das Strafrecht, das vor die schwierige Aufgabe gestellt ist, eine Unrechtsbeurteilung auf ein ungewisses Gefahrenurteil zu stützen. Auch innerhalb des Strafrechts kann allerdings der "relative Schutz" von Rechtsgütern[291] im Sinne eines Risikoausgleichs durch eine Kombination von Verhaltensanforderungen gewährleistet werden: Die Lösung liegt in einem Risikokonzept, das durch ein Wechselspiel handlungsvorgelagerter und handlungsnachfolgender "Sorgfaltspflichten" geprägt ist.

Ausgangspunkt für ein solches Risikokonzept ist die Varianz der Anforderungen an den Forscher nach unterschiedlichen zeitlichen Stadien des Forschungsprojektes. So entspricht es durchaus einem sinnvollen Umgang mit Risiken, die Forschung trotz Erfahrungs- und Konsensdefiziten durch bloße Rahmenregelungen zu steuern, im Gegenzug aber eine erhöhte strafrechtliche Verantwortlichkeit des Forschers für unbekannte Handlungsfolgen anzunehmen. Dann greifen nachfolgende Rettungspflichten, wenn sich ein vorgängiges riskantes (Forschungs-) Handeln als (noch abwendbar) lebens- oder gesundheitsgefährlich erweist.

---

[290] In Bezug auf das Umweltstrafrecht: Hassemer, NStZ 1989, 553, 558; ähnlich Hilgendorf, S. 45.
[291] Dazu schon 2. Teil C. II.

Die forschungsbedingten Unsicherheiten würden sich nicht in Form eines strengen Regelwerks bedingungslos zulasten der Ärzteschaft niederschlagen; und auch die Erlaubnis zur Durchführung des Forschungsprojekts fiele nicht zuungunsten der Patientensicherheit aus, wenn damit eine Einstandspflicht für die Folgen ärztlicher Eingriffe verbunden wäre. Dem Gefahrenverursacher eine Garantenstellung im Sinne des § 13 Abs. 1 StGB zuzuschreiben, hieße nämlich auch, eine begleitende körperliche Untersuchung und eine Nachkontrolle des Versuchsteilnehmers zu gewährleisten.

Im ärztlichen Wirkungskreis ist zwar die rechtliche Einstandspflicht aufgrund der "Übernahme von Schutzfunktionen für Patienten oder Probanden" sowie aufgrund des Behandlungsvertrags[292] weitgehend anerkannt. Aber als kritisch zu beurteilen sind die Möglichkeiten einer vertraglichen Abbedingung der strafrechtlichen Haftung und die einseitige Beseitigung des Vertrauensverhältnisses als Grundlagen dieser rechtlichen Einstandspflichten.[293] Ein Anknüpfen der Garantenstellung an das Schaffen einer Gefahrenquelle würde einer Benachteiligung des Patient begegnen und die inhaltlichen Besonderheiten des Forschungsbereichs besser beschreiben. Diese rechtliche Einstandspflicht ist aber umstritten[294]: Teilweise wird die Pflichtwidrigkeit des Vorverhaltens verlangt[295], teilweise jedes gefahrschaffende Verhaltens für ausreichend erachtet[296].

---

[292] Vgl. BGHSt 19, 286; Schönke/Schröder-Stree, § 13, Rn 26, 28a m. w. N.

[293] So Lenckner, S. 573. Er weist auch zu Recht darauf hin, dass eine Garantenposition des Arztes aus einer "öffentlich-rechtlichen Stellung im Rahmen einer geordneten Gesundheitspflege" abzulehnen ist, weil nicht der Beruf als solcher, sondern die "besonderen Umstände" ausschlaggebend seien. (S. 572, 573).

[294] Während eine Zustandshaftung für das Schaffen von Gefahren, die von Anlagen, Sachen und Tieren ausgehen, durchaus anerkannt ist (Sch/Sch-Stree, § 13, Rn 43 m. w. N.), besteht Streit darüber, unter welchen Bedingungen ein gefahrschaffendes Vorverhalten zu einer Garantenstellung führt. Jakobs (Strafrecht AT, S. 799) bezeichnet die Bestimmung einer Garantenstellung insgesamt als eine der schwierigsten Aufgaben des Strafrechts.

[295] Vgl. Otto, S. 291, 296, 304; Schönke/Schröder-Stree, § 13, Rn 35; Schünemann, ZStW 1984, 287, 308; vgl. Deutscher/Körner, wistra 1996, 292, 300.

[296] RG 24, 339; 64, 276; BGHSt 4, 20, 22; 11, 353, 355. In BGHSt 19, 152 wird insoweit nur eine Ausnahme für sozialübliche und anerkannte Verhaltensweisen gemacht, ohne aber grundsätzlich eine Pflichtwidrigkeit zu fordern.

a) Allgemeine Garantenstellung durch Gefahrschaffung

Die bloße Gefahrenverursachung wird in zwei höchstrichterlichen Entscheidungen als Anknüpfungspunkt für eine Einstandspflicht offensichtlich, obwohl grundsätzlich ein pflichtwidriges Vorverhalten für das strafbare Unterlassungsdelikt verlangt wird. Im "Ledersprayfall"[297] wird mit Hinweis auf die ausreichende Voraussetzung des missbilligten Gefährdungs*erfolges*[298] und im "Conterganfall"[299] unter Berufung auf eine "anerkannte Pflicht, dass derjenige, der eine Gefahrenquelle schafft, auch die Pflicht hat, den Eintritt von Schäden zu verhindern",[300] letztlich eine Strafbarkeit angenommen.

Will man nicht als konsequente Folge der "Lederspraylösung" die Einstandspflicht ex post bestimmen, stellt sich die Frage nach einem materiellen Kriterium zur Begründung der Verantwortungserhöhung für den Handelnden im Forschungsbereich. Warum dieses Kriterium in der "besseren Übersicht über das Risiko" liegen[301] oder durch eine Abwägung gewonnen werden[302] soll, ist wenig überzeugend. Die bessere Position zur Erfolgsabwendung innezuhaben, ist eine unzureichende Grundlage für eine Pflichtenstellung, weil dies eine Benachteiligung besonders befähigter oder umsichtiger Personen befürchten lässt. Eine Abwägung ist jedenfalls dann untauglich, wenn sie sich auf Umstände stützt, die zum Zeitpunkt der Handlungsvornahme noch gar nicht erkennbar sind. So waren im "Ledersprayfall" zum Handlungszeitpunkt weder die Kosten eines Rückrufs oder einer Warnung, noch die Ursächlichkeit, Intensität und Häufigkeit von Gesundheitsrisiken ersichtlich. Eine derartige Abwägung setzt also bereits eine "Beobachtungspflicht" voraus, die zunächst hätte begründet werden müssen.

---

[297] BGHSt 37, 106 ff; Vgl. dazu Beulke/Bachmann, JuS 1992, 727 ff; Kuhlen, NStZ 1990, 566 ff.; Meier, NJW 1992, 3191ff.
[298] BGHSt 37, 106, 118/119: "Die objektive Pflichtwidrigkeit des Vorverhaltens setzt nicht voraus, dass der Handelnde bereits damit seine "Sorgfaltspflichten" verletzt, sich also fahrlässig verhalten hat. Insoweit genügt die rechtliche Missbilligung des Gefährdungserfolges."
[299] LG Aachen, JZ 1971, 507 ff.
[300] Vgl. JZ 1971, 507, 515; Brammsen (GA 1993, S. 97, 106 m. w. N.) spricht insoweit von "Involvierungsprinzip"; vgl. auch Otto, S. 291, 297.
[301] So im "Conterganfall": LG Aachen, JZ 1971, 507, 515. Auch Beulke/Bachmann, JuS 1992, 737, 740 halten den "Wissens- und Wirkungsvorsprung" für maßgeblich.
[302] So im "Ledersprayfall": BGHSt 37, 106 ff.

Eine sich anbietende Abkehr vom Erfordernis pflichtwidrigen Vorverhaltens zugunsten einer allgemeinen Garantenpflicht aufgrund Gefahrschaffung, ist ebenfalls abzulehnen. Denn der rechtlichen Einstandspflicht als unrechtsbegründendes besonderes persönliches Merkmal muss gerade im Vergleich zur Strafbarkeit wegen aktiven Tuns auch *unrechtsbegrenzende Wirkung* zukommen (Zusatzerfordernis!).[303] Zudem zeigt die Herausbildung von Garantestellungen, dass bislang überwiegend spezielle materielle Kriterien gefordert worden sind[304]. Eine bloße Gefahrschaffung scheint zur Begründung einer solchen Sonderstellung nicht überzeugend.

b) Garantenstellung aufgrund "gesteigert riskanten Verhaltens"

Einer Spezifizierung der rechtlichen Einstandspflicht könnte mit der Forderung nach einem "gesteigert riskanten Verhalten", bzw. einem "besonders gefährlichen Risiko"[305] Rechnung getragen werden. Auch wenn diesem materiellen Kriterium nicht zu Unrecht grundsätzlich fehlende Präzision vorgeworfen wird[306], könnte es dennoch für die Humanforschung von Gewinn sein. Der Behauptung, es komme zur Begründung einer Garantenstellung auf die Erweiterung des rechtlich eingeräumten Handlungsspielraums[307] an, ist in bezug auf die Anerkennung von Risikosphären recht zu geben. Es fehlt zwar an der Präzisierung der Risikobereiche[308], denkbar ist aber, jedenfalls für den Forschungssektor bei *ungewissen* Handlungsfolgen eine Überschreitung der Spielraumgrenzen anzunehmen. Denn der Forschungsbereich ist noch unbewertet und damit noch keinem Handlungsspielraum zugewiesen. Wer in diesen unbewerteten Bereich vordringt, wird einstandspflichtig für die dadurch gefährdeten Rechtsgüter.

---

[303] Ähnlich Deutscher/Körner, wistra 1996, 292, 301.
[304] Vgl. Gropp, S. 385 ff ; Tröndle/Fischer § 13, Rn 136 ff.; SK-Rudolphi, § 13, Rn 26ff.
[305] Siehe Beulke/Bachmann, JuS 1992, 740; Kuhlen, NStZ 1990, 568; Meier, NJW 1992, 3196.
[306] Vgl. Otto, S. 291, 308.
[307] Otto, S. 291, 310; ders. NJW 1974, 528, 533 f.
[308] So sogar die Vertreter dieses Kriteriums, vgl. Kuhlen, NStZ 1990, 566, 568; Otto, S. 291, 308.

Nach diesen Überlegungen liegt ein *besonders gefährliches Risiko* jedenfalls bei Verhaltensweisen vor, die die elementaren Rechtsgüter körperliche Unversehrtheit und Leben betreffen und bei denen der Kausalverlauf, und mit ihm seine Beherrschbarkeit, noch unklar sind. Für den Forschungsbereich hat dies die Konsequenz, dass eine rechtliche Einstandspflicht aufgrund riskant gesteigerten Vorverhaltens letztlich zu einer gerechten Risikoverteilung beitragen kann.

D. Zwischenergebnis

Der rechtliche Umgang mit dem "Risikobereich Forschung" erfordert eine besondere Ausgestaltung der Methode zur Ermittlung der Sorgfaltspflichtverletzung, die
traditionelle Methodik scheitert an Erfahrungs- und Konsensdefiziten.[309] Die Erörterungen haben aufgezeigt, dass die Lösungen an die Beseitigung von Beurteilungsunsicherheit anknüpfen müssen, um Erfahrungs- und Konsensdefizite auszugleichen. Dazu müssen die Sorgfaltsanforderungen auf die *Gewinnung von
Kenntnissen*, die *Herbeiführung einer Wertung* sowie das bestmögliche *Ausnutzen
verfügbarer Kenntnisse* ausgerichtet sein.[310]

Durch die Gewinnung von Kenntnissen über Kausalverläufe mit Hilfe von Labor-,
Modell- oder sonstigen *Vorversuchen* ist das Merkmal der *"Voraussehbarkeit der
Rechtsgutsverletzung"* zu bestimmen. Denn die so gewonnenen Kenntnisse beschränken den "Gefahrverdacht"[311] auf ein rechtlich relevantes Maß. Dem Arzt
wird damit allerdings die Pflicht zur Beseitigung der Beurteilungsunsicherheit auferlegt; für seine Schlussfolgerung von den Voruntersuchungen auf die menschliche Erprobung ist aber eine plausible Erklärung ausreichend, die unter anderem
an die Einhaltung wissenschaftlicher Grundsätze geknüpft wird.[312]

Für das Merkmal des *"erlaubten Risikos"* kommt ebenfalls eine Antizipierung der
"Gefahrenabwehrmaßnahmen" in Frage, als es den medizinisch-wissenschaftlichen Bereich anbelangt. Für die Wertung im engeren Sinne kann unter Zubilligung eines Beurteilungsspielraums die *"Vertretbarkeit" der Handlungsentscheidung* das ausschlaggebende Kriterium bilden. Sie ist zum Beispiel durch die Festlegung von Grenzregeln und die Systematisierung von Entscheidungsprozessen
einer Konkretisierung zugänglich.[313]

---

[309] Vgl. A. I., III.
[310] B. I.
[311] Dazu 2. Teil C. I., II.
[312] Dazu B. II. 2. a).
[313] B. III. 3.

Im Hinblick auf die Kompetenzverteilung für die Bewertung der Tolerierbarkeit der Gefahr bestehen drei Möglichkeiten: Erstens könnte dem forschenden Arzt ein *Beurteilungsspielraum* zugemessen werden. Zweitens wären Vorgaben denkbar, die sich aus einem *"Forscherverkehrskreis"* ergeben, und letztlich liegt eine weitere Lösungsmöglichkeit darin, einem *Entscheidungsgremium* die Prüfung der Erlaubtheit von Forschungsvorhaben zu überantworten.[314]

Mit den forschungsimmanenten Herausforderungen an das Recht geht auch dessen Verständniswandel einher. Ein Strafrecht, das mit Forschungsrisiken umgehen muss, kann nicht mehr allein auf die Bewahrung von Rechtsgütern vor bekannten Gefahren gerichtet sein. Vielmehr bezieht es sich zwangsläufig zukunftsorientiert auf die *Steuerung und Kontrolle* von Lebensbereichen[315]. Dies ist jedoch nur durch ein *umfassendes Risikokonzept* zu gewährleisten, das über die Lösung einzelner dogmatischer Probleme hinausgeht. Die Diskussion einer Garantenstellung aufgrund "riskant gesteigerten Verhaltens"[316] könnte einen ersten Schritt in diese Richtung darstellen. Denn der rechtlichen Einstandspflicht im Sinne des § 13 Abs. 1 StGB liegt letztlich eine Zuweisung von Verantwortlichkeiten für Verhaltensrisiken zugrunde: Überschreit jemand den ihm von der Gesellschaft zubilligten Handlungsfreiraum, indem er sich in noch unbewertete Risikobereiche begibt, ist sein "riskant gesteigertes Verhalten" Anlass für diese Zuweisung von Verantwortung; der Forscher hat die Rechtsgutverletzungen für die Versuchsteilnehmer damit auch zeitlich nach dem unmittelbaren Forschungseingriff abzuwenden.

---

[314] Vgl. B. II. 3., III. 4.
[315] C. I.
[316] Vgl. C II. 2 b).

4. Teil: Untersuchung der Spezialregelungen zur Humanforschung

In der folgenden Untersuchung wird erörtert, ob sich die bisherigen Lösungsansätze in den spezialgesetzlichen Regelungen zur Humanforschung wiederfinden. Sie wird zeigen, dass es einheitliche Voraussetzungen für eine Erprobung am Menschen gibt, die auf einen *"Forschungsstandard"* hinweisen; wenn sich dieser auch strukturell wesentlich vom bekannten ärztlichen Standard unterscheidet.

Die Reaktionen von Politik und Forschung sind allerdings nicht auf diese Kodifizierungen beschränkt. Beispielhaft genannt sei die Errichtung eines Ethikbeirats beim Bundesministerium für Gesundheit (1996), der Enquete-Kommission des Deutschen Bundestages "Recht und Ethik in der modernen Medizin" (2000), des Nationalen Ethikrats (2001) sowie die Einrichtung einer Zentralen Ethikkommission bei der Bundesärztekammer (1994)[317]. Darin kommt zum Ausdruck, dass es sich bei der Humanerprobung um eine Schnittstelle zwischen medizinischer Forschung, Gesellschaftspolitik und Ethik handelt. Zu bemerken ist aber eine Schwerpunktbildung dieser Einrichtungen zugunsten besonders brisanter Themenbereiche (zum Beispiel Präimplantationsdiagnostik, embryonale Stammzellforschung, Organtransplantation), die eine grundsätzliche Aufarbeitung forschungsbedingter Fragestellungen schuldig bleiben muss. Von grundsätzlicher Bedeutung für die Humanforschung sind aber die öffentlich-rechtlichen Ethikkommissionen, die auch in einzelnen Kodifizierungen Platz gefunden haben und in dieser Untersuchung eine wichtige Rolle einnehmen werden.

Im Anschluss an die Darstellung der spezialgesetzlichen Regelungen (A.), wird deren zugrundeliegendes Risikokonzept untersucht (B.), bevor die einzelnen inhaltlichen Forschungsanforderungen vor dem Hintergrund der theoretischen Lösungsansätze zu beleuchten sind (C.).

---

[317] Einen Überblick über Ethik-Einrichtungen gibt Klinghammer, DÄBl. 2003, Heft 6, S. A 304 ff.

A. Regelungen im Bereich der Humanforschung

Eine umfassende und verbindliche gesetzliche Vorschrift zur Humanforschung gibt es in Deutschland, im Gegensatz zu Frankreich[318], nicht[319]. Die weiteren Ausführungen werden zeigen, dass häufig eine Beschränkung auf Teilbereiche der Forschung und sogenannte klinische Prüfungen stattfindet. Allerdings erfassen die berufsrechtlichen Vorschriften den gesamten Humanforschungsbereich.

I. Existente Regelungen

Während sich die Rechtsprechung im europäischen Raum bereits ab dem 18. Jahrhundert mit der Humanforschung beschäftigte, ist eine das Forschungsverhalten betreffende deutsche Dienstanweisung an die Klinikvorstände[320] erst auf das Jahr 1900 zu datieren. Es folgten 1931 vom Reichsminister des Innern erlassene detaillierte Richtlinien für neuartige Heilbehandlungen und für die Vornahme wissenschaftlicher Heilversuche am Menschen[321]. Am bekanntesten ist der Nürnberger Codex[322], der 1949 aus den Grundsätzen über die Zulässigkeit medizinischer Versuche in den sogenannten Nürnberger Nachfolgeprozessen entwickelt worden ist. Eine bis heute bedeutende Erweiterung dieser Grundsätze ist durch die Deklaration von Helsinki durch den Weltärztebund 1964 erfolgt, die heute in der revidierten Fassung von Edinburgh (2000) gilt.[323]

---

[318] "Loi no 88-1138 du 20 decembre 1988 relative a la protection des personnes qui se pretent a des recherches biomedicales" (Journal Officiel de la Republique francaise, (J.O.) du 22 dec., p. 16032), abgedruckt bei Andrea Jung, Anhang, ausführlich zur Entstehungsgeschichte des Gesetzes S. 18 ff.

[319] Dies ist aber bereits auf dem 52. Deutschen Juristentag 1978 in Wiesbaden gefordert worden (vgl. Rosenau, S. 63, 65).

[320] Vgl. die Darstellung bei Deutsch, NJW 1978, 570, 571.

[321] Abgedruckt in der DMW 1931, 509.

[322] Vgl. dazu den Abdruck bei Deutsch, Nürnberger Codex, S. 69 ff. und in NJW 1978, 570, 572f.

[323] Deklaration von Helsinki v. Juni 1964, revidiert: Oktober 1975 in Tokyo, Oktober 1983 in Venedig, September 1989 in Hong Kong, Oktober 1996 in Somerset West, Oktober 2000 in Edinburgh: Vgl. Anhang IV. Zur Neufassung 2000 vgl. Taupitz, MedR 2001, 277 ff.

Gesetzlich erfasst wurden Bereiche der Humanforschung vom deutschen Gesetz-geber erstmalig im Arzneimittelgesetz von 1961[324], nachdem das Bundesverfas-sungsgericht in seinem Apothekenurteil von 1958[325] auf die Gefahren für die Volksgesundheit durch eine unkontrollierte und gesetzlich nicht geregelte Herstel-lung von Arzneimitteln durch die Pharmaindustrie hingewiesen hatte. Aufgrund der Feststellung einiger Unzulänglichkeiten des AMG 1961[326], insbesondere im „Con-terganprozess"[327], wurde 1976 das aktuell geltende Arzneimittelgesetz erlas-sen[328]. Es schloss sich das Medizinproduktegesetz 1994[329] an, das ebenfalls Re-gelungen zur Humanerprobung enthält. 1997 wurde das Menschenrechtsüberein-kommen zur Biomedizin des Europarates geschlossen[330], das teilweise als "*das kommende Grundgesetz biomedizinischer Forschung*" im europäischen Raum angesehen wird[331].[332] Daneben bestehen die berufsrechtlichen Vorschriften - die Berufsordnungen der Landesärztekammern[333] - die sich an der Musterberufsord-nung[334] des Deutschen Ärztetages[335] orientieren.

---

[324] Gesetz über den Verkehr mit Arzneimitteln (AMG) v. 16. Mai 1961, BGBl I, S. 533. Zur Historie der Arzneimittelregelungen vgl. Batz, S. 3 ff.

[325] BVerfGE 7, 377, 432 ff.

[326] Es sah weder einen Wirksamkeitsnachweis noch eine Zulassungspflicht von Arzneimitteln vor, sondern begnügte sich mit einer Zulassungspflicht für Arzneispezialitäten; vgl. dazu Batz, S. 20ff.

[327] Dazu bereits 2. Teil D. I.

[328] Gesetz über den Verkehr mit Arzneimitteln v. 24. August 1976 (BGBl I 1976, 2445, 2448) i. d. F. v. 11. Dezember 1998 (BGBl. I. S. 3586), zuletzt geändert durch Gesetz vom 21. August 2002 (BGBl. I S. 3352): Vgl. Anhang I. Zu geplanten Änderungen des AMG: Wessler, DÄBl. 2001, Heft 38, S. A 2410.

[329] Gesetz über Medizinprodukte (MPG) v. 2. August 1994 (BGBl I, 1994, 1963) i. d. F. v. 7.8.2002 (BGBl I, 3146): Vgl. Anhang II.

[330] Übereinkommen zum Schutze der Menschenrechte und der Menschenwürde im Hinblick auf die Anwendung von Biologie und Medizin: Übereinkommen über Menschenrechte und Biome-dizin (Menschenrechtsübereinkommen zur Biomedizin; früher: Bioethik-Konvention) v. 4. April 1997: Vgl. Anhang V. Es ist bereits von 43 Mitgliedstaaten des Europarats ratifiziert worden, aufgrund des niedrigen Schutzniveaus für Einwilligungsunfähige (Art. 17) jedoch nicht von Deutschland.

[331] So Taupitz, MedR 2001, 277, 286.

[332] Vgl. zu den Regelungen zur Humanforschung auch Peter, S. 89 ff.

[333] Vgl. beispielsweise: § 33 des niedersächsischen Heilkammergesetzes für die Heilberufe   (v. 09. Juli 1996 i.d.F. v. 08. 12. 2000, Nds. GVBl. 259) i. V. m. der Berufsordnung der Ärztekam-mer Niedersachsen v. 16. 12.1997, zuletzt geändert am 06. 12. 2002 (vgl. www.aekn.de, 14. 03. 2003)

[334] (Muster-) Berufsordnung für die deutschen Ärztinnen und Ärzte (MBO-Ä 1997) i. d. F. der Be-schlüsse des 100. Deutschen Ärztetages 1997 in Eisenach, geändert durch die Beschlüsse des 102. Deutschen Ärztetages 2000 in Köln; des 105. Ärztetag 2002 in Rostock: Vgl. An-hang III.

[335] Der Deutsche Ärztetag ist die Hauptversammlung der Bundesärztekammer.

Im Folgenden können nicht die „Meilensteine der Forschungsregelung"[336] und auch nicht die spezifischen Vorschriften anderer europäischer Länder[337] zum Gegenstand der Betrachtung werden, da einer historischen oder rechtvergleichenden Untersuchung in diesem Rahmen nicht Rechnung zu tragen ist.

Ertragreich für diese Untersuchung sind die gesetzlichen Regelungen des *Arzneimittelgesetzes (AMG)* und *Medizinproduktegesetzes (MPG)*[338]. Hieran lässt sich vor allem die Reaktion des Gesetzgebers auf leidvolle Erfahrungen in Risikobereichen ablesen. Die Betrachtung erstreckt sich auch auf das *Menschenrechtsübereinkommen zur Biomedizin (Menschenrechtsübereinkommen)*[339] als europaweiter Versuch einer einheitlichen Regelung. Vor allem aber die Untersuchung der Vorschriften ärztlicher Selbstverwaltung, also der *Musterberufsordnung (MBO)*[340] und der *Revidierten Deklaration von Helsinki (RDH)*[341], lässt Hinweise auf den Umgang mit forschungsbedingten Risiken innerhalb der Ärzteschaft erwarten; diese verspricht Rückschlüsse auf die "im Verkehr erforderliche Sorgfalt".

II. Reichweite und Bindungswirkung

1. Arzneimittel- und Medizinproduktegesetz (AMG, MPG)

a) Beschränkung auf spezielle ärztliche Eingriffe

Die gesetzlichen Vorschriften sind gegenständlich auf Teilbereiche des Humanforschungssektors beschränkt. So bezieht sich der Anwendungsbereich von AMG und MPG nur auf die körperliche Einwirkung mit bestimmten Gegenständen: Stoffe, Zubereitungen aus Stoffen[342], Instrumente, Apparate oder Vorrichtungen[343].

---

[336] Dazu Deutsch, NJW 1978, 570, 571; Eser, Lexikon, S. 496 f.
[337] Zur europäischen ethischen und rechtlichen Diskussion vgl. beispielsweise Lazerat, S. 135, 140 ff; Schreiber, S. 303, 307.
[338] In der folgenden Untersuchung sollen zur Vereinfachung für die Bezeichnung der Gesetze die Abkürzungen "AMG" und "MPG" verwendet werden.
[339] Im folgenden: "Menschenrechtsübereinkommen".
[340] "MBO" soll als Abkürzung im weiteren Text verwendet werden.
[341] Mit der folgenden Bezeichnung als "RDH" soll die Deklaration in ihrer aktuellen Fassung von Edinburgh (2000) bezeichnet sein.
[342] Vgl. §§ 2 Abs. 1, § 3 Abs. 1 AMG, §§ 2 Abs. 5, § 3 Nr. 1 MPG.
[343] §§ 2 Abs. 5, § 3 Nr. 1 MPG.

Aus der gesetzlichen Regulierung fallen danach körperliche Eingriffe ohne oder mit anderen als diesen genannten Gegenständen; die Durchführung andersartiger Therapiemethoden ist damit nicht gesetzlich erfasst.

b) Ausschließliche Anwendbarkeit auf klinische Prüfungen

Zudem gelten die zentralen Vorschriften der §§ 40, 41 AMG, §§ 20, 21 MPG lediglich für die "klinische Prüfung". Für die Arzneimittelerprobung definiert das Bundesgesundheitsministerium wie folgt: "Klinische Prüfung (...) ist die Anwendung eines Arzneimittels am Menschen zu dem Zweck, *über den einzelnen Anwendungsfall hinaus* Erkenntnisse über den therapeutischen oder diagnostischen Wert eines Arzneimittels, insbesondere über seine Wirksamkeit und Unbedenklichkeit, zu gewinnen."[344] Gemeint ist also eine systematische Untersuchung mit einer Mehrzahl von Versuchspersonen.[345] Damit erfassen die §§ 40 f. AMG und auch die Vorschriften des MPG nur die auf generellen Erkenntnisgewinn abzielenden Forschungseingriffe im Rahmen klinischer Studien, nicht aber die Erprobung an einem einzelnen Versuchsteilnehmer.[346]

c) Rechtliche Wirkung

Die gesetzlichen Vorschriften des AMG und MPG sind unmittelbar geltendes Recht, dessen Durchsetzung mit Strafvorschriften Nachdruck verschafft worden ist:

In § 96 Nr. 10 AMG und § 41 Nr. 4 MPG sind vorsätzliche Verstöße gegen die Voraussetzungen für klinische Prüfungen aus §§ 40, 41 AMG und §§ 20, 21 MPG mit bis zu einem Jahr Freiheitsstrafe oder Geldstrafe bedroht.

---

[344] Bekanntmachung von Grundsätzen für die ordnungsgemäße Durchführung der klinischen Prüfung von Arzneimitteln v. 09. 12. 1987, BAnz. 1987, 16617. Der Vorschlag zu einer gesetzlichen Legaldefinition der klinischen Prüfung (BT-Drs. 13/8805, S. 18) hat sich nicht durchgesetzt (vgl. BT-Drs. 13/8805, S. 23).

[345] Vgl. die Bekanntmachung der Neufassung der Allgemeinen Verwaltungsvorschrift zur Anwendung der Arzneimittelprüfrichtlinien v. 05. Mai 1995 (BAnz. Nr. 96a).

[346] So auch Habermann/Lasch/Gödicke, NJW 2000, 3389, 3391.

Darüber hinaus finden sich Bußgeldtatbestände für vorsätzliche und fahrlässige Zuwiderhandlungen in § 97 Abs. 2, Nr. 9 AMG[347], § 42 Abs. 2 Nr. 10 MPG[348]. Während für die ärztliche Heilbehandlung vergeblich ein Sonderstraftatbestand gefordert wurde, weil die Vorschriften des StGB, vor allem aus Gründen der Heilintention auf diese nicht zugeschnitten seien[349], hat der Gesetzgeber einer solchen Forderung für den Bereich der Arzneimittel- und Medizinprodukteerprobung entsprochen.

2. Menschenrechtsübereinkommen zur Biomedizin und Regelungen ärztlicher Selbstverwaltung

Anders als das AMG und MPG enthalten die übrigen Regelungen zur Humanforschung keine gegenständlichen Beschränkungen, sie sind als umfassende Regelwerke konzipiert.

a) Menschenrechtsübereinkommen

So erfasst das Menschenrechtsübereinkommen jede Art von Forschung an einer Person, obwohl die Verwendung des Plurals (zum Beispiel in Art. 16 iv), Art.17 iii)) auf einen vorwiegenden Zuschnitt des Übereinkommens auf Forschungsvorhaben mit mehr als einem Versuchsteilnehmer hindeutet.

Das Übereinkommen ist in Deutschland wegen Unstimmigkeiten zur Forschung an einwilligungsunfähigen Personen (Art. 17) noch nicht ratifiziert worden[350] und hat daher keine unmittelbare Rechtswirkung. Dies schließt aber nicht aus, dass es jenseits der streitigen Punkte durchaus Anforderungen für den Verkehrskreis forschender Ärzte statuieren kann.

---

[347] § 97 Abs. 3.
[348] § 42 Abs. 3.
[349] Vgl. zur "Körperinteressentheorie": Blei, S. 57ff.; Bockelmann, S. 66 ff.; Engisch, ZStW 58 (1938), 1, 5, 9; LK-Hirsch, vor § 223, Rn 5; Schmidhäuser, Strafrecht BT, S. 4.
[350] Vgl. dazu ausführlich Kamp, S. 29 ff.

b) Regelungen ärztlicher Selbstverwaltung

Zu den ebenfalls umfassenden Regelwerken zählt die RDH, die als Ergänzung und Fortführung des Nürnberger Codex verstanden werden kann[351]. In der RDH wird häufig im Plural von "Versuchspersonen" gesprochen (vgl. Nr. 20, 21, 22, 30), so dass auch deren Regelungsbereich an medizinischen Studien und damit weniger am Einzelfall orientiert ist.

Die RDH versteht sich als eine *Erklärung ethischer Grundsätze, als Leitlinie für Ärzte und andere Personen* (RDH A. 1). Als eine vom Weltärztebund (World Medical Association) - einem internationalen Zusammenschluss von ärztlichen Institutionen - entwickelte Leitlinie stellt sie damit keinen völkerrechtlich verbindlichen Rechtsakt dar[352]; in der medizinischen Fachwelt wird ihr allerdings autoritäre Geltungswirkung zugesprochen[353]. Weil auch die Bundesärztekammer als Mitglied des Weltärztebundes an der Verabschiedung der Deklaration beteiligt war, entfaltet diese eine gewisse Bindungswirkung für die deutsche Ärzteschaft: In den für Ärzte verbindlichen Berufsordnungen haben sich die Landesärztekammern[354] stark an der Musterberufsordnung der Bundesärztekammer orientiert; diese steht freilich im Einklang mit der RDH[355].

Die Berufsordnungen selber beziehen sich schließlich zwar auf jegliche biomedizinische Forschung, beschränken ihre ausdrückliche Anforderung an die forschenden Ärzte aber auf eine Beratungspflicht durch Ethikkommissionen (§ 15 Abs. 1 Satz 1 MBO), auf die noch konkreter eingegangen wird.

---

[351] Zum Verhältnis der RDH und des NC vgl. Deutsch, NJW 1978, 570, 573; Peter, S. 92.
[352] Siehe Taupitz, MedR 2001, 277 ff.
[353] Vgl. beispielsweise Taupitz, MedR 2001, 277 ff.
[354] Die Landesärztekammern sind als öffentlich-rechtliche Körperschaften durch die Heil- und Kammergesetze mit Satzungsgewalt ausgestattet, die Berufsordnungen stellen verbindliches Berufsrecht für ihre Mitglieder dar.
[355] Vgl. § 15 der MBO. In der Fassung von 1997 (100. Deutscher Ärztetag) wurde in § 15 Abs. 2 MBO bzgl. der Beratungen durch Ethikkommissionen sogar ausdrücklich auf die Revidierte Deklaration von Helsinki in der Fassung von Somerset West (1996) verwiesen.

III. Bedeutung für die Delikte der fahrlässigen Körperverletzung und Tötung

1. Anwendungsbereich der §§ 222, 229 StGB

Während das Menschenrechtsübereinkommen und die RDH keine Strafnormen enthalten können, ist auf das Verhältnis der Tatbestände von AMG und MPG zu denen des StGB einzugehen. Fraglich ist, ob die §§ 96 f. AMG und §§ 41 f. MPG die Anwendung der §§ 222, 229 StGB ausschließen.

Dazu findet sich die Aussage, die §§ 212 ff., 223 ff. StGB seien neben den Strafnormen des AMG und MPG anwendbar[356]. Vor dem Hintergrund, dass es sich bei § 96 Nr. 10 AMG, § 41 Nr. 4 MPG um Tatbestände handelt, die auf die Einhaltung von Verfahrensvorschriften gerichtet sind, das StGB hingegen grundsätzlich an Rechtsgutsverletzungen orientiert ist[357], ist diese Ansicht überzeugend; zudem wird das StGB grundsätzlich nicht durch Nebengesetze verdrängt.[358] Die Strafnormen der Spezialgesetze sind demnach keine abschließenden Regelungen für die Humanforschung; sie stellen vielmehr eine Erweiterung des strafrechtlichen Probanden- bzw. Patientenschutzes dar. Die Fahrlässigkeitsdelikte der §§ 222, 229 StGB behalten damit in allen Bereichen der Humanerprobung Bedeutung.

2. Auswirkungen auf die Tatbestandsbildung

a) Bedeutung als Rechtfertigungsgrund

Die Frage nach dem Verhältnis der Regelungen beschränkt sich aber nicht nur auf die Frage der Konkurrenzen.

---

[356] Eser, ZStW 97 (1985), S. 1, 15; Gerlinde Wagner, S. 103.
[357] Dieser Unterschied schlägt sich eindeutig in der Höhe der Strafdrohung nieder: § 96 Nr. 10 AMG und § 41 Nr. 4 MPG sehen lediglich Geldstrafe oder Freiheitsstrafe von *bis zu einem Jahr* vor, während die einfache Körperverletzung mit Geldstrafe oder Freiheitsstrafe *bis zu fünf Jahren* strafbedroht ist.
[358] So ausdrücklich Eser, ZStW 97 (1985), S. 1, 15.

Indem der Gesetzgeber Forschungseingriffe unter bestimmten Bedingungen für erlaubt erklärt[359], enthalten AMG und MPG nicht nur Verbote, sondern auch Zulässigkeitsvoraussetzungen. Aufgrund der Einheit der Rechtsordnung kommt der Einhaltung der Regeln aus §§ 40, 41 AMG und §§ 20, 21 MPG unrechtsausschließende Wirkung zu[360].

Diesen Zulässigkeitsvoraussetzungen der Regelwerke wird eine strafrechtliche Bedeutung teilweise nur im Zusammenhang mit der rechtfertigenden Einwilligung zugesprochen. Die (Verfahrens-) Voraussetzungen neben der Einwilligung seien nur für die Konkretisierung der "Sittenwidrigkeit" in § 228 StGB erheblich[361]. Detaillierte Verfahrensvoraussetzungen der Frage nach dem Einklang mit dem "Anstandsgefühl aller billig und gerecht Denkenden"[362] oder einem "sozialethischen Unwerturteil"[363] zuzuweisen, lässt allerdings unberücksichtigt, dass es bei diesen nicht ausschließlich um moralische Anforderungen geht. Während es für die "Sittenwidrigkeit" vornehmlich auf die Motive, Ziele, Mittel und die Art der Verletzung ankommen soll[364], sind die Zulässigkeitsvoraussetzungen nicht zuletzt Erfordernisse zur Gefahrenkontrolle. Diese können aber nicht mittels des "Anstandsgefühls" beurteilt werden.

Auch die Annahme eines speziellen Rechtfertigungsgrundes, der auch auf den ungeregelten Bereich der Humanforschung übertragbar sein könnte, ist nicht überzeugend. Den Verstoß gegen die Regelungen im AMG und MPG als Straftat, bzw. Ordnungswidrigkeit zu ahnden, würde sich im Vergleich zu den sonstigen strafrechtlichen Rechtfertigungsgründen als eine neuartige Ausnahme darstellen, die sich des naheliegenden Vorwurfs der Systemwidrigkeit nicht entziehen kann[365].

---

[359] § 40 Abs. 1 S. 1 AMG, § 20 Abs. 1 MPG: "Die klinische Prüfung eines Arzneimittels / Medizinproduktes *darf* bei Menschen nur durchgeführt werden, wenn und solange...".
[360] Vgl. dazu auch Andrea Jung, S. 94 f.
[361] So für das AMG: Biermann, S. 257 f.; Gerlinde Wagner, S.89.
[362] BGHSt 4, 32, 91; Tröndle/Fischer, § 228 Rn 9 m. w. N.
[363] Sch/Sch-*Stree*, § 228, Rn 5.
[364] Vgl. bei *Tröndle/Fischer*, § 228 Rn 9 m. w. N.
[365] Biermann, S. 257, stellt diese bedenkliche Ausnahme ohne nähere Begründung als eine "Besonderheit gegenüber den üblichen strafrechtlichen Rechtfertigungsgründen" dar.

Vorschriften zur Gefahrenbegrenzung und -kontrolle sind letztlich auch aus anderen Gründen im Erlaubnissatz deplaziert; eine (analoge) Anwendung der Vorschriften aus AMG und MPG als Rechtfertigungsgrund scheidet aus: Denn es würde mit der Forderung nach einem Ausgleich grundrechtlich geschützter Interessen nicht in Einklang stehen, wenn die Forschungsfreiheit zunächst durch ein tatbestandliches, also generelles Verbot beschränkt würde, und die Einhaltung aller Sorgfaltsanforderungen lediglich dessen Konkretisierung zu einer rechtlichen Unterlassungspflicht hinderte.

b) Bedeutung für die "im Verkehr erforderliche Sorgfalt"

Sachgerecht ist lediglich, die Bedeutung der Zulässigkeitsvoraussetzungen aus den Spezialregelungen bereits für den Tatbestand der Fahrlässigkeitsdelikte zu überprüfen[366]. Denn wegen der Grundrechtekollision handelt es sich bereits um die grundsätzliche Bestimmung, welche Handlungen als erlaubt oder verboten gelten können, nicht erst um die Bildung von Ausnahmetatbeständen zum Regelfall.

Die Bedeutung von AMG und MPG für den Tatbestand des Fahrlässigkeitsdelikts könnte sich auf Bereiche jenseits der Arzneimittel- und Medizinprodukteprüfung erstrecken, wenn eine Übertragung der Zulässigkeitsvoraussetzungen auf strafrechtlich relevante "Sorgfaltspflichten" möglich wäre.[367] Bedeutung für die anzuwendende Sorgfalt erlangen aufgrund der faktischen Bedeutung ("autoritäre Geltungswirkung"[368]) ebenso die Forschungsanforderungen, die in der RDH und im Menschenrechtsübereinkommen aufgeführt sind.

Insbesondere aber statuieren die Berufsordnungen mit der Pflicht zur Beratung durch Ethikkommissionen eine Mindestvoraussetzungen für Projekte zur Forschung am Menschen; die übrigen Regelungen werden für die darüber hinausgehenden Anforderungen relevant.

---

[366] So auch Bork, NJW 1985, 654, 655; Laufs, VersR 1978, 385 f.
[367] So Bork, NJW 1985, 654, 667; Laufs, VersR 1978,385; Kollhosser/Kubillus, JA 1996, 339, 343.
[368] Dazu II. 2. b).

B. Allgemeine Grundsätze eines Risikokonzepts

I. Regelungserfordernis

Aus der Existenz der speziellen Regelungen ist zunächst abzuleiten, dass der deutsche Gesetzgeber in Teilbereichen medizinischen Neulandes eine rechtliche Fixierung von Zulässigkeitsvoraussetzungen für Humanerprobungen für notwendig gehalten hat, insoweit einem bestimmten Personenkreis also eine "besondere Sorgfalt"[369] abverlangt. Die Beschränkung auf einzelne Bereiche könnte darauf hindeuten, dass für die nicht erfassten Humanerprobungen keine Regelungsnotwendigkeit oder kein Bedürfnis für eine Sanktionsandrohung gesehen wurde. Überzeugender ist jedoch der Schluss, dass im Zusammenhang der Zulassungsvorschriften von Arzneimitteln und Medizinprodukten die naheliegende Möglichkeit zur Regelung dieses Teilbereichs der Humanerprobung ergriffen wurde, ohne dass damit Aussagen bezüglich nicht erfasster Bereiche getroffen werden sollten.

Hinsichtlich der Arzneimittel- und Medizinprodukteerprobung deutet das Statuieren von Sonderstrafnormen darauf hin, deren Regelungsbereich als nicht vom StGB erfasst oder zumindest als konkretisierungsbedürftig anzusehen. Einen immensen Vorteil stellt eine spezialgesetzliche Erfassung dar, weil sie es technisch ermöglicht, direkt an die Verletzung von Verfahrensregeln anzuknüpfen, während die Körperverletzungs- und Tötungsdelikte des StGB vornehmlich auf die Vermeidung unmittelbarer Rechtsgutverletzungen zugeschnitten sind.

II. Gefahrenkontrolle und Steuerung

Schon der erste Eindruck der spezialgesetzlichen Regelungen bestätigt die Behauptung, dass die Humanforschung angesichts des verfassungsrechtlich erforderlichen Interessenausgleichs unter Bedingungen erlaubt sein muss[370].

---

[369] Vgl. Eser, ZStW 97 (1985), S. 1, 13.
[370] Vgl. 2. Teil D. II. 2.

Zudem gibt der Gesetzgeber zu erkennen, dass das Recht im Forschungssektor nicht zur Anerkennung eines rechtsfreien Raums neigt. Bereits mit der Zielsetzung, für die Sicherheit innerhalb des Arzneimittelverkehrs zu sorgen (§ 1 AMG), knüpft das Arzneimittelgesetz zwingend systematisch im Bereich der Gefahrenvorbeugung an. Es ist der neuen Dogmatik der Risikoverwaltung zuzuordnen[371], die eine Tendenz zur Gefahrenkontrolle[372] und Steuerung erkennen lässt. So stellt das materielle Zulassungsverfahren im AMG (§ 21 AMG) ein auf Prävention gerichtetes verwaltungsrechtliches Instrumentarium dar. Mit der Wahl eines "Verbots mit Erlaubnisvorbehalt"[373] ist eine Entscheidung zugunsten der Kontrolle eines gerechten Ausgleichs zwischen dem Spannungsverhältnis von Forschungsfreiheit und Gesundheitsinteressen getroffen worden. Diese Kontrolle erstreckt sich nicht nur auf die Zulassung von Arzneimitteln und Medizinprodukten, sondern mittelbar auch auf deren erstmalige Erprobung am Menschen. Mit der Wahl dieses verwaltungsrechtlichen Instruments hat der deutsche Gesetzgeber eine behördliche Kontrolle konstituiert.

Durch die Festlegung materieller Zulässigkeitsvoraussetzungen ist ebenfalls eine inhaltliche Steuerung medizinischen Neulandes vorgenommen worden. Steuernden Charakter haben dabei vor allem die Anforderungen, die sich auf den Zeitraum vor der unmittelbar rechtsgutsgefährdenden Handlung beziehen. Zum Beispiel ist vor dem Inverkehrbringen eines Arzneimittels eine Qualitäts- und Wirksamkeitsüberprüfung vorzunehmen.[374] Mit dem Erfordernis einer behördlichen Zulassung geht aber einher, dem Hersteller den Nachweis des Vorliegens dieser Voraussetzungen aufzuerlegen[375]. Forschungsbedingte und -immanente Zweifel über die Wirkung des Medikaments wirken sich durch eine solche Beweislastverteilung zum Nachteil des Forschenden aus.

---

[371] Di Fabio, S. 166, FN 2, S. 167 f.
[372] Vgl. zur "Risikovorsorge" auch Di Fabio, S. 299.
[373] Dazu Gallwas, ZRP 1975, 113; Kriele, ZRP 1975, 260.
[374] Vgl. Gallwas, ZRP 1975, 113.
[375] Nach § 25 Abs. 2 AMG kann die Zulassung verweigert werden, wenn der Hersteller das Arzneimittel z. B. nicht nach dem jeweils gesicherten Stand der wissenschaftlichen Erkenntnisse ausreichend geprüft hat (Nr. 2), es nicht die nach den anerkannten pharmazeutischen Regeln angemessene Qualität aufweist (Nr. 3) oder die therapeutische Wirksamkeit fehlt (Nr. 4).

Vor allem aber zeichnet sich daraus ab, dass die Entscheidungsgrundlage der zuständigen Behörde über Vor- und Nachteile erst geschaffen wird, eine Lösungsmöglichkeit, die in den theoretischen Überlegungen bereits in Betracht gezogen wurde.[376]

III. Umfassendes Risikokonzept

1. Rechtsgebietsübergreifende Lösung

Das AMG und das MPG schlagen neben einer unmittelbaren Kontrolle und Steuerung mittels verwaltungsrechtlichen Instrumentariums zusätzlich den Weg eines zivilrechtlichen Risikoausgleichs ein. So wird eine Gefährdungshaftung statuiert und eine Ursachenvermutung bei einer generellen Eignung zur Schädigung festgeschrieben[377]. Zudem gewährleistet eine Pflicht zum Abschluss einer Probandenversicherung für die Fälle der Tötung und Körper- oder Gesundheitsverletzung letztlich die praktische Realisierbarkeit des Risikoausgleichs[378]. Gefordert ist der Abschluss eines zivilrechtlichen Vertrags eigener Gattung (sui generis)[379], nach dem der Versicherungsfall auch dann eintritt, wenn kein anderer für den Schaden haftet. Diese zivilrechtliche Lösungskomponente könnte auch für den ungeregelten Bereich der Humanforschung durchaus sinnvoll sein[380].

Ergänzend wird im AMG und MPG auch auf das "scharfe Schwert" der Strafdrohung zurückgegriffen; das Schaffen von Nebenstrafrecht bedeutet damit nicht nur eine Erweiterung der strafrechtlichen Erfassung des Humanforschungsbereichs, sondern gewährleistet damit die Einhaltung von Anforderungen

---

[376] 3. Teil B. II.

[377] Vgl. § 84 Abs. 1, 2 AtG.

[378] § 40 Abs. 1 S. 1 Nr. 8, Abs. 3 AMG, § 20 Abs. 1 Nr. 9, Abs. 3 MPG: Vorsorge für die Erfüllung gesetzlicher Schadensersatzverpflichtungen.

[379] Die genaue Charakterisierung eines solchen Vertrages ist umstritten, vgl. Biermann, S. 282 m. w. N.; Blasius/Müller-Römer/Fischer, S. 74. Nähere Regelungen für den Versicherungsvertrag finden sich in den "Allgemeinen Versicherungsbedingungen für klinische Prüfungen von Arzneimitteln (Probandenversicherung)", die vom Bundesverband der Pharmazeutischen Industrie und dem Verband für Haftpflicht-, Unfall-, und Verkehrs-Versicherer erarbeitet wurden (abgedruckt bei Kloesel/Cyran, A 2.1.3d, Blatt 203 f.).

[380] Dazu ausführlich Stock, S. 192 ff.

verwaltungsrechtlichen oder zivilrechtlichen Charakters[381]. Insofern liegt ein rechtsgebietsübergreifendes, komplexes System der Risikoverteilung vor.

2. Wechselspiel handlungsvorgelagerter und -nachfolgender Anforderungen

Nicht nur das Nebeneinander von verwaltungs-, zivil- und strafrechtlichen Lösungskomponenten bedeutet ein gesamtheitliches Risikomanagement. Deutlich wird in den gesetzlichen Vorschriften zudem ein Zusammenspiel von handlungsvorgelagerten und -nachfolgenden Anforderungen.

So stehen die Zulässigkeitsvoraussetzungen in Abhängigkeit derjenigen Pflichten, die zeitlich nach der Zulassung von Arzneimitteln und Medizinprodukten greifen. Nachträgliche Schutzmechanismen spielen so eine Rolle für die rechtliche Erlaubnis in medizinischen Neulandbereichen: Die gesetzlichen Regelungen enthalten detaillierte Vorschriften für eine Risikokontrolle zeitlich nach dem Inverkehrbringen eines Arzneimittels oder Medizinproduktes. Sie sehen konkrete Maßnahmen zur Gefahren- und Schadensbegrenzung sowie ein Informationssystem zur weitreichenden und langfristigen Sicherung des Arzneimittel- und Medizinproduktebereichs vor. So ist die jeweils zuständige Behörde ermächtigt, den Rückruf und die Sicherstellung von Arzneimitteln und Medizinprodukten anzuordnen (§ 69 Abs. 1 AMG, § 26 Abs. 4 MPG), und es besteht eine "Produktbeobachtungspflicht" nach Zulassung eines Arzneimittels[382].

Ein zeitlich umfassendes Risikokonzept kann für das Strafrecht Bedeutung entfalten, wenn über entsprechende Garantenpflichten eine nachträgliche Verantwortung für die Gefahrenkontrolle - eine *Gefahrenbeobachtungspflicht* - festgelegt wird.

---

[381] So wird z. B. auch die vorsätzliche Missachtung der Versicherungspflicht geahndet: § 96 Nr. 10 AMG, § 41 Nr. 4 MPG.
[382] Kloesel/Cyran, § 40, Bl. 50z3.

Damit bestätigen sich auch insoweit die theoretischen Überlegungen zu einem gesamtheitlichen Risikokonzept.[383]

C. Zentrale Zulässigkeitsvoraussetzungen der Spezialregelungen

Im Anschluss an die Überlegungen zu einem Risikokonzept, wird im Folgenden gezeigt, wie der Problematik fehlender Erfahrungswerte und Wertungsübereinstimmungen durch die Spezialregelungen im AMG, MPG und Menschenrechtsübereinkommen sowie in den Berufsordnungen und in der RDH Rechnung getragen wird. Es erfolgt eine Erörterung, inwieweit sich die theoretischen Lösungsansätze wiederspiegeln; auch auf Unstimmigkeiten und Konkretisierungsbedarf in bezug auf die Zulässigkeitsvoraussetzungen soll hingewiesen werden. Bei diesen Voraussetzungen handelt es sich um folgende: Die *Abwägung* und die *Zustimmung* des Versuchsteilnehmers, *Verfahrensvorschriften*, *Voruntersuchungen* und der *Einsatz von Ethikkommissionen*. Die Tatsache, dass die zentralen Zulässigkeitsvoraussetzungen weitgehend identisch sind, lässt auf einen "Forscherverkehrskreis" und damit auf mögliche strafrechtliche Sorgfaltsanforderungen schließen.

I. Systematik der Regelungen

Bevor auf die Voraussetzungen im einzelnen eingegangen wird, sei vorab die Regelungssystematik kurz erläutert. Überwiegend wird eine Unterscheidung ärztlicher Humanforschung in zwei Gruppen vorgenommen: Die Humanerprobung an kranken Patienten und an gesunden Probanden.

Die Vorschriften der § 40 AMG und § 20 MPG stellen die Grundregeln für jede klinische Prüfung dar, und § 41 AMG und § 21 MPG gelten für "klinische Prüfungen bei einer Person, die an einer Krankheit leidet, zu deren Behebung das zu

---

[383] Vgl. 3. Teil C. II. 2. Ein ganzheitliches Risikokonzept scheint auch der französische Gesetzgeber zugrunde gelegt zu haben, in dem er eine Präventiv- und Repressivkontrolle vorgesehen hat, vgl. dazu Andrea Jung, S. 226 ff., 250 ff.

prüfende Arzneimittel, beziehungsweise Medizinprodukt angewendet werden soll".[384]

In der RDH werden den "Allgemeinen Grundsätzen für jede Art der medizinischen Forschung"[385] die "Besonderen Grundsätzen für medizinische Forschung in Verbindung mit medizinischer Versorgung"[386] gegenübergestellt. Nur das Menschenrechtsübereinkommen nimmt keine Unterscheidung vor[387].

Die bisherige Terminologie kann somit beibehalten werden kann[388]; sollten sich durch diese Differenzierung elementare Unterschiede für die Zulässigkeitsvoraussetzungen ergeben, wird im Folgenden darauf hingewiesen.

II. Abwägungskomponente

In allen Regelungen ist die Abwägung in das Zentrum der Zulässigkeitsvoraussetzungen gerückt.[389] Praktisch wird damit dem Entscheidungsträger die Problematik gegenläufiger Aufgaben zugemutet: Schutz der Versuchsteilnehmer, ohne dass damit eine Behinderung der Forschung einhergeht[390].

---

[384] Die vielleicht unerwartete Ausgestaltung der wissenschaftlichen Prüfung als Grundregel, der therapeutischen als eine Sonderregel mit erhöhten Anforderungen, erklärt sich aus der Stellung der wissenschaftlichen Prüfung in dem für die Arzneimittelerprobung vorgesehenen *vierphasigen Modell:* Denn in Phase I ist zunächst die Verträglichkeit und Wirksamkeitsprüfung beim gesunden Probanden (ca. 10-50 Freiwillige) vorgesehen, bevor diese Prüfung am kranken Menschen vorgenommen wird. In Phase II wird sie bei einer kleineren Patientenanzahl (bis zu 200 Personen) in der Klinik, in Phase III bei einer größeren Patientenzahl (bis zu mehreren tausend Personen) in der Klinik und beim niedergelassenen Arzt durchgeführt. Phase IV betrifft die Prüfung des Arzneimittels ab dessen Zulassung (Darreichungsform, Anwendungsgebiete, etc.). Man kann also den wissenschaftlichen Versuch der Phase I und § 40 AMG zuordnen, während sich der therapeutische auf die übrigen Phasen erstreckt und von § 41 AMG erfasst ist.

[385] Nr. 10 ff. RDH.

[386] Nr. 28 ff. RDH.

[387] Art. 16 des Übereinkommens enthält die Überschrift: "Schutz von Personen bei Forschungsvorhaben".

[388] Überzeugend: Habermann/Lasch/Gödicke, NJW 2000, S. 3389, 3391; Vgl. zu den Begriffen auch 1. Teil B.

[389] Vgl. Di Fabio, S. 211.

[390] So ausdrücklich Di Fabio für das AMG, S. 212.

In der Betonung dieser Voraussetzung liegt ein Unterschied zum amerikanischen Modell, das im Nürnberger Codex übernommen wurde und den "informed consent", nicht die Abwägung, in den Mittelpunkt stellt[391]. Fehlt es an Standards, stellt eine Reduktion auf die Einwilligung aber einen unsachgemäßen Ersatz des erforderlichen Interessenabwägungsprozesses dar. Die forschungsbedingten Risiken werden letztlich auf den betroffenen Versuchsteilnehmer verlagert, der grundsätzlich mangels medizinischer, juristischer und ethischer Kenntnisse die schwächste Beurteilungsposition innehat.

Zu Recht erfolgt in allen Regelwerken also eine Betonung der Abwägungskomponente, wenn diese auch unterschiedlich ausgestaltet ist und die Textfassungen vor allem Antworten auf deren Konkretisierung schuldig bleiben.

1. Ausgestaltung des Abwägungserfordernisses

Die Abwägungskomponente wird im AMG und MPG mit medizinischen Fachtermini umschrieben. So müssen "die mit der klinischen Prüfung verbundenen Risiken, gemessen an der voraussichtlichen Bedeutung des Arzneimittels, bzw. Medizinproduktes für die Heilkunde *ärztlich vertretbar" sein*[392]. Für eine Erprobung an einer kranken Person weicht die ärztliche Vertretbarkeit der *medizinischen Indikation* des ärztlichen Eingriffs[393]. Unter welchen Bedingungen diese Voraussetzungen vorliegen sollen, bleibt nach dem Wortlaut offen. Im Menschenrechtsübereinkommen und in der RDH wird die Abwägungsvoraussetzung sprachlich deutlicher zum Ausdruck gebracht. Auffallend ist jedoch ihre unterschiedliche Ausgestaltung, die eine Schlussfolgerung auf die "im Verkehr erforderliche Sorgfalt" erschwert: Im Übereinkommen wird verlangt, dass es zur Forschung am Menschen *keine Alternative vergleichbarer Wirksamkeit* gibt (Art. 17 i): Unter dieser Bedingung ist aber ausreichend, dass die *möglichen Risiken für die Person nicht im Missverhältnis zum möglichen Nutzen der Forschung* stehen (Art. 17 ii).

---

[391] Vgl. Deutsch, Nürnberger Codex, S. 69, 77.
[392] § 40 Abs. 1 Satz 1 Nr. 1 AMG, § 20 Abs. 1 Nr. 1 MPG.
[393] § 41 Nr. 1 AMG, § 21 Nr. 1 MPG.

Dahingegen ist in der RDH ein *grundsätzliches Vorrangverhältnis des Wohls der Versuchsperson vor den Interessen der Wissenschaft und Gesellschaft* festgeschrieben (Nr. 5[394]), *die Bedeutung des Versuchsziels muss die mit dem Versuch verbundenen Risiken und Belastungen für die Versuchsperson also überwiegen* (Nrn. 16, 18 S. 1). Geringere Anforderungen scheinen jedoch für eine Verbindung der Forschung mit der medizinischen Versorgung zu gelten, da gemäß Nr. 28 RDH ausreichend ist, *dass diese durch einen prophylaktischen, diagnostischen oder therapeutischen Wert gerechtfertigt ist.*

Von einem einheitlichen Bild ist die Abwägungsvoraussetzung damit weit entfernt. Auf die Konkretisierung dieser Komponente in Form von Abwägungs- und Grenzregeln wird im Rahmen des Auswertungsteils dieser Untersuchung eingegangen[395].

2. Bedeutung der Abwägungskomponente

a) Entscheidungsfindung als Gegenstand der Sorgfaltspflicht

Welche Bedeutung der Abwägung in bezug auf die theoretischen Lösungsansätze zukommt, soll im Folgenden interessieren. Deutlich erkennbar ist, dass sie im Einklang mit dem verfassungsrechtlichen Gebot des Ausgleichs kollidierender Interessen steht[396]. Ebenso bestätigt sich, dass aufgrund fehlender Erfahrungswerte und übereinstimmender Beurteilungen keine Übereinstimmung über die Zulässigkeit neuer ärztlicher Behandlungsmethoden besteht, und damit gerade die Entscheidungs*findung* zum Gegenstand der Sorgfalt werden muss.[397] Damit kann die Nutzen-Risiko-Bilanz als Charakteristikum von Risikoentscheidungen gelten,[398] die auf die *Ermittlung des tolerierbaren Risikos* gerichtet sein müssen.

---

[394] Zu dieser Formulierung vgl. Taupitz, MedR 2001, S. 277, 279.
[395] 5. Teil B II. 3.
[396] Siehe 2. Teil D. II.
[397] Vgl. 3. Teil B. I.
[398] Vgl. Di Fabio, S. 126 ff.

b) Entscheidungsspielraum des Forschenden

Die Ausgestaltung des Abwägungserfordernisses lässt allerdings offen, ob dem einzelnen Forscher die maßgebliche Beurteilung über die Erlaubtheit einer Erprobung überantwortet wird, oder diese von einer Entscheidungsinstanz zu treffen ist. Kann allein die innerhalb eines Spielraums vertretbare Bewertung des eingegangenen Risikos der "im Verkehr erforderlichen Sorgfalt" genügen?[399]

Die Formulierungen im AMG und MPG sprechen dafür: Der Begriff "Vertretbarkeit" deutet darauf hin, dass es nicht um die eine, "richtige" Entscheidung geht, sondern es vielmehr unter Zubilligung eines Entscheidungsspielraums auf deren Begründung oder den Prozess der Entscheidungsfindung ankommt. Die Betonung der ärztlichen Perspektive unterstreicht, dass es nicht um eine individuelle Gewissen-, sondern um eine innerhalb der ärztlichen Gemeinschaft akzeptanzfähige Entscheidung geht. Durch das Erfordernis "ärztlicher Vertretbarkeit" wird also eine eindeutige Verbindung zum Verkehrskreis forschender Ärzte hergestellt. Dabei lassen das AMG und das MPG die Bedingungen für eine innerhalb des Fachkreises akzeptierte, vertretbare Entscheidung weitgehend offen, obwohl der Gesetzgeber durchaus hohe Risiken für den Versuchsteilnehmer erkannt und gebilligt hat[400].

Die Begriffsverwendung der "medizinischen Indikation" betont wiederum die Ausrichtung der Entscheidung an einem Verkehrskreis. Zwar wird damit ein Terminus verwendet, der im Zusammenhang der ärztlichen Heilbehandlung bekannt ist und grundsätzlich auf das Vorliegen ärztlicher Standards gestützt, also in gewissem Maße statistisch orientiert[401] ist; die Indikation setzt üblicherweise eine auf der wissenschaftlichen Erprobung fußende Wirksamkeitsprognose voraus[402]. Nicht unverständlich ist daher der Einwand, im Bereich der Humanforschung könne schon per definitionem nicht von Indikation gesprochen werden[403].

---

[399] Vgl. dazu 3. Teil B II. 3, III. 4.
[400] So ausdrücklich für die Arzneimittelerprobung: BT-Drs. 7/3060, v. 07.01. 1975, S. 3.
[401] Grahlmann, S. 8.
[402] Vgl. bei Peter, S. 51f.
[403] Peter, S.53.

In der Sache kann letztlich mit der Wortwahl sinnvoll keine Ausrichtung am Standard verlangt, sondern im Wandel der bisherigen Begriffsverwendung nur eine „potentielle Indikation"[404] gemeint sein. Diese kann ausschließlich durch eine vertretbare Wirksamkeitsprognose der neuen Behandlungsmethode festgestellt werden[405]. Damit wird letztlich wiederum die Art und Begründung der Entscheidungsfindung ins Zentrum gerückt.

Auch die "medizinische Indikation" steht daher im Einklang mit der Zubilligung eines Entscheidungsspielraums des behandelnden Arztes; und auch insoweit bleiben die näheren Bedingungen für dessen Begrenzung im Dunkeln. Fest steht allerdings, dass die Ärzte nicht nur medizinischen Geboten, sondern nach dem Grundverständnis ihres Berufsbildes auch generellen ethischen Prinzipien verpflichtet sind[406]. In die Abwägung sind somit neben medizinischen auch ethische, gesetzliche und verwaltungstechnische Vorschriften einzubeziehen[407].

Fraglich ist angesichts der berufsrechtlichen Beratungspflicht durch Ethikkommissionen[408], ob für eine solche komplexe Entscheidung allein auf einen weiten Beurteilungsspielraum des Forschenden verwiesen werden kann. Während an späterer Stelle[409] erörtert wird, ob nicht im Einklang mit dem alternativen Lösungsweg[410] letztlich den Ethikkommissionen die endgültig maßgebliche Entscheidung obliegt, kann an dieser Stelle jedenfalls festgehalten werden: Die Regelungen verlangen nach ihrem Wortlaut *zumindest auch* eine Abwägung des einzelnen Forschers.

---

[404] Vgl. Biermann, 104.
[405] Im Ergebnis ähnlich Peter, S. 56.
[406] Vgl. §§ 2 Abs. 1, 3 Abs. 1, § 7 Abs. 1 MBO, die auf die Prinzipien ärztlicher Ethik und Menschlichkeit sowie die Wahrung der Menschenwürde hindeuten. Im Hippokratischen Eid (abgedruckt bei Deutsch, Medizinrecht, Anhang) heißt es dagegen allgemeiner: "Meine Verordnungen werde ich treffen zu Nutz und Frommen der Kranken nach meinem bestem Vermögen und Urteil, sie schützen vor allem, was ihnen Schaden und Unrecht zufügen könnte." Für die Abwägung nach dem AMG und MPG wird aber vornehmlich eine Beschränkung auf die Perspektive der ärztlichen (Standes-) Ethik befürwortet (Blasius/Müller-Römer/Fischer, S. 71; Hart/Hilken/Merkel/Woggan, S. 48; Schreiber, S. 305), wenn teilweise auch die Berücksichtigung rechtlicher Aspekte verlangt wird.
[407] Siehe Nr. 8, 9, 14 RDH; Art 16 iii) Menschenrechtsübereinkommen.
[408] A III 2 b).
[409] 5 . Teil A III. 2. b).
[410] Siehe dazu schon 3. Teil B. II. 3., III. 4.

Einheitliche (Grenz-) Regeln für eine sorgfältige Abwägung innerhalb eines Entscheidungsspielraums lassen die Vorschriften allerdings vermissen. Es besteht Präzisionsbedarf[411].

III. Zustimmung der Versuchsperson

1. Ausgestaltung des Zustimmungserfordernisses

In den theoretischen Lösungsansätzen wurde die Zustimmung der Versuchsperson weitgehend vernachlässigt[412], weil sie als bekannter Grundpfeiler für die Beurteilung ärztlichen Handelns im Standardbereich bekannt ist. Als zentrale Zulässigkeitsvoraussetzung in den Regelwerken kommt ihr allerdings eine Sonderrolle für den "Risikobereich Humanforschung" zu.

Sowohl nach den gesetzlichen Vorschriften des AMG und MPG[413] als auch nach dem Menschenrechtsübereinkommen und der RDH[414] ist eine Einwilligung des Patienten, bzw. Probanden, vorgesehen. Dieser hat eine umfassende Aufklärung vorauszugehen[415], die teilweise einer detaillierten Regelung unterworfen ist[416]. Eine diesbezügliche Einigkeit erstreckt sich allerdings nicht auf die Problematik der fehlenden Einwilligungsfähigkeit; die sich daraus ergebenden Fragestellungen sind aber einer gesonderten Erörterung wert, deren Anspruch im Rahmen dieser Arbeit nicht genügt werden kann.[417]

---

[411] So auch Hrt/Hilken/Merkel/Woggan, S. 48.
[412] Art. 5, 16 v) Menschenrechtsübereinkommen, Nr. 20, 22 ff., 32 RDH.
[413] § 40 Abs. 1 Nr. 2, Abs. 2, § 41 Nr. 2-7; § 20 Abs. 1 Nr. 2, Abs. 2, § 21 Nr. 2-5 MPG.
[414] Vgl. Art. 16 v) i.V.m. Art 5 des Menschenrechtsübereinkommens, Nr. 22 ff. der RDH.
[415] § 40 Abs. 1 S. 1 Nr. 2, § 41 Abs. 1, Nr. 4 S. 1 AMG; § 20 Nr. 2, § 21 Abs. 1, Nr. 5 MPG; Art 16 iv) Menschenrechtsübereinkommen; Nr. 20, 22, 31 RDH.
[416] Die "Grundsätze für die Durchführung der klinischen Prüfung von Arzneimitteln" enthält in Nr. 3.3. Vorgaben für die Aufklärung. Danach muss sich diese unter anderem auf andere therapeutische Möglichkeiten und das jederzeitige Widerrufsrecht der Einwilligung erstrecken.
[417] Hervorgehoben sei an dieser Stelle, dass nach Nr. 32 der aktuellen Fassung der RDH auch unter strengsten Bedingungen kein Heilversuch an Einwilligungsunfähigen mehr zulässig ist.

2. Bedeutung der Selbstbestimmung für das Risikokonzept

Die Zustimmung der Versuchsperson ist für die strafrechtliche Beurteilung sowohl bedeutend, als auch problematisch. Als Zulässigvoraussetzung in den Regelwerken nahezu selbstverständlich statuiert, gibt das Zustimmungserfordernis zu einer dogmatischen Einordnung oder einer möglichen Sonderstellung für den Forschungsbereich keine direkten Auskünfte.

Im Ergebnis fällt die Zustimmung aber eine besondere Bedeutung zu: Für den Prozess der Entscheidungsfindung ist sie ein wichtiges Fundament eines Risikokonzepts, das auf eine teilweise Verlagerung der Risikotragung auf den Rechtsgutsinhaber gestützt ist. Vor dem Hintergrund, dass es ausgereifte Entscheidungen, die auf Konsens und Erfahrung beruhen, nicht geben kann, ist eine derartige Verlagerung nicht unsachgemäß. Denn im besonderen "Risikobereich Forschung" ist das Spannungsverhältnis zwischen Forschungsfreiheit und körperlicher Unversehrtheit durch eine Entscheidung des Rechtsgutsträgers jedenfalls als gemildert anzusehen.

Die Zustimmung des Versuchsteilnehmers nimmt also im Forschungsbereich eine wichtige *Sonderrolle* ein, die jedoch von einer sorgfältigen Abwägung nicht entbinden kann. Sie als einen übergeordneten Grundsatz zu bezeichnen, und der Abwägung ausschließlich für eine Konkretisierung der Voraussetzungen einer ordnungsgemäßen Aufklärung Bedeutung zuzumessen[418], kann nicht überzeugen. Zum einen würde dem notwendigen Ausgleich grundrechtlich geschützter Interessen[419] nicht hinreichend Rechnung getragen, wenn eine einseitige Risikoverlagerung stattfindet. Zum anderen verbietet die fehlende freie Disponibilität der Rechtsgüter Leben und körperliche Unversehrtheit sowie die diesbezüglichen staatlichen Schutzpflichten[420] eine Überbetonung des Zustimmungserfordernisses. Der Abwägung muss gegenüber dem Selbstbestimmungsrecht eine eigenständige Bedeutung zukommen.

---

[418] Vgl. etwa Biermann, S. 272.
[419] 2. Teil D. II.
[420] Vgl. 2. Teil D. II.

Während die Abwägung aber unproblematisch als die den Tatbestand des Fahrlässigkeitsdelikts bestimmende Sorgfaltsregel gelten kann, gestaltet sich die dogmatische Einordnung der Zustimmung des Versuchsteilnehmers problematischer.
Wird sie als ein möglicher Bestandteil eines Risikokonzepts im (Human-) Forschungsbereich anerkannt, wäre sie bereits für den *Tatbestand* erheblich. Zudem
ist im strafrechtlichen System nicht selbstverständlich, sie als eine *notwendige*
Voraussetzung für eine sorgfältige Humanerprobung zu statuieren; zu bedenken
ist zum Beispiel die von einer Zustimmung des Rechtsgutsträgers unabhängige
unrechtsausschließende Wirkung des § 34 StGB. Im Auswertungsteil[421] wird diese
Problematik näher erörtert.

IV. Voruntersuchungen

1. Ausgestaltung der Pflicht zu Voruntersuchungen

Um den forschenden Eingriff möglichst sicher zu gestalten, setzt sein Beginn nach
dem AMG und dem MPG die Durchführung von Vorprüfungen voraus, die dem
jeweiligen Stand der wissenschaftlichen Erkenntnisse entsprechen müssen.[422]
Eine nähere Ausgestaltung der Anforderungen durch eine allgemeine Verwaltungsvorschrift findet sich wieder im Bereich der Arzneimittelerprobung.[423] Während es im Menschenrechtsübereinkommen an einer ausdrücklichen Pflicht zu
Voruntersuchen fehlt, ist diese in Nr. 11 RDH vorgesehen: Die Forschung muss
danach den allgemein anerkannten wissenschaftlichen Grundsätzen entsprechen,
auf umfassender Kenntnis der wissenschaftlichen Literatur, auf anderen relevanten Informationsquellen und auf ausreichenden Laborversuchen sowie, soweit an-
gemessen, Tierversuchen basieren.

---

[421] 5. Teil B. II. 2. a).
[422] Diese Prüfung ist nach § 40 Abs. 1 S. 1 Nr. 5 AMG pharmakologisch-toxikologischer, nach
§ 20 Abs. 1 Nr. 5, 6 MPG sicherheitsbiologischer oder -technischer Art.
[423] Vgl. die Bekanntmachung der Neufassung der Allgemeinen Verwaltungsvorschrift zur Anwendung der Arzneimittelprüfrichtlinie, vom 05. Mai 1995 (BAnz. Nr. 96a) gemäß § 26 Abs. 1 AMG.

2. Bedeutung der Voruntersuchungen

a) Ausgleich von Erfahrungsdefiziten

Entsprechend der Lösungsansätze[424], wird mit einer Verpflichtung zu Vorprüfungen ein Ausgleich des Kenntnisdefizits über die Folgen neuer ärztlicher Behandlungen angestrebt: Die Gewinnung von Informationen über Risiken wird organisiert, indem sie den Forschenden im Vorfeld der Humanerprobung übertragen wird. Die Betrachtung der Regelungen bestätigt damit die Vermutung, dass es um die Gewinnung von Erkenntnismaterial gehen muss, das für eine Einschätzung des bestehenden Risikos und letztlich für die "Voraussehbarkeit einer Rechtsgutsverletzung" erheblich ist[425]. Aufgrund der erforderlichen Übertragungsleistung der Ergebnisse aus Labor- oder Tierversuchen auf eine Erprobung am Menschen, kann zwar nicht der Anspruch auf eine "richtige" Auskunft über den Kausalverlauf erhoben werden; ein unmittelbarer Vergleich ist unmöglich. Maßgeblich ist aber lediglich, dass eine Rechtsgutsverletzung "voraussehbar im Rechtssinne" ist, also als erkennbar gelten kann.[426] Dazu können Ergebnisse aus Voruntersuchungen durchaus genügen.

b) Bedeutung für das Risikomanagement

Mit diesem Lösungsweg ist aber nicht ausschließlich ein Ausgleich von Erfahrungsdefiziten verbunden. Zugleich geht damit aus den Regelungen die deutliche Wertung hervor, dass sich die bestehenden Unsicherheiten über die Folgen der Humanerprobung zu Lasten des Forschers niederschlagen sollen.

Vor dem Hintergrund seines Eigeninteresses und aufgrund der Tatsache, dass entsprechende Prüfungen häufig ausschließlich ihm möglich sind, scheint dies

---

[424] Vgl. 3. Teil B. II. 1.
[425] Vgl. dazu 3. Teil B II. 1.
[426] Vgl. auch Kriele, ZRP 1975, 260, 266: "Das Recht regelt, was man zu tun oder zu lassen hat, aber nicht, was wahr oder falsch ist."

selbstverständlich. Vor dem Hintergrund der Forschungs- und allgemeinen Handlungsfreiheit hat allerdings eine Begründung zu erfolgen.

Diese Art von "Risikomanagement" bedeutet einen Eingriff in Grundrechte des Forschers, der sich nicht auf eine bestehende, bekannte Gefahr, sondern lediglich auf eine Unsicherheitssituation stützen kann. Die erforderliche Rechtfertigung einer Pflicht, Voruntersuchungen durchzuführen, soll im fünften Teil erfolgen[427].

c) Existenz eines "Forscherstandards"

Die Betrachtung der normierten Forschungsvoraussetzungen macht zudem Folgendes deutlich: Entweder wird direkt von einem wissenschaftlichen Erkenntnisstand der Vorprüfungen ausgegangen (AMG, MPG)[428], oder aber es wird für die Forschung insgesamt auf die allgemeinen Grundsätze der Wissenschaft verwiesen (RDH). Damit wird von einem "Forschungsstandard" ausgegangen.

Welche Bedingungen für diesen gelten sollen, richtet sich in der Arzneimittelerprobung nach den in der „Allgemeinen Verwaltungsvorschrift zur Anwendung der Arzneimittelprüfrichtlinien" fixierten Anforderungen.[429] Jenseits dieses Forschungssektors stellen sich die anzuwendenden "Sorgfaltspflichten" allerdings weniger konkret dar.

Mit der Forderung der Einhaltung anerkannter Wissenschaftsgrundsätze legt die RDH lediglich Rahmenanforderungen an diese fest.

---

[427] 5. Teil A. II. 2.
[428] § 40 Abs. 1 Satz 1 Nr. 5 AMG; § 20 Abs. 1 Nr. 5, 6 MPG. Vgl. dazu Batz, S. 64.
[429] Die „Allgemeine Verwaltungsvorschrift zur Anwendung der Arzneimittelprüfrichtlinien" wird als vorgefertigtes Gutachten über den jeweils gesicherten Stand der Erkenntnisse betrachtet (vgl. BT-Drs. 7/ 3060, S. 50). Das Arzneimittel wird auf seine negativen Auswirkungen getestet und zwar im Hinblick auf die allgemeine Toxizität (II Durchführung der Versuche: A Toxizität), die Fruchtbarkeit (B Generationsversuche), die embryonal/fötale und perinatale Toxizität (C) sowie auf seine mutagenen (D), kanzerogenen (E) und pharmakodynamischen (F) Folgen. Zu den Verfahren gehören: Das sog. Screening, ein Such- und Testverfahren zur Überprüfung pharmakologischer und biologischer Eigenschaften eines neuen Wirkstoffs, die in sich anschließenden Tierversuchen getestet werden, sowie die Bioverträglichkeitsprüfung, mit der die Geschwindigkeit und die am Wirkort erreichte Menge des Wirkstoffs getestet werden (vgl. auch Blasius/Müller-Römer/Fischer, S. 66 ff.).

Vor allem müssen die Vorprüfungen den Grundsätzen der Logik entsprechen, biometrischen Prinzipien folgen und zielfördernd sowie verifizierbar sein.[430] Beispielsweise über den Umfang zumutbarer Tests geben die Regelungen keine Auskünfte. Nahe liegt, dass dies auf der Erkenntnis beruht, dass eine solche Konkretisierung für eine Vielfalt denkbarer Forschungsprojekte unmöglich ist.

Der "Forschungsstandard" kann also nur Rahmenanforderungen für die Vorprüfungen vorgeben, deren Ausgestaltung in den Beurteilungsspielraum des einzelnen Forschers zu fallen scheint. Während innerhalb der Gruppe forschender Ärzte über ein Mindestmaß von Untersuchungen ebenso ein Konsens bestehen wird, wie dies für eindeutige Fälle unzumutbar umfangreicher Prüfungen gilt, verbleibt dem Forschenden im großen "Mittelfeld" danach ein breites Beurteilungsspektrum, wenn keine Überprüfung durch eine Kontrollinstanz erfolgt.

V. Verfahrensvorschriften am Beispiel des Prüfplanerfordernisses

1. Ausgestaltung des Prüfplanerfordernisses

Das AMG und das MPG verlangen für die Zulässigkeit von Humanerprobungen weiter Verfahrensvorschriften, die einen ordnungsgemäßen Verlauf des Forschungsprojekts garantieren sollen. In dieser Untersuchung wird insbesondere die Anfertigung eines Prüfplans herausgegriffen, der einer Ethikkommission als Entscheidungsgrundlage dienen soll.

Gemäß § 40 Abs. 1 S. 1 Nr. 6 AMG und § 20 Abs. 1 Nr. 8 MPG ist dieser nach *dem jeweiligen Stand der wissenschaftlichen Erkenntnisse* anzufertigen und einer Ethikkommission zur Verfügung zu stellen.

Während in Art 16 iii) des Menschenrechtsübereinkommens ebenfalls eine Billigung *des Forschungsvorhabens* durch eine zuständige Stelle vorausgesetzt ist, ohne dass aber die Vorstellung des Projektes in einem Prüfplan ausdrücklich

---

[430] Vgl. zur Wissenschaftlichkeit der Vorversuche 3. Teil B. II. 2 a).

erwähnt wird, ist die Erstellung eines solchen in der Deklaration des Weltärztebundes wiederum explizit genannt (Nr. 13 RDH).

2. Bedeutung des Prüfplanerfordernisses

Spiegeln sich die theoretischen Überlegungen des dritten Teils auch in dieser
übereinstimmenden Voraussetzung wieder? Offensichtlich zu bejahen ist dies im
Hinblick auf die diskutierte Kontrollfunktion des Strafrechts im Forschungsbereich[431]: Mit der Prüfplanerstellung ist eine Dokumentations- und Begründungspflicht verbunden, die in zweifacher Hinsicht Kontrollfunktionen erfüllt.

Zum einen geht mit einer Dokumentation im Stadium der Versuchsplanung und
während der Durchführung des Forschungseingriffs eine Selbstkontrolle des Forschers einher: Eine Begründungspflicht verlangt diesem eine (selbst-)kritische
Einstellung gegenüber dem Projekt ab. Mit der Vorlage des Plans vor eine Prü-
fungsinstanz ist zum anderen eine Fremdkontrolle und folglich die Möglichkeit der
Forschungssteuerung verbunden. Als Diskussions- und Kontrollgrundlage dient
das Versuchsprotokoll nicht nur einer Verschriftlichung zu Beweiszwecken, vielmehr wird der Schutz für die gefährdeten Rechtsgüter des Versuchsteilnehmers
durch eine Kontrolle unmittelbar erhöht.

In Anbetracht der Anforderungen an einen Prüfplan, ist für die Arzneimittelerpro-
bung von einem "Forscherstandard" zu sprechen. Denn in einem "Vorschlag der
Bundesärztekammer und der Arzneimittelkommission der deutschen Ärzte-
schaft"[432] sind sie detailliert ausgestaltet. Da es sich um allgemeine Kriterien wie
Angaben zur Identifizierung[433] und Begründung des Projektes handelt, ist eine
Übernahme in andere Bereiche der Humanforschung durchaus sinnvoll.

---

[431] Dazu 3. Teil C. I.
[432] Vgl. dazu die Materialien zur Fort- und Weiterbildung der Bundesärztekammer, S. 38 ff.
[433] Zur Identifizierung des Projekts sollen etwa die Bezeichnung des Versuchsziels, der Prüfungs-
ort (Ausstattung der Klinik) sowie Informationen über die Prüfungsteilnehmer auf Probanden-
und Forscherseite (Qualifikation) gehören.

Im Ergebnis kann die Erhöhung des Schutzumfangs für die im StGB geschützten Rechtsgüter mittels eines Kontrollerfordernisses als eine Reaktion des Rechts festgestellt werden. Vor diesem Hintergrund soll im Folgenden die Rolle der Ethikkommission erörtert werden.

VI. Vorlage der Prüfunterlagen bei einer Ethikkommission

1. Ausgestaltung der Vorlagepflicht

Eine weitere zentrale Voraussetzung für die Forschung am Menschen stellt nach den speziellen Regelungen die Vorlage des Prüfplans bei den Ethikkommissionen dar[434], die auch in dogmatischer Hinsicht von großer Bedeutung sind. Nach dem Arzneimittelrecht (§ 40 Abs. 1 S. 2) muss es sich um eine nach Landesrecht gebildete Ethikkommission handeln, während das Medizinproduktegesetz (§ 20 Abs. 6 MPG) auch die Vorlage des Prüfplans vor sogenannte "freie Ethikkommissionen" genügen lässt, soweit diese bei der zuständigen Behörde registriert sind.[435] Auch die RDH fordert für alle Bereiche der Humanforschung den Einsatz einer besonders berufenen, unabhängigen Ethikkommission (Nr. 13). Vor allem aber besteht eine unmittelbare berufsrechtliche Vorlageverpflichtung für jegliche Forschungsvorhaben: Entweder ist sie in den Heilberufe-/Kammergesetzen der Länder unmittelbar statuiert, zumindest aber in den Berufsordnungen zu finden.[436]

---

[434] Dazu schon unter V.

[435] Zum Verhältnis von landesrechtlich vorgesehenen und freien Ethikkommissionen bei der Beratung in der Medizinprodukteprüfung vgl. VG Stuttgart (MedR 2002, S. 159 ff.) und VGH Bad.-Württ. (MedR 2003, 109 f. m. Anm. Taupitz).

[436] In *Nordrhein-Westfalen* findet sich beispielsweise nur ein *allgemeiner Hinweis* auf die Berufsordnung (§ 31 Nordrheinwestfälisches Heilberufegesetz i. d. F. v. 9. Mai 2000, NRW GVBl. S. 403), während die Einschaltung einer Ethikkommission bei biomedizinischer Forschung am Menschen in *Niedersachsen* schon in den *Regelkatalog* für den möglichen Inhalt der Berufsordnung (§ 33 Abs. 2 Nr. 15 Kammergesetz für die Heilberufe (HKG) i. d. F. v. 8. Dezember 2000, GVBl. S. 301) und in *Baden-Württemberg* sogar *explizit als besondere Berufspflicht* (§ 30 Abs. 4 Gesetz über die öffentliche Berufsvertretung, die Berufspflichten, die Weiterbildung und die Berufsgerichtsbarkeit der Ärzte, Zahnärzte, Tierärzte, Apotheker und Dentisten, Heilberufe-/Kammergesetz, i. d. F. v. 16. März 1995, GVBl. S. 313). aufgenommen worden ist.

Erinnert sei an § 15 Abs. 1 MBO, der für jede Art biomedizinischer Forschung eine Pflicht zur Beratung über berufsethische und -rechtliche Fragen bei einer Ethik-kommission vorsieht, die bei einer Ärztekammer oder einer medizinischen Fakultät gebildet wurde.[437] Die gleiche Anforderung wird nach hochschulrechtlichen Be-stimmungen von den medizinischen Fachbereichen gestellt.[438]

Dabei ist den öffentlich- wie auch den privatrechtlichen Ethikkommissionen[439] vor allem die Festlegung des inhaltlichen Beurteilungsmaßstabs für das Forschungs-vorhaben weitgehend selbst überlassen.[440] So kann es durchaus vorkommen, dass ein Forschungsprojekt bei einer Ethikkommission gebilligt, bei einer anderen aber abgelehnt wird[441]. Zu beklagen ist das Fehlen einer ausreichenden Kommu-nikationsstruktur zwischen den Ethikkommissionen (Vernetzung); es fehlt an jegli-chen binnenstrukturellen Entscheidungsvorgaben. Allerdings sind im Statut des "Arbeitskreises medizinischer Ethikkommissionen in der Bundesrepublik Deutsch-land" Harmonisierungsbestrebungen erkennbar, die sich auf allgemeingültige Ver-fahrensgrundsätze, die Zusammensetzung der Kommissionen und das (Antrags-) Verfahren beziehen.[442]

2. Bedeutung der Vorlagepflicht

a) Vorlagepflicht als Sorgfaltsanforderung

Bereits aufgrund der berufsrechtlichen Verpflichtung (§ 15 Abs. 1 MBO) muss die Vorlage des Prüfplans vor eine Ethikkommission als eine im Verkehr zu beobach-tende Sorgfalt gelten.

---

[437] Vgl. A. II. 2. b)
[438] Dazu vgl. Klinghammer, DÄBl. 2003, Heft 6, S. A 304, 305.
[439] Vgl. zum Charakter von Ethikkommissionen beispielsweise Dähne, MedR 2003, S. 164 ff. Zu sonstigen Ethikeinrichtungen und einer "verwirrenden Vielfalt" siehe auch Klinghammer, DÄBl. 2003, Heft 6, S. A304 ff.
[440] Bsp.: § 7 NRW HKG, § 10 Nds. HKG, § 5 BW HKG.
[441] Vgl. dazu Gramm, WissR 1999, 209, 212f; Wilkening, MedR 2001, 301, 303 f.
[442] Siehe den Abdruck bei van den Daele/Müller-Salomon, S. 105 ff.

Lange vor einer satzungsrechtlichen Erfassung in den Berufsordnungen (1970) hatte aber bereits die Deutsche Forschungsgemeinschaft (DFG) die Zuwendung von Forschungsmitteln von der Beurteilung durch Ethikkommissionen abhängig gemacht. Nachdem zunächst private Kommissionen in Kliniken gegründet worden waren, rief bereits 1977 der Medizinische Fakultätsrat erfolgreich zur Einrichtung an den Fakultäten und Ärztekammern auf.[443] Neben den Berufsordnungen macht auch heute bereits die Forschungspraxis die Zustimmung der Ethikkommission zum Forschungsprojekt erforderlich[444].

Da der Vorlagepflicht eine faktische Geltungswirkung zukommt, steht deren Qualifizierung als eine strafrechtliche Sorgfaltsregel nicht entgegen, dass die Verfassungsmäßigkeit einer auf Satzungsrecht fußenden Pflicht nicht unproblematisch ist.[445] Trotz der guten Gründe für die Forderung, eine derartige in die Forschungsfreiheit eingreifende Verpflichtung müsse durch den parlamentarischen Gesetzgeber und nicht durch standesrechtliche Regelungen statuiert werden[446], ist dies für die Qualifizierung als strafrechtliche Sorgfaltsregel ohne Belang. Denn nach der Theorie der objektiven Sorgfaltspflicht kommt es auf die verfassungsrechtlich gebotene Form der außerrechtlichen Anforderungen niemals an.

Durch die Rekurrierung auf die im Verkehr herausgebildeten - meistens formlosen Regeln - wird immer auch eine Grundrechtsbeschränkung in Kauf genommen. Zu Recht erfolgt dies, wenn diese auf einem Interessenausgleich fußt und den Grundsätzen der Verhältnismäßigkeit entspricht. Letzteres wird in der Formel durch den Terminus der *erforderlichen* Sorgfalt" zum Ausdruck gebracht.

---

[443] Zur Geschichte der Ethikkommissionen vgl. Klinghammer, DÄBl.2003, S. A 304, 305.

[444] Vgl. Gramm, WissR 1999, S. 209, 216; Doppelfeld, S. 341, 346; Schenke, NJW 1991, S. 2313, 2315.

[445] Das Bundesverfassungsgericht hat hierzu noch nicht ausdrücklich Stellung genommen. Nur für die Fälle, dass der Gesetzgeber bei der Normierung der Berufspflichten auf die Standesregelungen keinen Bezug nimmt, sollen diese für eine Grundrechtsbeschränkung nicht ausreichend sein (BVerfGE 76, 171, 188). Auf die Anrufung einer Ethikkommission wird in den Landesgesetzen aber zumindest mittelbar Bezug genommen (Siehe dazu 1.). Vgl. zum Streit über die Verfassungsgemäßheit z. B. Classen, MedR 1995, S. 148, 149; Gramm, WissR 1999, S. 209, 223; Schenke, NJW 1991, S. 2313, 2315; Tiedemann, ZRP 1991, S. 54, 60.

[446] So Classen, MedR 1995, S. 148, 149; Gramm, WissR 1999, S. 209, 223; Schenke, NJW 1991, S. 2313, 2315.

Dass die Einbeziehung der Ethikkommissionen in den Entscheidungsprozeß zum Schutz der Rechtsgüter der Versuchsteilnehmer geeignet ist, wird im folgenden vertiefend begründet. Da eine Alternative vergleichbarer Wirksamkeit nicht ersichtlich ist und eine zeitliche Verzögerung oder geringfügige ökonomische Nachteile bei der Erfüllung einer Vorlagepflicht zumutbar erscheinen, kann diese auch für eine strafrechtliche Beurteilung der Humanerprobung ausschlaggebend sein. Der Schutz von Leben und körperlicher Unversehrtheit vor möglicherweise schweren und irreversiblen Eingriffen ist eine legitime Zwecksetzung, die dem Forscher eine solche relativ geringfügige Beschränkung abverlangen kann.

b) Kontrollmechanismus zum Umgang mit Unsicherheit

Mittels des angefertigten Prüfplans wird die Ethikkommission befähigt, das Forschungsvorhaben einer kritischen Betrachtung zu unterziehen und auf Unstimmigkeiten und Verbesserungsmöglichkeiten hinzuweisen. Ohne Zweifel geht damit ein unmittelbarer Sicherheitsgewinn für die Rechtsgüter des Versuchsteilnehmers einher.[447] Zudem werden der Missbrauchsmöglichkeit der Forschungsfreiheit Schranken gesetzt und so das gesellschaftliche Vertrauen in die Humanforschung gestärkt. Es bestätigt sich durch diese Zulässigkeitsvoraussetzung, dass der Kontroll- und Steuerungsgedanke im „Risikobereich Forschung" eine zentrale Rolle einnimmt. Für das Strafrecht lässt sich daraus eine bedeutende Schlussfolgerung ziehen: *Die Ermöglichung der Fremdkontrolle wird zum Bestandteil der Risikoerlaubnis!*

Wie ist aber diese Kontrolle ausgestaltet? Für die Erprobungsvoraussetzungen besteht teilweise ein „Forschungsstandard", der die Einhaltung gewisser Anforderungen (vgl. die Prüfplanerstellung) abverlangt.

Vor allem dann, wenn es um die Entscheidungsfindung durch Abwägung geht, muss dem Forschenden nach den bisherigen Ausführungen aber ein bedeutender

---

[447] Dazu schon V. 2.

Beurteilungsspielraum belassen werden[448], wenn nicht letztlich die Ethikkommission auf die Entscheidungsfindung Einfluss nimmt.

c) Weitere Funktionen der Ethikkommissionen

Es stellt sich die Frage, ob mit dem Einsatz der Ethikkommission mehr verbunden ist als eine dem Sicherheitsgewinn dienende Kontrolle des Forschungsprojekts, und ob diese eine Rolle einnimmt, die vor dem dogmatischen Hintergrund einer näheren Betrachtung wert ist: Überprüft die Ethikkommission lediglich die Einhaltung von Verfahrensvorschriften und belässt dem Forscher einen weiten Beurteilungsspielraum? Oder aber nimmt sie eine eigene Abwägung zur Entscheidungsfindung vor[449] und damit eine maßgebliche Steuerungsfunktion des Forschungssektors ein[450]?[451]

Nach den Regelungen haben die Ethikkommissionen die Aufgabe der *Beratung* und *Stellungnahme*[452], aber auch die Begriffe *Genehmigung*, *Billigung* und *zustimmende Bewertung* werden verwendet.[453] Die genaue Rollenzuschreibung und vor allem die strafrechtsdogmatischen Konsequenzen bleiben offen, eine Entscheidung zwischen den Lösungsalternativen zum Umgang mit Forschungsrisiken[454] wurde im Hinblick auf eine Entscheidungskompetenz nicht getroffen. Im sich anschließenden Auswertungsteil werden diese Fragen einen wesentlichen Schwerpunkt bilden[455].

---

[448] Vgl. dazu die Ausführungen zur Abwägung unter II. 2. b).Ein Beurteilungsspielraum besteht aber auch bzgl. des Umfangs zumutbarer Vorprüfungen (IV. 2 c).
[449] Vgl. zu dieser Frage auch Gramm, WissR 1999, S. 209, 212.
[450] Siehe dazu Tiedemann, ZRP 1991, S. 54, 55.
[451] Vgl. dazu die optionalen Lösungsvorschläge im 3. Teil B. II. 3., III. 4.
[452] § 20 Abs. 7 Satz 1 MPG, § 15 Abs. 1 MBO, Nr. 13 RDH.
[453] § 40 Abs. 1 Satz 2 AMG, Nr. 13 RDH, Art. 16 iii).
[454] Dazu 3. Teil B. II. 3., III., 4.
[455] 5. Teil A. III. 2.

D. Zwischenergebnis

Eine umfassende, grundsätzliche Entscheidung der rechtsdogmatischen Fragestellungen war aus der Betrachtung der Regelwerke nicht zu erwarten. Das *Arzneimittelgesetz (AMG)* und das *Medizinproduktegesetz (MPG)* greifen nur einen
bestimmten Bereich aus dem Forschungssektor heraus und schaffen ein Sonder-
recht, das keinen Platz für allgemeine Grundsatzfragen lässt.[456] Die *Revidierte
Deklaration von Helsinki (RDH)* stellt Leitlinien von Ärzten für in der Medizin täti-
gen Personen auf und hat damit die Humanforschung ebenso wenig von rechts-
dogmatischer Seite betrachtet, wie dies beim *Übereinkommen über Menschenrechte und Biomedizin (Menschenrechtsübereinkommen)* der Fall ist. Nach letzte-
rem obliegt es den beigetretenen Mitgliedsstaaten, den Grundsätze mit ihrem
jeweiligen staatlichen Instrumentarium Rechnung zu tragen. Die für die Ärzte verbindlichen *Berufsordnungen (BO)* beschränken sich inhaltlich auf das Erfordernis
zur Beratung durch eine Ethikkommission, ohne damit aber abschließende Anforderungen für die Humanerprobungen aufstellen zu wollen.[457]

Dennoch ist die Betrachtung der Regelungen trotz einiger verbleibenden Fragen
von nicht unerheblichem Ertrag für diese Untersuchung,[458] weil sich bedeutende
Hinweise zum Umgang mit Forschungsrisiken gewinnen lassen. So bestätigen
sich die theoretischen Vorüberlegungen aus dem dritten Teil insoweit, als tenden-
ziell eine rechtliche Steuerung des Forschungssektors durch Gefahrenkontrolle
angestrebt wird.[459]

Um sorgfaltswidriges Verhalten, bzw. das *„erlaubte Risiko"* trotz fehlender Erfahrungswerte und fehlendem Konsens zu ermitteln, werden in den Regelwerken kumulativ drei verschiedene Wege beschritten:

---

[456] A. II. 1.
[457] A. II. 2.
[458] A. III. 2 b).
[459] B. I., II.

Erstens bestätigt ein *Abwägungserfordernis*, dass es nicht ausschließlich auf *"das richtige"* Ergebnis einer Entscheidung zur Durchführung der Humanerprobung ankommen kann, sondern der *sorgfältige Entscheidungsprozess* maßgeblich ist. An einer Konkretisierung, etwa an Grenz- oder allgemeinen Abwägungsregeln, fehlt es jedoch.[460]

Neben das Abwägungsgebot tritt die Pflicht des Forschenden, eine *Ethikkommission* anzurufen. Insoweit wird, zweitens, eine Verantwortungszuweisung der Risikobeurteilung vorgenommen, die noch näher zu beleuchten sein wird. Dies könnte eine Beschränkung des Forschers insoweit bedeuten, als eine selbständige Abwägung der Kommission seinen Beurteilungsspielraum zur Entscheidungsfindung begrenzt oder aufhebt.[461]

Eine solche begrenzende Funktion kommt der *Zustimmung* des Versuchsteilnehmers zu. Die Zustimmung könnte im Risikokonzept für den Forschungsbereich eine *neuartige Rolle* einnehmen, weil sie für die Risikoverteilung Bedeutung gewinnt.[462]

Drittens spielen für die weiteren Sorgfaltsanforderungen die *Verfahrenvorschriften* eine Rolle, die bestehende Gefahr sicht- und kontrollierbar machen.[463] Teilweise existiert insoweit ein "Forscherstandard". Zu den Verfahrensvorschriften zählt die Pflicht des Forschers, *Voruntersuchungen* durchzuführen, deren Erkenntnisse für eine Beurteilung des Risikos erheblich sind. Mit dieser Sorgfaltsregel wird das Defizit an Erfahrungswissen über den kausalen Verlauf des Forschungseingriffs teilweise kompensiert und damit die Problematik um die *"Vorhersehbarkeit der Rechtsgutsverletzung"* entschärft. In der Konsequenz wird durch die Statuierung einer solchen Pflicht die Lösung zum Umgang mit forschungsimmanenten Unsicherheiten zu Lasten der Forschenden gesucht.[464]

---

[460] C. II. 2.
[461] C. VI. 2.
[462] C. III. 2.
[463] C. IV., V.
[464] C. IV. 2.

Abschließend lässt sich also feststellen, dass die Regelungen die im dritten Teil angesprochenen Lösungsmöglichkeiten zum Ausgleich der Defizite an Erfahrung und Konsens kumulativ aufgreifen. Sowohl der deutsche Gesetzgeber als auch der "Verkehrskreis forschender Ärzte" halten zudem ein komplexes rechtliches System mit forschungsspezifischen Reaktionen zur Bewältigung der Beurteilungsdefizite für erforderlich.

5. Teil: Auswertung

In der folgenden Auswertung werden die Lösungsansätze und die Erkenntnisse der bisherigen Untersuchung zur Bestimmung von "Sorgfaltspflichten" im Humanforschungsbereich bewertet (A.). Zunächst sollen dazu die dogmatischen Problemstellungen um die Einordnung von Voruntersuchungen, Ethikkommissionen und Verfahrensvorschriften im Vordergrund stehen; auf die nähere inhaltliche Ausgestaltung der Sorgfaltsanforderungen wird im Anschluss (B.) eingegangen.

A. Methodik der Sorgfaltsermittlung

I. Bedeutung von Erfahrungswerten für die Sorgfaltsbestimmung

Die Ausführungen haben gezeigt, dass die Theorie der objektiven Sorgfaltspflichtverletzung konzeptionell nicht auf den Forschungsbereich zugeschnitten ist. Diese basiert hauptsächlich auf Erfahrungswerten bezüglich der Folgen des zu bewertenden Verhaltens und erfolgstauglicher Maßnahmen zur Risikoverringerung; zudem stützt sie sich auf bereits erfolgte Bewertungen von Lebensbereichen. Da damit für die Humanerprobung die übliche Grundlage für die strafrechtliche Fahrlässigkeitsermittlung fehlt, muss eine Umgestaltung erfolgen, um von einer sinnvollen Anwendung der Theorie sprechen zu können.

II. Voruntersuchungen: Pflicht zur Ermittlung der Handlungsfolgen

Die Folgen der Humanerprobung können mangels wissenschaftlicher Kenntnisse und konkreter Erfahrungswerte von niemandem mit einer Sicherheit prognostiziert werden, wie sie in bewerteten Lebensbereichen üblich ist. Die Risikostruktur unterscheidet sich im Forschungssektor zwangsläufig von der traditionellen Risikoprognose.[465] Für das Fahrlässigkeitsmerkmal der "voraussehbaren Rechtsgutsverletzung" ist es daher nicht hilfreich, einen besonnen und gewissenhaften Arzt zum Vergleich heranzuziehen.

---

[465] Dazu 2. Teil C. I., II.

Erforderlich ist vielmehr, die "Gefahrenverdachtssituation"[466] derart zu konkretisieren, dass von einer Gefahrenprognose gesprochen werden kann, die einer Prognose im traditionellen Sinne nahe kommt. Die diesbezüglichen theoretischen Überlegungen zur erforderlichen Gewinnung von Kenntnissen über den Kausalverlauf eines Forschungseingriffs[467] haben sich sowohl in der RDH und dem Menschenrechtsübereinkommen als auch im AMG und MPG bestätigt.[468]

1. Entscheidungsfindung als Gegenstand der Sorgfalt

Im Folgenden soll begründet werden, warum mit den Voruntersuchungen im Gegensatz zum bisherigen Verständnis von "Sorgfaltspflichten" die Entscheidungsfindung des forschenden Arztes in den Mittelpunkt rückt, und inwieweit dies mit der Theorie der objektiven Sorgfaltspflicht in Einklang steht.

In vielen Lebensbereichen sind die Folgen menschlichen Handelns einschätzbar. Der besonnene und gewissenhafte Mensch, der zur Vermeidung von Rechtsgutsverletzungen motiviert ist, ist häufig in der Lage, sich mit einem minimalen Zeit-, Kraft-, und Kostenaufwand sorgfaltsgemäß zu verhalten. Dieser Person, zum Beispiel in der Rolle eines Kraftfahrzeugführers, fällt die Handlungsentscheidung fast automatisch zu, wenn er Fußball spielende Kinder am Straßenrand erblickt; ohne die Situation bewusst als Entscheidungsproblem zu erfassen, wird er die Geschwindigkeit herabsenken.

Im Forschungsbereich ist hingegen eine bewusste Handlungsentscheidung erforderlich, die Inhalt und Charakter der "Sorgfaltspflichten" bestimmt. Dies gilt für die Abwägung und Einschaltung von Ethikkommissionen ebenso wie für die hier in Rede stehenden Voruntersuchungen. Denn auch diese sind Vorbereitungen für eine Entscheidung.

---

[466] Vgl. 2. Teil C. II.
[467] Siehe 3. Teil B. II. 1.
[468] 4. Teil C. IV.

Zwar kann man berechtigterweise einwenden, auch in bereits bekannten komplexeren Lebensbereichen nehme die Entscheidungsfindung eine erhebliche Rolle ein. Denn den Handlungen, die etwa komplizierte Produktionsverläufe oder, als zugespitztes Beispiel, den Betrieb eines Atomkraftwerkes betreffen, liegen selten die oben genannten "automatisierten Entscheidungen" zugrunde. Hier wird der besonnene und gewissenhafte Mensch zunächst eine Qualifizierung der Situation als Problemsituation vornehmen, bevor er Informationen für eine anschließende Abwägung sammelt. Damit ist häufig ein nicht unerheblicher Zeit-, Kraft- und Kostenaufwand verbunden.

Dennoch besteht ein Unterschied zwischen komplexen Entscheidungssituationen und dem Forschungsbereich: Der Betreiber eines Atomkraftwerkes verstößt mit seinem Verhalten nicht stets gegen eine Sorgfaltspflicht, wenn er diese Mühen scheut; nämlich dann nicht, wenn er eine unbedachte Handlung vornimmt, die, wenn auch nur zufällig, mit der auf einer gewissenhaften Entscheidungsfindung basierenden übereinstimmt. Mit der Theorie der objektiven Sorgfaltspflichtverletzung findet letztlich nur ein Vergleich des Täterverhaltens mit dem Verhalten eines besonnenen abwägenden Menschen statt, also ein Vergleich mit dem *Produkt* einer gewissenhaften Entscheidungsfindung.

Mit der Pflicht zur Durchführung von Voruntersuchen stellt sich dies aber anders dar: *Die Entscheidungsfindung wird selber zum Gegenstand der Sorgfaltspflicht.* Die Voruntersuchungen stellen "vorgelagerte" Pflichten dar, die diese Entscheidungsfindung notwendig vorbereiten. Ohne diese kann eine geplante Handlung nicht bewertet werden. Nach der Theorie der objektiven Sorgfaltspflicht wird bei der Humanerprobung also nicht das Produkt einer Entscheidungsfindung in einen Vergleich eingestellt; verglichen wird vielmehr, ob die Handlung auf einer Entscheidung basiert, die auf einem bestimmten Prozess beruht. Dabei spielt allerdings keine Rolle, ob der Handelnde zu diesem Prozess durch das Ziel des Rechtsgüterschutzes motiviert wurde.

Trotz der erhöhten Anforderungen an den Forschenden bleibt die Prognose zu den Handlungsverläufen dennoch weit weniger sicher als bei vorliegendem speziellen Erkenntnismaterial. Daher müssen nicht nur die Voruntersuchungen selber wissenschaftlichen Anforderungen genügen[469], sondern auch die diesbezüglichen Schlussfolgerungen Regelungen unterliegen, die zur Anerkennung der Prognose in der Fachwelt geeignet sind. Auch insoweit kommt es auf den Auswertungsprozess an, nämlich darauf, ob eine Schlussfolgerung als vertretbar bezeichnet werden kann.[470]

Im Ergebnis bedeutet dies, dass mit der Einbeziehung von Voruntersuchungspflichten in den Kreis der Sorgfaltsanforderungen, die forschungsimmanenten Probleme ungewisser Kausalverläufe schon mit dem materiellen Recht aufgefangen werden. Mittels dieser "handlungsvorgelagerten Anforderungen" gelingt es, den Anwendungsbereich des prozessualen Zweifelssatzes "in dubio pro reo" zu reduzieren: Der Forscher hat die spezifische Beurteilungsunsicherheit bezüglich des Kausalverlaufs soweit zu beseitigen, wie dies mittels Voruntersuchungen möglich ist und begrenzt so den Kreis der Zweifelsfälle. Kommt er dieser Verpflichtung nicht nach, wird das Forschungsprojekt auf der Grundlage des "Gefahrenverdachts" als unerlaubt bewertet. Diese Bewertung stellt eine rechtspolitische Grundsatzentscheidung dar, die dem Anwendungsbereich des Zweifelssatzes "in dubio pro reo" entzogen ist.

2. Rechtfertigung der erhöhten Anforderungen

Mit einer Ermittlungspflicht wirken sich die forschungsimmanenten Unsicherheiten über den Kausalverlauf in Form erhöhter Anforderungen zulasten des Forschers aus. Ob diese Grundrechtsbeschränkung berechtigt ist, wird im Folgenden erörtert.

---

[469] Dazu schon 3. Teil A. I.
[470] Vgl. dazu 3. Teil II.

a) Anforderungsbeschränkungen durch die Tatbestände der §§ 222, 229 StGB

Eine gesetzliche Formulierung von Zweckbestimmungen kann eine Richtungsvorgabe für den Schutzzweck einzelner Verbotsnormen bedeuten und damit die Art der Sorgfaltsanforderungen spezifizieren[471]. Das StGB enthält allerdings nicht einmal direkte Verbots- oder Gebotsnormen, es werden lediglich an die Verletzung von Rechtsgütern Rechtsfolgen geknüpft. Eine konkrete Schutzzieldefinition fehlt. Daraus lässt sich der Schluss ziehen, dass die Zielvorgabe der §§ 222, 229 StGB grundsätzlich umfassend auf den Schutz von körperlicher Unversehrtheit und Leben gerichtet ist und damit keine spezifischen Verletzungshandlungen ausgeklammert werden. Bestimmte "Gefahrenarten" sind damit ebenso wenig ausgeschlossen, wie einzelne Lebensbereiche vom Schutzzweck grundsätzlich ausgenommen sind. Auch § 276 Abs. 2 BGB, an dessen sprachlicher Fassung die Theorie von der objektiven Sorgfaltspflichtverletzung angelehnt ist, ist als "Blankettnorm"[472] formuliert, die jegliche Ausgestaltung von Sorgfaltsanforderungen zulässt. Die Tatbestände und auch die "Vergleichsmethode" lassen damit konzeptionell keinerlei Rückschlüsse auf eine Beschränkung von Sorgfaltsanforderungen zu. Die Voruntersuchungen zählen nach diesen Überlegungen zum Kreis zulässiger "Sorgfaltspflichten".

b) Sorgfaltsanforderungen als Instrumente des Interessenausgleichs

Die Konsequenz, dass sich die forschungsimmanenten Unsicherheiten auf der Seite der Handlungsbedingungen zum Nachteil der Forschenden zu Buche schlagen, rechtfertigt sich aus dem bereits angesprochen "relativen Schädigungsverbot"[473]:

---

[471] Für § 1 Transfusionsgesetz (TFG) vgl. Bender (MedR 2002, S. 487): Die Norm, die als Zweck des Gesetzes die "sichere Versorgung der Bevölkerung mit Blutprodukten" nenne, sei zugleich "normativer Maßstab für die im Verkehr erforderliche Sorgfalt des § 276 Abs. 2 BGB".

[472] So Bender, MedR 2002, S. 487.

[473] Vgl. zum Gebot des "neminem laede" und seinem Verhältnis zu den Freiheitsrechten schon 2. D. II.

Sorgfaltsanforderungen, deren Missachtung zu einer strafrechtlichen Sanktion führen, sind Freiheitsbeschränkungen, die sich lediglich zum Schutze anderer, mindestens gleichgewichtiger Interessen legitimieren können. Für eine Entscheidung
über einen Interessenausgleich können allerdings durchaus Maßnahmen erforderlich sein, die eine Handlungssituation erst einschätzbar machen. Denn erst auf
dieser Grundlage sind ein Handlungsverbot, weitere Handlungsbeschränkungen
oder eine Handlungserlaubnis auszusprechen, die den kollidierenden Rechtsgütern Rechnung tragen können.

Bei der Humanerprobung stehen sich die Forschungs- und Handlungsfreiheit sowie das Interesse an medizinischem Fortschritt und die Gesundheitsinteressen
des einzelnen Versuchsteilnehmers gegenüber. Während der Verzicht auf die
Voruntersuchungen die Versuchsteilnehmer einer unkalkulierten Gefahr aussetzen
würde, bedeutet deren Vornahme lediglich einen Mehraufwand an Zeit und Kosten. Dieser muss aufgrund der elementaren Rechtsgüter von Leib und Leben von
der Gesellschaft und auch in der medizinischen Wissenschaft hingenommen werden.[474] Der Gedanke des Interessenausgleichs klingt bereits in dem Stichwort der
"Mitbedenkungspflicht"[475] des Forschers an, die bereits für die Frage des Schutz-
bereichs der Forschungsfreiheit entscheidend sein soll.[476] Eine Einordnung von
Ermittlungspflichten zur Schutzbereichsbestimmung oder zur Rechtfertigung eines
Eingriffs ist in diesem Kontext nicht notwendig. Maßgeblich ist, dass die Erforderlichkeit einer Verpflichtung zu Voruntersuchungen zum Ausgleich kollidierender
Interessen mit der obigen Begründung zu bejahen ist. Die Voruntersuchungen
stellen sich letztlich also als spezielle Sorgfaltspflicht innerhalb eines forschungsspezifischen Risikokonzepts dar.

---

[474] Auch Kreß (S. 79) nimmt eine Pflicht zum Ausschöpfen aller Erkenntnisquellen an.
[475] Zu diesem Begriff vgl. Kleindiek (S. 195).
[476] So ist nach Kleindiek (S. 194) die Wissenschaftsfreiheit durch die allgemeine Verantwortung
des Wissenschaftlers beschränkt.

III. Abwägung und Einsatz von Ethikkommissionen

1. Bedeutung der Abwägung

Auf das Erfordernis einer bewussten Handlungsentscheidung wurde bereits in den Erörterungen zu den Voruntersuchungen eingegangen.[477] Während sich diese als Vorbereitungspflichten dargestellt haben, die auf die Gewinnung von Kenntnissen über den Kausalverlauf als Grundlage für eine Beurteilung gerichtet sind, betrifft die Abwägung der Ethikkommission den eigentlichen Entscheidungsprozess. Zum Zeitpunkt der Erprobung fehlen nicht nur die Kenntnisse über den Kausalverlauf, sondern auch ein Konsens über das "erlaubte Risiko". Die Bewertung der Handlungsentscheidung kann sich nicht durch den Vergleich mit einem Entscheidungsprodukt ergeben[478]. Vielmehr wird sie durch den Entscheidungsprozess bestimmt, auf dessen inhaltliche Anforderungen noch einzugehen ist.[479]

Im Rahmen der Darstellung der Lösungsansätze im dritten Teil wurden zwei Möglichkeiten zur Überwindung des Konsensdefizits durch Zuweisung von Entscheidungskompetenz genannt: Eine Beratungs- oder Entscheidungsinstanz einzusetzen oder dem einzelnen Forscher einen Beurteilungsspielraum bezüglich der Bewertung seines Projekts zu belassen.[480] Eine Entscheidung zwischen diesen Alternativen ließ sich allein aus den Regelwerken nicht eindeutig ableiten.[481] Allerdings obliegt es dem Forscher, die Abwägung mittels der Voruntersuchungen sowie der Gestaltung der Entscheidungssituation (beispielsweise Bereitstellen von qualifiziertem Personal, Material, etc.) vorzubereiten. Im Folgenden sollen die dogmatischen Konsequenzen und die Legitimation der im strafrechtlichen System eher ungewöhnlichen "Institutionalisierungslösung" dargelegt werden, die im Forschungssektor aber vorzugswürdig ist.

---

[477] Vgl. II.
[478] Dazu schon unter II.
[479] Vgl. unter B. II. 3.
[480] 3. Teil B. II. 3., III. 4.
[481] 4. Teil C. VI. 2 c).

2. Dogmatische Konsequenzen des Einsatzes von Ethikkommissionen

a) Rolle der Ethikkommission im Entscheidungsvorgang

Die berufsrechtliche Pflicht zur Vorlage von Prüfunterlagen vor eine Ethikkommission[482] bedeutet für den Forscher eine Mitwirkungspflicht zur Bewertung verbleibender Risiken, wie sie strukturell schon aus den Erörterungen zur "Voraussehbarkeit der Rechtsgutsverletzung" bekannt ist[483]. Gegenüber der Ethikkommission kommt dem Forscher also eine Darlegungspflicht zu, die das Verhalten eines besonnen und gewissenhaften Forschers beschreibt.

Bislang wurde noch nicht abschließend erörtert, ob der Forschende seine Handlung an der Stellungnahme der Ethikkommission ausrichten muss[484] oder, ob sich seine Pflicht auf das Einholen eines Rats beschränkt[485], wurde. Nach jener Alternative wäre letztlich die Entscheidung der Ethikkommission für die Erlaubtheit des Forschungsprojekts maßgeblich und von der Institutionalisierung einer "Entscheidungsinstanz" zu sprechen. Der Ethikkommission kommt nach dieser Lösung "eine legislatorische Hilfsfunktion"[486], die Rolle eines "moralischen Gesetzgebers"[487] zu. Die zweite Alternative bedeutete eine weitaus geringere Einwirkung auf den Entscheidungsprozess: Die Ethikkommission würde als "Beurteilungsinstanz" eine steuernde Funktion nur insoweit ausüben, als sie durch Ratschläge und Kritik Einfluss auf das Verhalten des Arztes nimmt. Unter dieser Bedingung kann von der Zubilligung eines Beurteilungsspielraums zugunsten des Forschers gesprochen werden, der lediglich einer gewissen Lenkung unterworfen ist.

---

[482] Dazu 4. Teil C. VI. 1.
[483] Dazu II.
[484] Heike Jung, Entscheidungsprozesse, S. 402.
[485] So wohl eher Tiedemann (ZRP 1991, S. 54, 58), die von "Hilfe für die Entscheidungsfindung" spricht.
[486] Gramm, WissR 1999, S. 208, 216; Andrea Jung, A., S. 266.
[487] Gramm, WissR 1999, S. 209, 212, 221.

Wird die inhaltliche Bewertung des Forschungsvorhabens damit dem einzelnen Forscher überlassen, geht damit eine Abkehr von der "Verkehrskreismethode" einher: Dem Verkehrskreis ist danach eine verbindliche Beurteilung des eigentlichen, rechtsgutgefährdenden ärztlichen Eingriffs entzogen.

Für eine rein beratende Funktion der Ethikkommission könnte der Wortlaut des § 15 Abs. 1 Satz 1 MBO sprechen. Während dort auf eine *Beratung* durch eine bei der Ärztekammer oder einer Medizinischen Fakultät gebildeten Ethikkommission Bezug genommen wird, ist aber in der RDH unter anderem von einer *Genehmigung* die Rede (RDH Nr. 13.). Die RDH ist kraft ihrer "autoritären Bindungswirkung"[488] ebenfalls mitbestimmend für die Anforderungen im Verkehrskreis; gleiches gilt für das Menschenrechtsübereinkommen, das nach einer Ratifizierung *die Billigung des Forschungsvorhabens durch die zuständige Stelle* zu einer unmittelbar geltenden, rechtlichen Zulässigkeitsvoraussetzung erheben würde.[489] Worauf erstreckt sich also die "im Verkehr erforderliche Sorgfalt"?

Der Verwaltungsgerichtshof Baden-Württemberg[490] hat in einer Entscheidung zur Abgrenzung der Aufgabengebiete zwischen den berufsrechtlich errichteten öffentlich-rechtlichen Ethikkommissionen und den im MPG angesprochenen sog. "freien Ethikkommissionen", ersteren eine reine Beratungs- den "freien Ethikkommissionen" hingegen eine entscheidende Funktion zugesprochen. Soweit überhaupt in dem zu entscheidenden Kontext von einer Begründung zur hier relevanten Problematik gesprochen werden kann, bezieht sie sich darauf, dass es nach den Berufsordnungen vornehmlich um ethische Ratschläge, nach dem MPG hingegen um rechtliche Fragen zum Schutz des Allgemeinwohls geht.[491]

---

[488] Siehe Taupitz, MedR 2001, S. 277.
[489] Vgl. dazu auch Taupitz, DÄBl. 2001, Heft 38, S. A 2413, 2420.
[490] Urteil des VGH Baden-Württemberg, MedR 2003, S. 109 ff.
[491] Vgl. MedR 2003, S. 109, 110.

Dem widerspricht allerdings der Wortlaut der MBO, die schon nach ihrer Präambel ebenfalls auf den Schutz des Gemeinwohlinteresses gerichtet ist[492] und unter anderem in § 15 Abs. 1 Satz 1 unmittelbar auf berufs*rechtliche* Fragen Bezug nimmt.[493] So geht das Gericht letztlich selbst von einer faktischen Deckungsgleichheit der Aufgabengebiete der verschiedenen Ethikkommissionen aus[494]. Dies zieht auch die Qualifizierung der öffentlich-rechtlichen Ethikkommissionen als "Beratungsinstanz" in Zweifel.

Ein Argument dafür, dass die "im Verkehr erforderliche Sorgfalt" über die ausdrückliche Anforderung der Berufsordnungen hinausgeht, liegt zum einen in den Formulierungen der § 40 Abs. 1 Satz 2 AMG und § 20 Abs. 7 MPG, die grundsätzlich für die Zulässigkeit der Erprobung von einer *zustimmenden Stellungnahme* der Ethikkommission ausgehen[495].

Zum anderen bedeutet die textliche Fassung des § 15 Abs. 1 MBO bei näherer Betrachtung auch keine zwingende Beschränkung der Ethikkommissionen auf eine beratende Aufgabe. Denn die Konsequenzen einer fehlenden Beratung oder einer nicht zustimmenden Stellungnahme sind in der MBO nicht explizit erfasst. Sie haben sich vielmehr in der Forschungspraxis herausgebildet: Ohne eine positive Stellungnahme der Ethikkommissionen verschließt sich die Gemeinschaft der Forschenden sowohl der finanziellen Unterstützung durch Forschungsgelder als auch der Publikation gewonnener Erkenntnisse.[496] Zwei Schlüsse ergeben sich daraus: Erstens werden die Ethikkommissionen von dem Verkehrskreis forschender Ärzte als „*bewertungsautorisierte Instanzen*" anerkannt. Als eine Folge kommt, zweitens, deren Stellungnahmen eine faktische Geltungskraft zu.

---

[492] A. Präambel Satz 3: „Mit der Festlegung von Berufspflichten der Ärzte dient die Berufsordnung zugleich dem Ziel, (...) die Qualität der ärztlichen Tätigkeit im Interesse der Gesundheit der Bevölkerung sicherzustellen (...)."

[493] Dähne (MedR 2003, S. 164, 166) merkt zudem zu Recht an, dass ethische Fragen auch meistens Rechtsfragen sind, wenn man das Recht als ethisches Minimum einer Gesellschaft sieht.

[494] Vgl. MedR 2003, S. 109, 110.

[495] Dass das Forschungsprojekt ausnahmsweise auch ohne eine solche durchgeführt werden kann, steht dem Grundsatz nicht entgegen. Zudem rechtfertigt sich die Ausnahme durch die zusätzliche Kontrollmöglichkeit der zuständigen Behörde, die dem Projekt innerhalb von 60 Tagen widersprechen kann.

[496] Vgl. Klinkhammer, DÄBl. 2003, Heft 7, S. A 304, 305.

Der Verkehrskreis fordert also, dass der Forscher seine Handlungen an den Vorgaben der Ethikkommissionen ausrichtet.[497] Zeitlich gilt dies jedenfalls solange,
bis gesicherte wissenschaftliche Erkenntnisse zu einer neuen ärztlichen Therapiemethode gewonnen worden sind, die durchaus die Entscheidung der Ethikkommissionen falsifizieren können. Insoweit kann von einer vorläufigen Rechts-
gestaltung, von einer "experimentellen Form der Rechtsfindung"[498] gesprochen
werden.

In der Konsequenz bedeutet dies im Hinblick auf die Abwägung des Forschers
eine Reduktion auf eine Pflicht zur Darlegung von Nutzen und Riken sowie ethischen Überlegungen. Diese gewährleistet aber eine Berücksichtung von
Argumenten des Forschers, der damit erheblichen Einfluss auf die Entscheidungsgrundlage der Ethikkommission nimmt.[499]

b) Ethikkommission und "Verkehrskreis-Methode"

Indem die Handlungsentscheidung auf eine Ethikkommission übertragen wird,
geht es bei der "Verkehrskreis-Methode" nicht um die Bestimmung des "erlaubten
Risikos" durch einen Vergleich: Die Ethikkommission bestimmt das sorgfältige
Verhalten vielmehr *inhaltlich neu*. Im Ergebnis stellt diese Erkenntnis ein weiteres
forschungsspezifisches Korrektiv der üblichen "Verkehrskreis-Methode" zur Ermittlung des "erlaubten Risikos" dar.

Diese Korrektur erschwert aber die Ermittlung des "erlaubten Risikos" nicht. Im
Gegenteil: Mit der Überantwortung der Entscheidung an eine Ethikkommission
wird der Vorgabe, sich an einer *im Verkehr* erforderliche Sorgfalt zu orientieren[500],
konsequenter entsprochen. Dies gilt aufgrund der Qualifizierung der Ethikkommissionen als *"bewertungsautorisierte Teile des Verkehrskreises"*.

---

[497] Ähnlich im Ergebnis auch Taupitz, DÄBl. 2001, Heft 38, S. A 2413, 2416, 2420.
[498] So Gramm, WissR 1999, S. 209, 221.
[499] Dies steht im Einklang mit der sprachlichen Fassung der Nr. 14 RDH: "Das Forschungsproto-
        koll muß stets die ethischen Überlegungen im Zusammenhang mit der Durchführung des Ver-
        suchs *darlegen* (...)".
[500] Vgl. § 276 II BGB.

Ohne eine Orientierung an einer Entscheidungsinstanz ist die Theorie der objektiven Sorgfaltspflichtverletzung bereits strukturell den Zwängen der juristischen Praxis unterlegen: Es besteht eine Abhängigkeit von Sachverständigen, die häufig lediglich "ex post" eine individuelle Einschätzung davon abgeben können, wie sich die im Verkehr erforderliche Sorgfalt darstellt. Einen diesbezüglichen Beweis über die üblichen Verhaltensanforderungen durch repräsentative empirische Untersuchungen innerhalb eines Verkehrskreises zu führen, wäre konsequenter, wenn dies aus Gründen der Praktikabilität auch abzulehnen ist. Dieser Divergenz zwischen dem materiellen Erfordernis und der praktischen Rechtsanwendung wird wirksam begegnet, wenn sich der Richter auf das Urteil einer autorisierten Verkehrskreisinstanz stützen kann. Während die Ethikkommission die Verhaltensbewertung ermittelt, müsste der Richter die „im Verkehr erforderliche Sorgfalt" theoretisch nur noch "abfragen". Dies bedeutet eine erhöhte Rechtssicherheit für den Forschungssektor, die sich auch motivierend auf die Forschungspraxis auswirken könnte. Vorausgesetzt ist allerdings eine sorgfältige Bewertung durch die Kommissionen, auf die unter B.[501] näher eingegangen wird.

Für die dogmatischen Fragestellungen kann an dieser Stelle festgehalten werden, dass durch die *Institutionalisierung von anerkannten Entscheidungsinstanzen* eine Lösung für fehlende übereinstimmende Bewertungen gefunden wurde.[502]

Mit einer Entscheidung der Ethikkommission wird allerdings nicht der Anspruch erhoben, einen allgemeingültigen Standard festzulegen. Die noch im Flusse befindlichen Bestrebungen zur Vereinheitlichung der Entscheidungsfindung[503] sprechen zum einen gegen die Repräsentativität einer Entscheidung. Vor allem aber wird eine Übertragung von inhaltlichen Vorgaben zum einzelnen Projekt auf das gesamte Gebiet medizinischer Forschung nur in seltenen Fällen möglich sein. Der Einsatz von Ethikkommissionen ersetzt somit den fehlenden Konsens nur für die Einzelfallentscheidung und dies zudem zeitlich beschränkt bis zum Erwerb andersartiger Kenntnisse.

---

[501] B. II. 3.
[502] Zur Erforderlichkeit eines solchen "Konsensforums" vgl. auch Winter/Fuchs, DÄBl. 2000, Heft 6, S. A - 301, A - 305.
[503] Dazu im 4. Teil C. II. 1., 2. Teil B. 2.

Im Gegenteil zur traditionellen Sorgfaltswidrigkeit sind die „kurzen Halbwertzeiten" der „erforderlichen Sorgfalt" typisch für eine Risikoentscheidung, da diese einen Entwicklungsprozess nur vorläufig reglementieren kann und soll.

3. Legitimation der "Institutionalisierungslösung" für die Sorgfaltsbestimmung

Die genannten Sorgfaltsanforderungen stellen schwerwiegende Eingriffe in die Forschungsfreiheit dar. Während durchaus strenge Handlungsbedingungen wegen des Erfordernisses auszugleichender Interessen gerechtfertigt sein können[504], muss bezüglich der Entscheidungsfindung die Frage aufgeworfen werden, ob dieses Ziel nicht ebenfalls durch eine Beschränkung eines zu gewährenden Beurteilungsspielraums des Forschenden verfolgt werden könnte. Die weitere Erörterung wird zeigen, warum diese Frage im Ergebnis zu verneinen ist.

a) Ausgleich von Kompetenzdefiziten

Es geht bei der Humanerprobung nicht mehr ausschließlich darum, menschliche Sinne, das Gewissen und medizinische Kenntnisse einzusetzen, sondern um eine *andersartige Entscheidung:* Für eine Beurteilung des Forschungsprojekts fehlen sowohl die wissenschaftliche als auch die gesellschaftliche Meinungsbildung über die Handlungsfolgen und die Höhe des hinnehmbaren Risikos. Der einzelne Arzt ist aber nicht imstande, diese immensen Defizite auszugleichen; eine umfassende Berücksichtigung ethischer und rechtlicher Gesichtspunkte kann von einer Einzelperson nicht erwartet werden. Denn *den einen Experten,* der eine kompetente Entscheidung über vorhandene Risiken des Forschungsprojekts und deren Tolerierbarkeit treffen könnte, gibt es nicht.

---

[504] Vgl. zum Interessenausgleich schon im Rahmen der Ermittlungspflichten bzgl. der Handlungsfolgen (A III).

Zu den Gründen für den Einsatz eines Gremiums mehrerer Mitglieder verschiedener Disziplinen kann zwar nicht die demokratische Partizipation oder die Mitverantwortung der Allgemeinheit zählen[505]; der Repräsentativität würde das Verfahren der Mitgliederbestimmung sowie die Anzahl der Kommissionsmitglieder entgegenstehen[506]. Dennoch wird in der Kommission eine Interessenvielfalt berücksichtigt[507]. Ausschließlich ein interdisziplinäres Kollektiv kann aber eine gewisse Beurteilungskompetenz für sich beanspruchen.

Der Einwand, durch den Einsatz von Ethikkommissionen würden rechtliche Steuerungsdefizite durch "Ethisierung" ersetzt und damit das Monopol auf die "richtige Ethik" in Form einer "Blankettermächtigung" vergeben[508], hat zwar einen zutreffenden Kerngehalt: Der Einsatz von Ethikkommissionen bedeutet unzweifelhaft eine Überantwortung von Entscheidungshoheit. Zum einen hat aber der deutsche Gesetzgeber bei der Novellierung des Arzneimittelgesetzes die Einflussnahme von Ethikkommissionen durchaus bedacht.[509] Zum anderen ist unrichtig, dass mit der Zuweisung von Entscheidungsbefugnissen eine Abkehr von einer rechtlichen zugunsten einer ausschließlich ethischen Steuerung des Forschungssektors verbunden ist. Durch die Berücksichtung einer *Interessenvielfalt* wird, im Gegenteil, die *"richtige"* Entscheidung erst herausgebildet: Erst die von den Ethikkommissionen festgelegten Sorgfaltsregeln und Bewertungen schaffen eine Handlungsvorgabe für den Forscher; für den Richter stellt die Bewertung der Ethikkommission die im Verkehrskreis geforderte Sorgfalt dar, die eine starke Indizwirkung für die *"erforderliche Sorgfalt"* im Rechtssinne darstellt.

---

[505] So aber Tiedemann, ZRP 1991, S. 54, 56; Vgl. auch Heike Jung, Entscheidungsprozesse, S. 401, 403.

[506] Die Ethikkommissionen bestehen in der medizinischen Praxis in der Regel aus 3 bis 13 Mitgliedern, zu denen überwiegend Ärzte und in aller Regel Juristen, kaum aber Philosophen, Theologen und "Laien" zählen; vgl. dazu Di Fabio, S. 218, FN 136 m. w. N.

[507] Vgl. Heike Jung, Entscheidungsprozesse, S. 401, 403.

[508] Gramm, WissR 1999, S. 209, 212, 222.

[509] BT-Drs. 9/1355, S. 22.

b) Ersatz fehlender Konsensbildungsprozesse

Ein weiterer Grund für den Einsatz von Ethikkommissionen liegt neben der Kompetenzvielfalt in deren *Eigenschaft als Kollektiv* begründet: Die Entscheidung eines Gremiums kann das Defizit eines Konsensbildungsprozesses ausgleichen. Die Herausbildung einer Übereinstimmung konnte bei den Standardbehandlungen für das Argument einer gereiften Entscheidung in Anspruch genommen werden. Einem Votum der Ethikkommission geht stets ein solcher Diskussionsprozess voraus, der eine übereinstimmende Entscheidung produziert, wenn dieser Konsens auch personell auf deren Mitglieder beschränkt ist. Die Beurteilung des Forschungsprojektes wird damit zwar nicht repräsentativ, ist aber als *qualitativ höherwertig* einzustufen als die Entscheidung des einzelnen Arztes. Ob sich diese ex post als "die richtige" Entscheidung herausstellt, bleibt dahingestellt, für die Beurteilung des Handlungsunrechts ist dies jedoch ohne Bedeutung.

c) Entscheidungsverlagerung: Kontroll- und Steuerungsfunktion

Ein weiterer Grund für die Integration einer Entscheidungsinstanz liegt in ihrer *Unabhängigkeit* gegenüber den involvierten Forschern begründet. Denn ausschließlich eine Instanz, deren Mitglieder einen gewissen persönlichen Abstand zum Forschungsprojekt einhalten, sind in der Lage, eine weitsichtige und unvoreingenommene Entscheidung zu treffen. Hier gewinnt der Gedanke der Kontrolle und der Steuerung von Forschung Gewicht, weil mit der Trennung von Forscher und Entscheidungsträger der Gefahr einer persönlichen Befangenheit vorgebeugt wird.

Eine Kontrolle ärztlicher Tätigkeit ist bereits vor dem Hintergrund des öffentlich-rechtlichen Charakters der Selbstverwaltungseinrichtungen impliziert. Neuartig ist in der Humanforschung allerdings die interdisziplinäre Zusammensetzung des Kontrollorgans sowie eine *unmittelbare inhaltliche Kontrolle* ärztlicher Entscheidungen. Diese dient der Sicherheit vor bewusstem ärztlichem Fehlverhalten und vermittelt, selbst wenn sie keine sichere Gefahrvermeidung bedeuten kann, ein subjektives Sicherheitsgefühl für den Patienten sowie den Arzt.

Selbst wenn dieses in mancher Hinsicht trügerisch ist, begründet es doch das gesellschaftliche Vertrauen in die Humanforschung. Dies stellt eine nicht zu unter-
schätzende Voraussetzung für die Funktionstüchtigkeit eines wichtigen Lebensbereichs dar. Damit wird deutlich, dass mit dem Einsatz von Ethikkommissionen
nicht ausschließlich der Schutz des einzelnen Patienten bezweckt ist, sondern
auch die Wahrung medizinischer Ethik und die Festlegung von Wertmaßstäben:
Vertrauensschutz und Erwartungssicherheit spielen eine wesentliche Rolle für die
Steuerung der Humanforschung.

Auch in standardisierten Lebensbereichen ist zwar der Rechtsgüterschutz für Leben und Gesundheit immer relativ an ethischen Wertmaßstäben ausgerichtet:
Denn das Strafrecht orientiert sich im Interesse der staatlichen Gemeinschaft an
dem Erhalt der Grundwerte und der Bewahrung des Rechtsfriedens innerhalb der
Gesellschaft; es ist also auf ein geordnetes gesellschaftliches Zusammenleben
gerichtet.[510] Ethik spielt aufgrund der Unsicherheit in der medizinischen Erprobung
allerdings eine wesentlich größere Rolle. Nach dieser Lösung ist es den Ethikkommissionen aufgetragen, insoweit eine Kontrolle und Steuerung vorzunehmen.

IV. Sicherheit durch Verfahren

1. Handlungs- und Entscheidungsformalisierung

Die bisherige Untersuchung deutet auf die Ausgestaltung der "Sorgfaltspflichten"
in Gestalt von Verfahrensregeln[511] hin, die in zwei Kategorien eingeteilt werden
können. Zur einen gehören die *konkreten Anweisungen zur Vornahme einer*
Handlung; dazu zählen zum Beispiel die Bereitstellung von Instrumenten und Materialien, die Erstellung eines Prüfplans und auch die Durchführung von Voruntersuchungen. Dabei handelt es sich um den eigentlichen Eingriff vorbereitende und
begleitende Maßnahmen. Davon zu unterscheiden sind die Anforderungen, die
unmittelbar den *Entscheidungsprozess*, also die Abwägung, betreffen.

---

[510] BVerfGE 51, 324, 343.
[511] Dazu 3. Teil B. I.

Beide Kategorien sind auf die Vermeidung einer Rechtsgutsverletzung gerichtet und im Sinne der "relativen Gefahrvermeidepflicht"[512] so ausgestaltet, dass sie zumindest die Reduzierung der möglichen Rechtsgutsgefahren leisten können.

"Sicherheit durch Verfahren" ist zwar keine neue Antwort auf die Herausforderungen in der "Risikogesellschaft"[513]. Am Beispiel des (Human-) Forschungssektors sollen im Folgenden aber dennoch einige Unterschiede zu "bewerteten Lebensbereichen" herausgestellt werden, die auf dem abweichenden Verhältnis von Sorgfaltsregel, Gefahr (-vermeidung) und Rechtsgutsverletzung beruhen und zu einer differierenden Beurteilung des Charakters und der Legitimation von Sorgfaltsregeln führen.

2. Charakter und Legitimation von Verfahrensvorschriften

In bereits bewerteten Lebensbereichen lässt sich ein Zusammenhang zwischen Sorgfaltsregel, Gefahr und Rechtsgutsverletzung erkennen, der für den Forschungsbereich keine Geltung beanspruchen kann: Grundsätzlich werden mit den "Sorgfaltspflichten" Handlungen beschrieben, die zur Verhinderung einer Gefahrenverwirklichung tauglich sind.

Daher kann die Regel gelten, dass bei Einhaltung der Sorgfalt eine Rechtsgutsverletzung vermieden wird, wenn nicht äußere, täterunabhängige Bedingungen hinzutreten. Die generelle Eignung zur Vermeidung von Rechtsgutsverletzungen ist ein typisches Charakteristikum der Sorgfaltsregeln. Zudem werden Handlungsbedingungen nur an Verhaltensweisen geknüpft, die ein gewisses Gefahrenpotential beinhalten; bei Nichteinhaltung der Sorgfaltsanforderungen liegt daher der Eintritt einer konkreten Gefahr oder einer Rechtsgutsverletzung nahe. Dies resultiert aus der Kenntnis von Handlungszusammenhängen, also aus Erfahrungen über kausale Verläufe.

---

[512] Dazu schon 2. Teil D. II.
[513] Zur "Risikogesellschaft" schon 1. Teil A.

So wird zum Beispiel das Verhalten von Kraftfahrzeugführern als potentiell gefährlich eingestuft. Gefährlich deshalb, weil mit dem Betrieb eines Kraftfahrzeugs ein
großes Maß an Energie freigesetzt wird, wodurch leicht die Grenzen menschlichen
Beherrschungsvermögens überschritten werden können. So liegt es etwa bei
überhöhter Geschwindigkeit, die mit der Begrenztheit menschlichen Reaktions-
vermögens nicht in Einklang zu bringen ist. Hält sich der Kraftfahrzeugführer aber
an die vorgegebene Höchstgeschwindigkeit, und tritt nicht das regelwidrige
Verhalten anderer Straßenverkehrsteilnehmer (täterunabhängige Bedingungen)
hinzu, wird in aller Regel bereits die zu einem Unfall führende   Situation (also
die Konkretisierung der Gefahr) verhindert; eine Rechtsgutsverletzung bleibt aus,
weil beispielsweise ermittelt worden ist, dass eine bestimmte Straßenführung das
Befahren mit bis zu 30 km/h zulässt oder eine Ampelschaltung eine Kollision von
Fahrzeugen vermeidet.

Dieser Zusammenhang geht zwar nicht soweit, dass die Einhaltung von Sorgfaltsregeln stets die Verhinderung eines Erfolgseintritts bedeutet. Bezüglich zukünftiger
Ereignisse verbleibt selbst in bekannten Lebenssituationen eine gewisse Unsicherheit. Sorgfaltsmaßnahmen können daher immer nur eine Gefahren*minimierung* leisten, nie aber eine Garantie für eine Erfolgsverhinderung bieten. Es geht
also stets um die Herabsenkung von Risiken auf ein Maß, das *tolerabel* ist. Da die
Straßenverkehrsregeln aber grundsätzlich tauglich sind, Rechtsgutsverletzungen
zu verhindern, kann das mit dem Betrieb eines Kraftfahrzeugs verbleibende Risiko
als toleriert gelten.

In bewerteten Lebensbereichen sind Sorgfaltsregeln also *Risikoverringerungs-
maßnahmen, die allerdings in aller Regel eine Rechtsgutsverletzung verhindern,*
während ihre Missachtung grundsätzlich zu einer Gefährdung oder Verletzung
führt. Ein solches *Regelverhältnis* kann mangels Erfahrungswerten in der Humanforschung nicht bestehen.

a) Legitimation als Reaktion auf eine Gefahr

Im Forschungsbereich ist bereits die Festlegung einer Gefahrensituation problematisch. Konkrete Erfahrungswerte, die bei Beurteilung einer Lebenssituation auf
eine Rechtsgutsverletzung schließen lassen, existieren nicht.

Vielmehr ist unklar, ob eine neue Therapie zum Tode des Versuchsteilnehmers
oder zu einer Gesundheitsverschlechterung führen kann. Genaugenommen sollen
bei der Humanerprobung erst die ersten "Sorgfaltspflichten" - die Pflicht des Forschers zur Gewinnung von Kenntnissen über den Kausalverlauf - die Konsequenzen des Handelns erhellen und damit eine Feststellung der Gefahr ermöglichen.

Diese Sorgfaltsanforderung knüpft damit entgegen dem traditionellen Gefahrenverständnis gerade nicht an der Bekanntheit von Gefahren an, sondern an einem
"Gefahrenverdacht".[514] In der Konsequenz führt also die *unsichere Beurteilungs-
grundlage* zur Konstitution von Verhaltensanforderungen. Dies stellt einen maß-
geblichen Unterschied dar, der sich auf die Legitimation von Sorgfaltsanforderungen in der Humanforschung auswirkt. Deren Anknüpfen an eine Unsicherheitssituation bedarf einer gesonderten Begründung für den Forschungssektor, auf die in
den folgenden Ausführungen eingegangen wird.

b) Eignung zur Vermeidung von Rechtsgutsverletzungen

Die Frage nach der Legitimation von Handlungsbeschränkungen ist mit der Ausweitung des Gefahrbegriffs auf die potentiellen Gefahren des Forschungseingriffs
nicht vollständig beantwortet. Denn üblicherweise sind die "Sorgfaltspflichten" "Ri-
sikoreduzierungsmaßnahmen"[515], die in aller Regel zur Verhinderung von Rechtsgutsverletzungen geeignet sind. In der medizinischen Erprobungsphase fehlt es
aber zwangsläufig am Erfahrungswissen zur Wahrscheinlichkeit der Verhinde-
rungswirkung. Es kann daher nicht diese Wirkung sein, die eine Einschränkung
der Handlungsfreiheit durch „Sorgfaltspflichten" rechtfertigt.

---

[514] Dazu schon 2. Teil C. II.
[515] Dazu schon 2. a)

Vielmehr ist es die *theoretische Möglichkeit*, die eventuellen Gefahren zu reduzie-ren. Indem sich die Verhaltensvorschriften damit aus einer Pflicht zu einer mögli-chen Vermeidung einer denkbaren Ursachensetzung legitimieren, tritt das "nemi-nem-laede Gebot"[516] in Gestalt einer weitverstandenen Rücksichtnahmepflicht hervor. Wenn sich die Sorgfaltsanforderungen im Humanforschungsbereich auch von Sorgfaltsregeln in bekannten Lebensbereichen unterscheiden, haben sie den-noch die gleiche Zielsetzung: Den Schutz des Rechtsguts. Ein derart weit verstan-denes Rücksichtnahmegebot zielt aber zusätzlich auf die Eingrenzung von gesell-schaftlicher Verunsicherung, die durch Kontrollmechanismen gewährleistet wer-den kann: Eine Handlung, die die abstrakte Möglichkeit einer Verletzung elemen-tarer Rechtsgüter birgt, ist nur dann als erlaubt zu bewerten, wenn der Handelnde den *gesellschaftlichen Sicherheitserwartungen* nachkommt. Eine Abkehr vom Ziel des Strafrechts, Rechtsgüterschutz zu gewährleisten, ist damit nicht verbunden, weil auch die "Stabilisierung von Normansprüchen"[517] letztlich die Motivation zur Vermeidung verletzungsgeeigneter Verhaltensweisen erhöht.[518] Die Einhaltung der herausgearbeiteten Verfahrensvorschriften ist danach notwendig und auch ausreichend, die "unbeherrschbare Gefahr" als ein *"kalkuliertes Risiko"* erscheinen zu lassen[519].

3. Charakter von Ermittlungspflichten im Besonderen

a) Zweischrittige Prüfung

Die angesprochenen Pflichten zur Ermittlung der bestehenden Gefahr und deren Bewertung bedingen einen weiteren Unterschied zwischen den Verfahrensvor-schriften in der Humanerprobung und den übrigen "Sorgfaltspflichten".

---

[516] Dazu 2. Teil D II.
[517] Wohlers, S. 216.
[518] Jakobs (Strafrecht AT, S. 35) hält sogar die "Enttäuschungsfestigkeit der wesentlichen norma-tiven Erwartungen" selbst - und nicht die individuellen Rechtsgüter - für das durch das Straf-recht zu schützende Gut.
[519] Während "Gefahr" schon nach dem allgemeinen Wortverständnis eine bestehende Situation beschreibt, wird ein Risiko bewusst "eingegangen"; Es hat mit Entscheidungen zu tun, also mit Entscheidungsmacht, einer gewissen "Beherrschbarkeit". Zu den Begriffen von "Gefahr" und "Risiko" als Bezeichnung für Zurechnungsmodi: Di Fabio, S. 56 ff. m. w. N.

Während bei der Missachtung jener ein Handlungsverbot besteht, sind die Ermittlungspflichten grundsätzlich nur darauf zugeschnitten, *vorläufige Handlungsverbote* zu konstituieren. Aus ihnen resultiert eine zweischrittige Prüfung der Sorgfalt, indem erst die Ergebnisse aus den Voruntersuchungen und das zu erstellende Votum der Ethikkommission die endgültigen Handlungsbeschränkungen benennbar machen. Ermittlungspflichten bedeuten damit nicht nur eine zeitliche Vorverlagerung von Handlungspflichten, sondern sie sind für das eigentliche Handlungsverbot von *konstitutiver* Bedeutung. Missachtet der Forscher schon diese Verfahrensvorschriften, muss allerdings das vorläufige Verbot entscheidend werden. Die Qualifizierung der Handlung als "unerlaubt" basiert dann letztlich auf der *Unterstellung des Potentials zur Rechtsgutsverletzung*, also auf der Unsicherheit.

b) Flexible Gestaltungsmöglichkeit von Recht

Mit dieser Lösung einer zweischrittigen Prüfung ist eine flexible Gestaltungsmöglichkeit von Recht gewonnen: Mit der Ermittlungspflicht als Verfahrensgebot kann auf alle Unsicherheiten des Forschungsbereichs reagiert und eine vorläufige Bewertung von neuartigen Therapiemethoden getroffen werden.

Insbesondere für das Merkmal des "erlaubten Risikos" bedeutet diese Flexibilität aber ebenfalls, dass wechselnde rechtspolitische Fragen und Wertungen für das Strafrecht an Bedeutung zunehmen; es ist damit einem verstärkten Wandel unterworfen. Lediglich auf den ersten Blick scheint dies die Gefahr der Erschwerung der Erkennbarkeit des erlaubten Verhaltens zu begründen. Zur Entkräftung dieses Einwands ist von Bedeutung, dass die Ermittlungspflichten als solche gerade eine offensichtlich erkennbare Konstante darstellen, die dem forschenden Arzt nicht weniger Sicherheit bietet, als er im Hinblick auf seine sonstige Tätigkeit gewohnt ist. Die Ermittlungspflichten sind klare, einhaltbare Regeln.

Dass die Flexibilität von Sorgfaltsregeln zu einem "symbolischen Strafrecht"[520] führen könnte, weil es sich an der gesellschaftlichen Erwartung ausrichtet, ist letztlich ebenfalls kein stichhaltiges Argument gegen die Ermittlungspflichten. Ein symbolischer Charakter ist den Strafnormen stets immanent, da sie das für die Gemeinschaft inakzeptable Verhalten benennen und es mit Strafe bedrohen müssen, um es zu verhindern[521]. Die strafrechtlichen Verbote bezwecken gerade eine Richtungsvorgabe für menschliches Verhalten.

Symbolischen Charakter in dem Sinne, dass allein aus Gründen von Moral oder gesellschaftlicher Konvention Strafnormen statuiert werden - der symbolische Effekt also alleiniger Zweck und Rechtfertigung des Strafrechtseinsatzes ist -[522] haben die Verfahrensvorschriften aber nicht. Denn die Verhaltensvorgabe basiert auf der Intention des Rechtsgüterschutzes, dem durch eine Minimierung des Gefahrenpotentials Rechnung getragen wird.

4. Zwischenergebnis

Zum Charakter der Verfahrensregeln ist deren Ausrichtung an der Reduzierung von Rechtsgutgefahren festzuhalten; eine Wahrscheinlichkeitsaussage über den Eintritt einer Verletzung und über deren Verhinderung bei Einhaltung der Sorgfaltsregeln bleibt allerdings unmöglich.

Nur mit Hilfe von Ermittlungspflichten kann die Unsicherheit über die Forschungsfolgen und damit die Gefahr[523] reduziert werden. Das sich anschließende Verfahren der Risikobewertung ist dann auf die Ermittlung der Tolerierbarkeit des Risikos gerichtet und schafft primär ein diesbezügliches gesellschaftliches Vertrauen. Die Verfahrensvorschriften dienen damit ebenfalls dem gesellschaftlichen Bedürfnis nach Sicherheit.

---

[520] Vgl. zum Diskussionstand zum "symbolischen Strafrecht", Prittwitz, S. 253 ff.
[521] Prittwitz, S. 255 ff.
[522] Prittwitz (S. 256) hält dies für das maßgebliche Unterscheidungskriterium zwischen zulässiger und fragwürdiger Symbolik.
[523] Vgl. zu einem weiten Gefahrenverständnis 2. a), 2. Teil C. II.

V. "Risikomanagement": Verhältnismäßigkeit einer strafrechtlichen Erfassung

Die bisherigen Erörterungen haben gezeigt, dass der Humanforschungsbereich mit der Theorie der objektiven Sorgfaltspflichtverletzung von den §§ 222, 229 StGB durchaus erfassbar ist. Wenn sie auch gewisser Umgestaltungen bedarf, und sich die "Sorgfaltspflichten" in ihrem bisherigen Verständnis wandeln, ist die Erstellung eines Sorgfaltskatalogs in Anlehnung an die bestehenden Methoden möglich.

Einer strafrechtlichen Erfassung der Humanerprobung steht das Fehlen transparenter Kriterien daher nicht entgegen[524]. Dennoch könnte mit der Zuweisung der Forschungsrisiken zum Aufgabenkreis der Rechtspolitik eine Entkriminalisierung gefordert werden[525]. Eine solche ist aber dann nicht überzeugend, wenn das Verhaltensverbot und damit eine Verurteilung wegen fahrlässiger Tötung oder Körperverletzung verhältnismäßig sind.

1. Sorgfaltsgebote als Freiheitsbeschränkungen

Als Kernproblem stellt sich die grundsätzliche Bewertung der durch §§ 222, 229 StGB geschützten Werte im Verhältnis zu den Freiheitsrechten der Forscher dar.

Obwohl der Stellenwert von Leben und körperlicher Unversehrtheit durch die Anerkennung von staatlichen Schutzpflichten[526] zum Ausdruck kommt, ist doch die Verhältnismäßigkeit einer Beschränkung der Forschungsfreiheit nach Art. 5 Abs. 3 GG durch sanktionierte Sorgfaltsgebote im Humanforschungsbereich sorgfältig zu überprüfen. Erinnert sei daran, dass die Forschungsfreiheit nur durch kollidierende Verfassungsgüter beschränkbar ist.[527]

---

[524] Das Strafrecht ist also jedenfalls nicht mangels Eignung transparenter Qualitätskriterien als "Fremdkörper" in der Konstellation zwischen ärztlichem Handeln, Justiz und Organisationen des Gesundheitswesens zu bezeichnen, vgl. Lilie/Orben, ZRP 2002, S. 154, 158.

[525] Für eine Entkriminalisierung: Lilie/Orben, ZRP 2002, S. 154, 158 f.

[526] Vgl. BVerfGE 39, 1, 45 ff.

[527] Vgl. 2. Teil D. II.

Während die strafrechtliche Regulierung zum Rechtsgüterschutz geeignet ist, stellt die Erforderlichkeit von sanktionierten Sorgfaltsgeboten das fragliche Moment dar.

2. Erforderlichkeit einer Verbotsnorm

Maßgeblich für die Frage der Erforderlichkeit ist der "ultima - ratio Gedanke" des Strafrechts: Es besteht nur eine relative Verpflichtung zur Strafdrohung, die von der Unzulänglichkeit anderer Mittel abhängt.[528]

Ist das Mittel der Strafdrohung in der Humanforschung erforderlich, oder hat die "wissenschaftliche Gebotsnorm" als solche genügend Anerkennung, beziehungsweise ist das berufsrechtliche Sanktionssystem ausreichend zum Schutze der Versuchsteilnehmer?

Neben der Verweigerung von Publikationen oder Forschungsgeldern bei Nichtanhörung von Ethikkommissionen[529], werden dazu vor allem die Regelungen der Kammergesetze relevant. So sieht beispielsweise das Niedersächsische Kammergesetz für die Heilberufe (HKG)[530] bei einem Verstoß gegen Berufspflichten in § 63 Abs. 1 HKG folgende berufsgerichtlichen Maßnahmen vor: Den Verweis (Nr. 1), die Geldbuße bis zu 50.000 Euro (Nr. 2), die Entziehung des Berufswahlrechts auf die Dauer von fünf Jahren (Nr. 3) sowie die Feststellung der Unwürdigkeit zur Ausübung des Heilberufes (Nr. 4). Zudem besteht die aufsichtsbehördliche Möglichkeit zur Entziehung oder der Anordnung des Ruhens der ärztlichen Approbation, wenn in einem ärztlichen Fehlverhalten die Unwürdigkeit zur Ausübung des Heilberufes zum Ausdruck kommen sollte.

Obwohl diesen Konsequenzen durchaus spezialpräventive und generalpräventive Wirkung innerhalb der Ärzteschaft zugesprochen werden könnte, sind sie gemessen an der Strafdrohung der §§ 222, 229 StGB als relativ mild zu bewerten.

---

[528] So BVerfGE 39, 1, 45 ff.
[529] Vgl. 4. Teil C. VI. 1.
[530] Kammergesetz für die Heilberufe (HKG), v. 8. Dezember 2000 (Nds. GVBl Nr. 23/2000, S. 303).

Dies gilt insbesondere aus der Perspektive eines durch ein fehlerhaftes Projekt der Humanforschung geschädigten Opfers. Dem Vergeltungsanspruch[531] scheint durch eine staatliche Sanktionierung besser Rechnung zu tragen zu sein. Es geht in der Humanforschung um höchstpersönliche Rechtsgüter, die enormen Gefahren ausgesetzt sind; eine öffentliche Missbilligung, der in Form der öffentlichen Anklage deutlich Ausdruck verliehen wird, scheint vonnöten, den präventiven Verhaltensgeboten genügend Geltungskraft zu verschaffen und das gesellschaftliche Vertrauen in die Forschung durch Kontroll- und Sanktionsmöglichkeiten zu stärken.

Dieses Ergebnis steht im Einklang mit der unbestrittenen Akzeptanz strafrechtlicher Sanktionen neben den berufsrechtlichen Maßnahmen im Bereich ärztlicher Standardtherapien.

3. Angemessenheit einer Verbotsnorm

Da die Einhaltung der Sorgfaltsgebote in der Regel lediglich eine zeitliche Verzögerung des Forschungsprojekts bedeutet, Leben und Gesundheit dadurch aber erhöhten Schutz erfahren und die gesellschaftliche Erwartungssicherheit befriedigt wird, ist auch die Angemessenheit zu konstatieren. Die Freiheitsbeschränkung ist vor dem Hintergrund des erzielten Schutzes von körperlicher Unversehrtheit und Leben im Ergebnis als verhältnismäßig zu bewerten.

---

[531] Vgl. zu den Strafzwecken BVerfGE 21, 391, 404: "Strafe ist, unbeschadet ihrer Aufgabe abzuschrecken und zu resozialisieren, Vergeltung für begangenes Unrecht".

B. Inhalt der Sorgfaltsanforderungen

Aus den bisherigen Überlegungen hat sich ergeben, dass der Bereich der Humanforschung methodisch von den Fahrlässigkeitsdelikten der §§ 222, 229 StGB erfasst werden kann. Ob wegen der häufig zu erwartenden Schwierigkeiten in Bezug
auf die Zurechnung des tatbestandlichen Erfolges de lege ferenda eine besondere
gesetzliche Erfassung notwendig oder wünschenswert wäre, soll im sechsten Teil
näher beleuchtet werden. Im Folgenden wird zunächst der Versuch unternommen,
eine Konkretisierung der angesprochenen Verhaltensregeln vorzunehmen. Nach
einer kurzen Darlegung und Bewertung der Sorgfaltskriterien nach Literatur und
Rechtsprechung soll auf die inhaltlichen Anforderungen eingegangen werden.

I. Sorgfaltsanforderungen nach Literatur und Rechtsprechung

Im Laufe der bisherigen Untersuchung wurden Sorgfaltskriterien herausgearbeitet,
die eng mit der Betrachtung der dogmatischen Fragestellungen verbunden sind.
An einer solchen Perspektive fehlt es meistens bei den Anforderungen an die Humanforschung von Literatur und Rechtsprechung.

1. Einordnung der Problematik zu den Grundsätzen der Heilbehand-
lung

Häufig wird zur rechtlichen Behandlung der Humanforschung auf die "Grundsätze
des ärztlichen Heileingriffs" Bezug genommen[532]. Dabei wird zwar erkannt, dass
die fehlende wissenschaftliche Erprobung einen Unterschied zu den Standardbehandlungen darstellt. Argumentiert wird beispielsweise, dass es deshalb am
Rechtfertigungsgrund der Indikation fehle, und daher dieses Kriterium ersetzt werden müsse[533].

---

[532] Z. B. BGH in NJW 1978, S. 1681, 1682; Hirsch, S. 13; Laufs, Arztrecht, S. 385, 389; Peter,
S. 50 ff., 53.
[533] Peter, S. 50 ff., 53.

Mit der Ausrichtung der Problemstellung auf den Ersatz einer speziellen medizin-rechtlichen Rechtfertigungsvoraussetzung, versperrt diese Sonderbehandlung ärztlicher Eingriffe den Blick auf das Grundsatzproblem: Die Problematik der Be-stimmung fahrlässigen Verhaltens im Forschungsbereich ist eine generelle. Zu-dem führt das Fehlen von Erfahrung und Konsens gerade dazu, dass die Situation medizinischer Erprobung nicht mit der Heilbehandlung vergleichbar ist. Die Grundsätze des ärztlichen Heileingriffs basieren größtenteils auf der ärztlichen Heilintention und der Anwendung standardisierter Therapien. In der Humanfor-schung fehlt es jedoch gerade an der zweiten konstitutiven Voraussetzung, und auch das neben die Heilintention tretende Forschungsinteresse widerspricht der Übertragbarkeit dieser Grundsätze. Daher ist eine Loslösung von den Grundsät-zen der Heilbehandlung konsequent und erforderlich.

2. Reduktion auf Abwägung und Einwilligung

Zudem wird mit einer weitgehenden pauschalen Reduktion auf die Voraussetzun-gen der medizinischen Vertretbarkeit, die als Abwägungserfordernis zu interpretie-ren ist[534], sowie auf die Aufklärung und die Einwilligung[535] zu kurz gegriffen.

Erstens fokussiert sich die Problematik fehlender Erfahrungswerte und überein-stimmender Beurteilungen damit auf die Abwägungsvoraussetzung, ohne dass diese aber eine nähere Konkretisierung erfährt. So heißt es etwa, dass die Abwä-gung "im Hinblick auf das objektive Forschungselement" des Forschungseingriffs gefordert sei[536]; beim Humanexperiment würden der Abwägung nur strengere Grenzen gesetzt.[537] Konkretere Untersuchungen zu den Voraussetzungen der erlaubten Humanforschung[538] werden zumeist nicht unter der dogmatischen Fra-gestellung des Erfahrungs- und Konsensersatzes erörtert.

---

[534] Schreiber, S. 303, 311.
[535] Vgl. Hasskarl, S. 69 ff.; Hirsch, S. 13; Lang, S. 1 ff.
[536] Keller, MedR 1991, S. 11, 15.
[537] Laufs (VersR 1978, S. 385, 389) meint, die Aufklärung müsse beim Humanexperiment sorgfäl-tiger erfolgen.
[538] Vgl. z. B. Deutsch, Medizinische Versuche, S. 25, 29; Hart, MedR 1994, S. 94, 96.

Zudem wird der Prozess der Entscheidungsfindung nicht dadurch deutlicher, dass eine allgemeine prognostische Nutzen/Risiko-Abwägung - und zwar sowohl bezüglich des Humanexperimentes ("wissenschaftlicher Nutzen") wie des Heilversuchs ("therapeutischer Nutzen") - und eine konkret-individuelle prognostische Nutzen/Risiko-Abwägung der in Aussicht genommenen Behandlung ("individueller/therapeutischer Nutzen") gefordert wird[539]. Denn eine inhaltliche Konkretisierung der Abwägung resultiert daraus nicht.

Zum anderen geht mit der starken Betonung von Aufklärung und Einwilligung die Gefahr einher, forschungsimmanente Unsicherheit letztlich allein auf den Patienten zu übertragen[540]. Dieser wird aber mit einer unabhängigen, sachlichen Entscheidung in aller Regel überfordert sein, wenn eine Aufklärung keine dezidierte Offenlegung der Abwägungskomponenten enthält. Zudem soll nach höchstrichterlicher Rechtsprechung nur die Einwilligung in sorgfältige Handlungen wirksam sein, wie der Bundesgerichtshof sogar für den Fall eines Humanexperimentes im "Thorotrastfall" entschieden hat[541]. Auch in einer jüngeren Entscheidung bestätigte das OLG Karlsruhe die Auffassung, dass in Behandlungsfehler nicht wirksam eingewilligt werden kann.[542] Wenn auch die Zustimmung des Versuchsteilnehmers erheblich ist, bleibt also die Frage sorgfältigen Verhaltens zum Zwecke einer Unrechtsbeurteilung noch zu beantworten.

Solange nicht von den dogmatischen Fragestellungen ausgegangen wird, kann es bei einer pauschalen Reduktion auf Abwägung und Einwilligung nicht um die Lösung forschungsbedingter Besonderheiten gehen. Mit einem Rückgriff auf die speziellen arzneimittelrechtlichen Vorschriften wird diesem Ziel dagegen näher gekommen.

---

[539] Vgl. Hart, MedR 1994, S. 94, 96, 103.
[540] Vgl. Eser, ZStW 1997, S. 1, 14; Hirsch, S. 16; Laufs, Arztrecht, S. 387.
[541] BGHZ 20, 61("Thorotrastentscheidung").
[542] OLG Karlsruhe, MedR 2003, S. 104.

3. Analoge Anwendung der §§ 40 ff. AMG

Im juristischen Schrifttum wird für die klinischen Studien auf eine analoge Anwendung der Voraussetzungen aus dem AMG verwiesen[543]. Diese setzen neben der Zustimmung des Versuchsteilnehmers vor allem eine wissenschaftlich relevante Fragestellung, etablierte Regeln zur Versuchsdurchführung, eine Risiko-Nutzen-Abwägung und das Anfertigen eines Forschungsprotokolls voraus.[544] Wie aber diese Anforderungen in die strafrechtliche Dogmatik und Methodik zu integrieren sind, bleibt unbeantwortet; dies gilt vor allem für die Bedeutung von Ethikkommissionen[545]. Insgesamt wird aber zu Recht der Vorbildcharakter des gesamten Regelwerks betont.[546]

II. Mindestmaß an Sorgfaltsanforderungen für klinische Prüfungen

Im Hinblick auf die inhaltliche Ausgestaltung der Verhaltensregeln werden im Folgenden die Mindestanforderungen an die in der Humanforschung anzuwendende Sorgfalt dargestellt, die sich bislang herauskristallisiert haben.

1. Differenzierung nach Fallkonstellationen

Aufgrund der Erkenntnis, dass sich die fehlenden Erfahrungswerte für die rechtliche Beurteilung beim *Heilversuch und Humanexperiment am einzelnen Versuchsteilnehmer* sowie auch in *klinischen Studien* auswirken, sollen im folgenden diese zwei Fallkonstellationen unterschieden werden.

---

[543] Für eine analoge Anwendung der Regelungen des AMG: Bork, NJW 1985, S. 654, 655 f.; Hart, MedR 1994, S. 94, 95; Kollhosser/Kubillus, JA 96, S. 339, 343; Kollhosser/Krefft, MedR 1993, S. 93, 96; Laufs, VersR 1978, S. 385, 388; Peter, S. 96; Stock, S. 92, 98 ff.

[544] Vgl. etwa Deutsch, Medizinische Versuche, S. 25, 29.

[545] Obwohl der Titel eine solche Auseinandersetzung vermuten lässt, stellt Kreß in seiner Abhandlung über "die Ethikkommission im System der Haftung bei der Planung und Durchführung von medizinischen Forschungsvorhaben am Menschen" nur die Frage nach den Auswirkungen eines Votums der Ethikkommission (z. B. S. 108).

[546] So Hart (MedR 1994, S. 94, 95) und Laufs (VersR 1978, S. 385, 388); Kollhosser/Krefft (MedR 1993, S. 93, 96) fordern die Anwendung der §§ 40 ff. AMG auch für Forschung außerhalb der Arzneimittelerprobung: "Insbesondere" sei ein Prüfplan und das Ausschöpfen von Erkenntnisquellen erforderlich.

Bezüglich der Sorgfaltsanforderungen ist an der Einteilung festzuhalten, die an die Wahrnehmbarkeit der Sicherheitsvorkehrungen anknüpft. Zu den "konkreten Handlungsanforderungen" gehören die sinnlich wahrnehmbaren Faktoren, die üblicherweise unmittelbar überprüfbar sind. Mindestens zählen hierzu das Einholen der Zustimmung, die Durchführung von Voruntersuchungen, die Erstellung eines Prüfplans und die Vorlage bei einer Ethikkommission. Die notwendige Formalisierung des Entscheidungsprozesses bedingt die Anforderungen an die Abwägung: Diese sollen als "Entscheidungsanforderungen" bezeichnet[547] und durch Mindestvorgaben und Grenzregeln konkretisiert werden.

2. Handlungsanforderungen

a) Einholen der Zustimmung des Versuchsteilnehmers

In den Regelwerken zur Humanforschung ist die Zustimmung des Versuchsteilnehmers zu Recht in den Katalog der Zulässigkeitsvoraussetzungen aufgenommen worden; und zwar gleichrangig mit der Abwägung und anderen Kriterien. Eine Zuordnung der Zustimmung zu der tatbestandlich relevanten Sorgfalt, scheint sich nach der aktuellen Rechtslage des StGB zu verbieten[548]; der Wortlaut des § 228 StGB spricht von "Einwilligung" und weist diese den Rechtfertigungsgründen zu [549]

Dabei hat der Gesetzgeber aber die forschungsbedingten Schwierigkeiten bei der Fahrlässigkeitsbestimmung nicht explizit regeln wollen. Deshalb könnte die Abweichung von der dogmatischen Einordnung der Zustimmung zugunsten einer Tatbestandslösung begründbar sein, wenn eine Zuordnung der Humanerprobung zum Anwendungsgebiet des § 228 StGB ausgeschlossen wäre.

---

[547] Vgl. 4. Teil D.
[548] Dazu schon 4. Teil C. III.
[549] Siehe auch BGHSt 6, 232; 17, 359; KG, JR 1954, S. 428, 429; Celle, NJW 1964, S. 736; LK-Hirsch, § 228, Rn 1.

Ein wesensbestimmender Unterschied zwischen Forschungseingriffen und "üblichen Körperverletzungen" liegt darin, dass diese in aller Regel ohne Zweckset-
zungen erfolgen, die gesellschaftlich wünschenswert erscheinen. Selten geht es
um die Verfolgung gleichrangiger oder höherwertiger Interessen, so dass die
nachteilige Veränderung körperlicher Integrität grundsätzlich Unrecht darstellt. Sie
wird nur unter dem Gesichtspunkt der Selbstbestimmung des Rechtsgutsträgers
toleriert.

Beim Heilversuch geht es hingegen um die Verbesserung des Gesundheitszustandes des Patienten und beim Humanexperiment um medizinischen Fortschritt.
Beide Zielsetzungen sind also im Grundsatz wünschenswert, mehr noch: Die Gesellschaft fühlt sich diesen sogar verpflichtet. Dabei ist die Zielsetzung nicht der
alleinige Grund, eine Erprobung als erlaubtes Verhalten zu qualifizieren. Neben
dieses subjektive Element treten die objektiven Sicherheitsmaßnahmen, in die die
Handlung bei der Humanforschung eingebettet ist. Voruntersuchungen, eine for-
malisierte Entscheidungsfindung und ein Votum der Ethikkommission lassen die
Handlung auch aufgrund objektiver Kriterien in einem anderen Lichte erscheinen
als typische tatbestandliche Körperverletzungen.

Dies steht der grundsätzlichen Qualifizierung von Humanerprobungen als un-
rechtmäßig entgegen. Vielmehr kommt es generell auf eine Interessenabwägung
an, die im Tatbestand Platz finden muss.[550] Die Regel, dass jeder körperliche Eingriff Unrecht darstellt, wenn dieser nicht ausnahmsweise aufgrund der Entschei-
dungsautonomie des Betroffenen toleriert wird, kann also für die Humanforschung
nicht gelten. Aufgrund der Wesensfremdheit der Humanerprobung im Vergleich zu
"üblichen Körperverletzungen", kann die Einordnungsvorgabe des § 228 StGB
deshalb auch außer Betracht bleiben: Das der Vorschrift zugrundeliegende Regel-
Ausnahmeverhältnis trifft nicht zu.

---

[550] Dazu schon 2. Teil D. II.

Diese Überlegungen lassen sich übertragen auf den „lege artis" durchgeführten ärztlichen *Heileingriff.* Zu Recht werden Bedenken geäußert, den Arzt, der einen kunstgerechten therapeutischen Eingriff zum Wohle des Patienten vornimmt, einem „Messerstecher" gleichzustellen[551].[552] Dogmatisch begründbar ist der Unterschied zwischen Heileingriff und gezielter Verletzungshandlung, weil letztlich eine Interessenabwägung für die generelle Erlaubtheit, bzw. Verbotenheit eines Verhaltens entscheidend sein muss. Für eine derartige Abwägung können aber das Ziel sowie die Art und Weise eines körperlichen Eingriffs eine Rolle spielen. Die Regel, dass die körperliche Unversehrtheit vor jeglichen Eingriffen zu schützen ist, selbst unter der Bedingung, dass sich dieser „Schutz" letztlich nachteilig für das Rechtsgut auswirkt, ist im Ergebnis nicht begründbar. Weder der Rechtsgüterschutz noch ein gesellschaftliches Sanktionsbedürfnis stützen ein generelles Verbot. An diesem wird lediglich mit der Zielsetzung festgehalten, den Schutz vor eigenmächtigen Heileingriffen gewährleisten zu können[553].

Die Zustimmung des Patienten, bzw. Probanden in die ärztliche Eingriffshandlung ist also mitbestimmend für die *Regel* der Strafwürdig- und -bedürftigkeit der Humanerprobung sowie des ärztlichen Heileingriffs. Denn es geht stets, und insbesondere bei der Beurteilung generellen Unrechts im Forschungsbereich, um eine gerechte Verteilung von Risiken. Die Zustimmung des Versuchsteilnehmers im Sinne einer bewussten Risikoübernahme ist für eine solche Risikoverteilung von erheblicher Bedeutung. Dieser Faktor ist damit in die Entscheidungsfindung einzustellen.

Die (mutmaßliche) Zustimmung zum Eingriff ist aus verfassungsrechtlichen Gründen kein disponibler Abwägungsfaktor, sondern eine zwingende Voraussetzung. Sie ist erforderlich, um eine Qualifizierung des Patienten bzw. des Probanden als "Sonderopfer zugunsten gesellschaftlich wünschenswerter Zwecke" zu vermeiden.

---

[551] Vgl. Bockelmann, S. 62 m. w. N.
[552] Für die Annahme einer tatbestandlichen Körperverletzung vgl. aber die ständige Rechtsprechung seit RG 25, 375 ff.; vgl. insbesondere BGHSt 11, 111; 12, 378.
[553] Dazu Schönke/Schröder-Eser, § 223, Rn 29.

Denn einer Betrachtung des Menschen als reinen Untersuchungsgegenstand der Humanforschung steht die Menschenwürdegarantie des Art. 1 Abs. 1 GG in aller Regel entgegen[554].

Die Zustimmung zur Handlung, die in Kenntnis der Risiken schädlicher Auswirkungen erfolgt, ist damit eine *zwingende Voraussetzung* für die generelle Akzeptanz der Humanforschung: Sie zieht der Interessenabwägung eine absolute Grenze. Gleiches gilt für die ärztliche Heilbehandlung: Denn der Patient, der seine Zustimmung verweigert, wird dadurch zum *Objekt des ärztlichen Eingriffs,* dass ihm die Veränderung seines Gesundheitszustandes *aufgedrängt* wird. Damit würde die Beurteilung des Arztes über den körperlichen Zustand über die des Rechtsgutsträgers gestellt. Ebenso wenig, wie bei einer fehlenden Zustimmung eine Behandlungspflicht für den Arzt bestehen kann, ist eine Pflicht des Patienten erklärbar, die Veränderung seines körperlichen "status quo" hinzunehmen. Das Selbstbestimmungsrecht spielt für die Auslegung der "Körperverletzung" in §§ 223 ff. StGB also eine Rolle, weil die Menschenwürdegarantie nach den grundgesetzlichen Vorgaben des Art. 1 Abs. 1 GG in der Interessenabwägung stets Berücksichtigung finden muss.

In diesem Risikokonzept kommt folglich der Zustimmung zur Eingriffshandlung keine rechtfertigende Wirkung zu, noch ist sie tatbestandsausschließend.[555] Vielmehr ist die Zustimmung *eine mehrerer kumulativer Sorgfaltsanforderungen,* deren jeweiliges Fehlen haftungsbegründend ist. Dies steht im Einklang mit der Methode zur Ermittlung sorgfältigen Verhaltens nach der Theorie der objektiven "Sorgfaltspflichten": Ein besonnener und gewissenhafter forschender Arzt würde beim Humanexperiment die Zustimmung des Probanden einholen. Auch beim Heilversuch wäre für ihn die (mutmaßliche) Zustimmung entscheidend.

---

[554] Zur "Objektformel" vgl. BVerfGE 87, 209 ff.; Schmidt-Bleibtreu/Klein-Kannengießer, Art. 1 Fn 5.
[555] Dass die Zustimmung nicht zwingend unrechtsausschließend ist, wird durch die neuere zivilrechtliche Rechtsprechung bestätigt. Während im "Zahnextraktionsfall" (BHG, NJW 1978, S. 1206 ff.) für den Ausschluss rechtfertigender Wirkung noch allein auf die Sittenwidrigkeit abgestellt wurde, bestimmt die neuste Entscheidung des OLG Karlsruhe (MedR 2003, S. 104 ff.), dass in kontraindizierte Behandlungen grundsätzlich nicht eingewilligt werden kann. Damit geht letztlich eine über die Sittenwidrigkeit hinausgehende Einschränkung der Disponibilität über das Rechtsgut körperliche Unversehrtheit einher.

Das Einholen einer Zustimmung gehört damit zu den Sorgfaltsanforderungen für Humanerprobungen, sie ist eine zwingende Voraussetzung für die Risikotoleranz.

b) Voruntersuchungen, Prüfplan und Vorlage bei Ethikkommissionen

Die Forderung der Spezialregelungen (4. Teil) nach der Durchführung von Voruntersuchungen, entspricht den dogmatischen Überlegungen einer Ermittlungspflicht des Arztes[556] und zählt damit zu den Mindestvoraussetzungen der "im Verkehr erforderlichen Sorgfalt". Als sorgfältig können die Vorprüfungen bezeichnet werden, wenn sie bekannten wissenschaftlichen Grundsätzen entsprechen. Labor-, Modell- und eventuell Tierversuche haben sich nach biometrischen Prinzipien[557] an formalen Methoden und Modellen zu orientieren, um eine Überprüfbarkeit und Nachvollziehbarkeit zu gewährleisten. Dabei muss die Wahl und das Maß der Voruntersuchungen in einem vertretbaren Verhältnis zum geplanten Forschungseingriff stehen; nur dann ist die Untersuchungsverpflichtung im konkreten Fall auch verhältnismäßig. Dies eröffnet einen gewissen Beurteilungsspielraum bei der Frage, welche Vorprüfungen geeignet und notwendig sind, um aussagekräftige Schlussfolgerungen über den Verlauf der Erprobung am Menschen zu liefern. Wesentlich mitbestimmend für das Maß sind die mit dem jeweiligen Eingriff verbundenen möglichen Risiken. Die diesbezügliche letzte Bewertung obliegt den Ethikkommissionen[558].

Um für die Kommissionen eine Kontrolle und Bewertung zu ermöglichen, ist die Präsentation der vom Forscher zusammengetragenen Informationen in einem Prüfplan unerlässlich. Mit der folgenden Einteilung, die an den Vorschlag der Bundesärztekammer und der Arzneimittelkommission der deutschen Ärzteschaft angelehnt ist, kann dem Rechnung getragen werden[559]: Der Rubrik "Allgemeine Angaben" sind zur Identifizierung des Projekts dessen Beschreibung sowie die Nennung von Forschern und Sponsoren zuzuordnen.

---

[556] Vgl. 3. Teil B. II. 1.
[557] Dazu schon im 4. Teil C IV.
[558] Vgl. 5. Teil A. III. 2. a).
[559] Vgl. 4. Teil V.

Unter die Überschrift "Ziele und Begründungen" fallen diejenigen Erwägungen, die im Kontext der Entscheidungsfindung (3.) erörtert werden. Ein "Zeitplan" muss sich mit der "Allgemeinen Planung" decken, die Auskunft über die Auswahl der Versuchsteilnehmer und die geplanten Handlungsschritte gibt. Nach Beginn der Erprobung sind diese Angaben durch "Verlaufsbeobachtungen", und nach deren Abschluss, durch eine "Auswertung" zu ergänzen. Letztere sollte auch über das Forschungsprojekt hinaus, Hinweise zur Verbesserung der Qualität und zu wirtschaftlichen und administrativen Belangen enthalten. Für die Übernahme dieses Vorschlags aus der Arzneimittelerprobung spricht insbesondere die Vereinheitlichung von Kontrollvoraussetzungen, die eine umfassende Prüfung sicher- und auch einen kleinen Beitrag zur Vereinheitlichung der inhaltlichen Anforderungen darstellt.

3. Entscheidungsanforderungen

Das Erfordernis einer Abwägung ist nach allen Regelwerken eine zentrale Zulässigkeitsvoraussetzung für Humanerprobungen[560] und im Grundsatz in Literatur und Rechtsprechung unbestritten[561]. Da es nach dem Lösungsansatz für den Forschungsbereich um eine Entscheidungs*findung* gehen muss, ist es konsequent, die Sorgfaltsanforderungen ebenso auf diese zu erstrecken. An grundsätzlichen theoretischen Ausführungen zur Entscheidungsfindung fehlt es aber im medizinischen[562] und im juristischen Kontext.

Im juristischen Schrifttum werden vornehmlich im Rahmen der Arzneimittelzulassung Abwägungskriterien genannt, die für das "erlaubte Risiko" relevant werden können: Schwere und Verlauf der Erkrankung, Beurteilung der therapeutischen Chance, Art, Schwere und Häufigkeit unerwünschter Wirkungen, etc.[563].

---

[560] 4. Teil C. II.
[561] Siehe dazu I.
[562] So sind in der "Checkliste" der Grundsätze für die ordnungsgemäße Durchführung der klinischen Prüfung von Arzneimitteln (BAnz. 243, 16617, vom 30. Dezember 1987) nur vereinzelte Anforderungen an die Entscheidungsfindung genannt: Nr. 2.1: Heranziehung sämtlicher verfügbarer Informationen; Nr. 2.5.1: Festlegung des Hauptzielkriteriums.
[563] Batz, S. 87.

In eher beispielhafter Aufzählung sind sie aber als grundsätzliche Rahmenvorga-
ben für die Abwägung weder gedacht noch geeignet[564]. Ob es wegen der Vielzahl
der Besonderheiten des Einzelfalles einen detaillierten allgemein anerkannten
Maßstab für die Abwägung überhaut geben kann[565], ist zu bezweifeln. Wohl aus
der Einsicht der Erforderlichkeit einer gewissen Flexibilität des Abwägungsvor-
gangs ist dieser Anspruch auch nicht erhoben worden.

Keineswegs ausgeschlossen, sondern vielmehr geboten ist aber die Berücksichtung grundgesetzlicher Vorgaben bei der abwägenden Entscheidungsfindung, eine generelle Aussage über das Verhältnis zwischen Risiko und Nutzen sowie das
Aufstellen von Grenzregeln. Im Folgenden soll die im Verkehrskreis erforderliche,
sorgfältigen Abwägung insoweit eine Präzisierung erfahren.

a) Abwägungsregeln

aa) Vorgaben des Grundgesetzes

Zu den inhaltlichen Vorgaben einer sorgfältigen Abwägung zählt die Berücksichtigung der grundrechtlich zugesprochenen Wertigkeiten der kollidierenden Interessen, auf die schon mehrfach eingegangen wurde[566]. Ein Verhalten kann nur dann
als sorgfaltswidrig verboten werden, wenn es eine unverhältnismäßige Beschränkung von Rechtsgutinteressen bedeutet.

bb) Vorrang des Schutzes des Versuchsteilnehmers

Obwohl die zum Interessenausgleich erforderliche Abwägung auch in den Regelwerken zur Humanforschung im Grundsatz anerkannt ist, besteht doch Uneinigkeit
über das erforderliche Verhältnis von Forschungsfreiheit und Gesundheitsinteressen des Versuchsteilnehmers.

---

[564] Z. B. bei Batz, S. 87: "In diese Abwägung fließen verschiedene Faktoren ein, ...".
[565] Batz (S. 88) bestreitet dies.
[566] Vgl. 2. Teil D. II.

Darf die Erprobung nur stattfinden, wenn die Bedeutung des Versuchsziels die Risiken für die Versuchsperson überwiegt, weil deren Wohl grundsätzlichen Vorrang vor den Interessen der Allgemeinheit hat[567]? Oder muss der Forschungseingriff nur "vertretbar" sein[568], oder soll es nur darauf ankommen, ein Missverhältnis von Risiko und Vorteil zu vermeiden[569]? Mit anderen Worten: Müssen sich die Argumente für und gegen den ärztlichen Eingriff in der Waage halten, oder müssen jene gewichtiger sein als diese? Der Gesetzgeber des StGB hat zwar die besondere Schutzwürdigkeit der Rechtsgüter Leben und körperliche Unversehrtheit durch die Aufnahme entsprechender Tatbestände herausgestellt, ein grundsätzlicher Vorrang zuungunsten der Forschungsfreiheit ist aber wegen Art. 5 Abs. 3 GG nicht haltbar.[570] Vielmehr geben der Grad der Gefahr und die Beschaffenheit des Vorteils den Ausschlag für das zu erreichende Abwägungsverhältnis von Forschungsfreiheit und Gesundheitsinteressen und bedingen zugleich eine Differenzierung von Humanexperiment und Heilversuch.

Ein Humanexperiment birgt die Gefahr von unmittelbaren gesundheitsschädigenden Folgen für die Probanden, die eventuell irreversibel sein können. Währenddessen besteht bei einem Verbot des Forschungsprojekts die Möglichkeit fort, Gefahren der Erprobung durch weitere Arbeiten in der Grundlagenforschung oder durch die Verbesserung des Sicherungskonzepts zu minimieren. Grundsätzlich sind also Gefahrengrad und -intensität für den Probanden größer, als die Nachteile für den Forscher wiegen. Hinzu tritt, dass die Vorteile der Durchführung des Forschungsprojektes nur abstrakt zu fassen sind; sie liegen nämlich in der Chance eines Erkenntnisgewinns, der sich nur mittelbar auf die Verbesserung der gesundheitlichen Gesamtversorgung auswirken kann. Weil diese (von der Forschungsfreiheit geschützte) Chance aber einer unmittelbaren Probandengefährdung gegenübersteht, erscheint letztere als ein "gesellschaftliches Sonderopfer", wenn nicht die "besseren Gründe" für die Durchführung des Forschungsprojekts sprechen.

---

[567] RDH Nr. 16, 18 S. 1.
[568] § 40 Abs. 1 S. 1 Nr. 1 AMG, § 20 Abs. 1 Nr. 1 MPG.
[569] Menschenrechtsübereinkommen zur Biomedizin Nr. 16 ii).
[570] Vgl. dazu schon 2. Teil D. II.

Auf den Gedanken des "Sonderopfers" wird im Rahmen der Grenzregeln[571] noch näher einzugehen sein.

Beim Heilversuch gestaltet sich die Situation anders. Zwar wird die Gefahr einer Gesundheitsverschlechterung durch den auf Heilung gerichteten Forschungseingriff ebenfalls zunächst erhöht. Entscheidend ist aber, dass damit ein unmittelbarer, individueller Vorteil für den Patienten einhergeht. Weil das Risiko zu seinen Gunsten eingesetzt wird, kann man von einer Kompensation von Gefahr und Chance sprechen.

Daher lässt sich festhalten, dass ein Interessenausgleich beim Humanexperiment nur dann gegeben ist, wenn der *Nutzen die Risiken überwiegt*, während es beim Heilversuch ausreicht, dass das Risiko *nicht außer Verhältnis zum Nutzen* steht.

b) Grenzregeln

Die Überschreitung einer absoluten Grenze liegt in der gezielten Tötung des Versuchsteilnehmers zu Forschungszwecken; dies bedarf keiner näheren Begründung.[572] Ob darüber hinaus die fehlende Disponibilität über das Rechtsgut Leben auch dem Eingehen einer Lebens*gefahr* entgegensteht, ist fraglich. Zur Beantwortung ist wiederum eine Differenzierung von Humanexperiment und Heilversuch angezeigt.

Da auch in der Heilbehandlung, beispielsweise bei Operationen, immer wieder Lebensrisiken in Kauf genommen werden, wäre es nicht ohne Widerspruch, darin eine absolute Grenze für den therapeutischen Versuch zu sehen. Im Einklang mit der bisherigen medizinischen Praxis und der gesellschaftlichen Bewertung, die der Chance zur Gesundheitsverbesserung und Erhöhung der Lebensqualität einen hohen Stellenwert einräumt, ist das Eingehen einer Lebensgefahr im Ergebnis zu

---

[571] Vgl. unter c).
[572] Siehe Biermann, S. 265.

erlauben. Dies gilt freilich nur, solange die Risiken nicht im Missverhältnis zu den Vorteilen des Heilversuchs stehen.[573]

Beim Humanexperiment wirkt sich der Gedanke des nicht tolerierbaren "Sonderopfers" aus[574]: Die Lebensgefährdung eines gesunden Menschen zugunsten der Chance medizinischen Fortschritts ist wegen der unmittelbaren Gefahr für den Probanden nicht hinnehmbar. Zwar werden Lebensgefahren zugunsten gesellschaftlicher Interessen zum Beispiel im Straßenverkehr und durch den Betrieb von Atomkraftwerken durchaus in Kauf genommen. Der Unterschied liegt aber zum einen darin, dass gefährdete Personen in der Regel auch unmittelbare Nutznießer des gesellschaftlichen Vorteils sind. Vor allem aber ist der Proband in der ärztlichen Forschung im Gegensatz zum Verkehrsteilnehmer bereits *individualisiertes Gefahrenopfer*. So kann von einem "gesellschaftlichen Risiko", das sich bei einer Einzelperson verwirklicht, nicht mehr gesprochen werden. Vielmehr trägt der Proband ein individuelles Risiko, er erbringt ein *"Sonderopfer"*. Geht es um das Rechtsgut Leben, ist dieses aber zu groß; im Ergebnis wird die Aufopferung des Einzelnen von der Literatur daher zu Recht nicht toleriert[575]. Dies gilt auch für eine schwere Gesundheitsverletzung, jedenfalls dann, wenn sie irreversibel ist.[576]

Es lässt sich also festhalten, dass - neben einem Verbot der gezielten Tötung - absolute Grenzvorgaben der Abwägung nur für das Humanexperiment existieren: Weder eine Todesgefahr, noch die Gefahr einer schweren irreversiblen Gesundheitsverletzung darf eingegangen werden.

---

[573] So auch Hart/Hilken, S. 58, 59; Schreiber, S. 310, 311. Nach Nr. 5 des NC ist aber das Eingehen einer Lebensgefahr auch beim Heilversuch nicht tolerierbar; ähnlich wohl auch Deutsch, Medizinrecht, Rn 544.

[574] Vgl. unter b).

[575] Vgl. auch Deutsch, Medizinrecht, S. 401; Eser, Humanexperiment, S. 212; Andrea Jung, S. 33.

[576] So auch Eser, Humanexperiment, S. 212; Andrea Jung, S. 33.

III. Mindestmaß an Sorgfaltsanforderungen bei medizinischen Notfällen und Einzelerprobungen

1. Medizinische Notfälle

Aufgrund des Zeitfaktors müssen die Sorgfaltsanforderungen in medizinischen Notfällen herabgesenkt werden, die zeitintensiven Schutzpflichten entfallen.[577] Existieren keine wirksamen Standardmethoden zur Behandlung, sind häufig weder Voruntersuchungen und Prüfpläne noch das Anrufen einer Ethikkommission möglich, ohne durch die zeitliche Verzögerung dem Patienten zu schaden; diese Sorgfaltsanforderungen verlieren dann den Charakter als schützende Sorgfaltsregeln. Eine solche Situation ist für das Humanexperiment nicht vorstellbar: Die Durchführung von Voruntersuchungen oder die Vorlage des Prüfplans bei der Ethikkommission sind beim Humanexperiment eventuell mit einem zeitlichen Mehraufwand verbunden, bleiben aber möglich.

Erfordert ein medizinischer Notfall einen Heilversuch, kommen also die dogmatischen Schwierigkeiten aufgrund der Eilbedürftigkeit ärztlicher Handlungen voll zum Tragen. Allerdings entbindet die Zeitknappheit zur Entscheidungsfindung im Rechtssystem generell nicht von jeglichen Verantwortlichkeiten. Selbst dem Notwehrübenden wird nicht jedes mögliche Abwehrverhalten zur Rettung seines Lebens zugestanden, und auch in einer Notstandssituation wird eine geeignete, erforderliche und angemessene Handlung abverlangt. Als Lösung kommt hier allein die Zubilligung eines *Beurteilungsspielraums* für den behandelnden Arzt in Betracht. Seine Entscheidungsfreiheit wird durch das Zustimmungs- und vor allem das Abwägungserfordernis begrenzt, das die Angemessenheit seines Handelns sicherstellt. Auch in medizinischen Notfällen sind also grundsätzlich Abwägungsregeln und -grenzen zu beachten.

---

[577] In einem solchen Notfall könnte z. B. an Herzinfarkt- oder Schlaganfallpatienten eine neue Methode zur Auflösung des Blutgerinnsels erprobt werden (vgl. Köhler, NJW 2002, S. 853).

Die Erstellung eines Prüfplans ist durch eine nachträgliche Dokumentation der Handlungssituation ersetzbar. Dabei wirkt sich die Selbstüberprüfung und "Rechenschaftspflicht" bereits für das zeitliche Stadium der Erprobung zugunsten der Sicherheit von Patienten und Probanden aus.

2. Einzelerprobungen

Neben medizinischen Notfällen ist die rechtliche Einordnung von einzelnen Heilversuchen und Humanexperimenten, wie sie beispielsweise zur Vorbereitung auf klinische Prüfungen denkbar sind, erörterungsbedürftig. Insofern gestaltet sich nicht der zeitliche Faktor, sondern die *Zumutbarkeit des Zeit- und Kostenaufwands* als zentrales Problem.

Erfolgt die Erprobung an wenigen Versuchsteilnehmern, wird von "Pilotstudien" gesprochen[578]. Jenseits der klinischen Studien ist eine Grauzone zu verzeichnen, der in der Literatur im Vergleich zu den klinischen Prüfungen wenig Beachtung geschenkt wird. So fehlt es bei der "Vorerprobung am Menschen" noch an bewilligten Forschungsgeldern, die für die Durchführung von spezieller Grundlagenforschung oder Tierversuchen erforderlich wären. Wohl aus diesen praktischen Erwägungen wird der einzelne Forschungseingriff nach Stimmen in der Literatur dem klinischen Versuch nur insoweit gleich gestellt, als eine Einwilligung und eine Nutzen-Risiko-Abwägung verlangt wird[579]. Während zwar der in eine Versuchsreihe aufgenommene Heilversuch der Ethikkommission vorzulegen sei, soll die Vorlage beim Heilversuch am einzelnen Menschen hingegen freiwillig sein[580].

Die Vorlage des Prüfplans als eine auf klinische Studien beschränkte berufsrechtliche Anforderung zu bezeichnen[581], greift aber zu kurz.

---

[578] Vgl. Deutsch, Medizinrecht, S. 402.

[579] Vgl. Eser (Humanexperiment, S. 205 ff.) und Deutsch (Medizinrecht, S. 391) für den Heilversuch.

[580] So Deutsch (Medizinrecht, S. 391), obwohl er die Pilotstudie an wenigen Patienten/Probanden grundsätzlich für biomedizinische Forschung hält (S. 402); vgl. auch Hart, MedR 1994, S. 94, 102.

[581] So Hart, MedR 1994, S. 94, 102.

So sieht § 15 Abs. 1 MBO eine Pflicht zur Beratung durch Ethikkommissionen vor der "Durchführung biomedizinischer Forschung am Menschen" vor[582]; eine Beschränkung auf klinische Studien ergibt sich daraus nicht. Auch in der als Leitvorgabe gepriesenen RDH findet sich unter den "Allgemeinen Grundsätzen für jede Art von medizinischer Forschung" die Formulierung: "Die Planung und Durchführung eines *jeden Versuchs am Menschen* ist eindeutig in einem Versuchsprotokoll niederzulegen. Dieses Protokoll ist einer besonders berufenen Ethikkommission zur Beratung, Stellungnahme, Orientierung und gegebenenfalls zur Genehmigung vorzulegen, ..." (Nr. 13). Auch wenn andere Passagen[583] dafür sprechen, dass auch die RDH auf klinische Erprobungen mit einer größeren Anzahl von Versuchsteilnehmern zugeschnitten ist, müsste doch eine Auseinandersetzung über den Sinn und die dogmatische Begründung einer solchen Differenzierung erfolgen.

Bei einem Verzicht auf das Einholen der Zustimmung einer Ethikkommission werden vor allem unter dem Sicherheitsaspekt Einwendungen offensichtlich: Der einzelne Versuchsteilnehmer ist den identischen Gefahren ausgesetzt wie der Teilnehmer einer klinischen Prüfung. Aus sachlichen Gründen scheint eine Differenzierung nach Schutzbedürftigkeiten damit nicht gerechtfertigt. Auf den einer Ethikkommission vorzulegenden Prüfplan zu verzichten, würde das Risiko eines Verlustes einer reflexiven Entscheidung bergen. Der durch den Kontrollverzicht bedingte Sicherheitsverlust rechtfertigt sich aber nicht aus dem einzigen Unterschied zwischen Einzelerprobung und Studie: Der *Anzahl der gefährdeten Personen*. Derartige Überlegungen sind insbesondere dem Strafrecht fremd.

Mit einem geringen zeitlichen Mehraufwand kann dem möglichen Beigeschmack des Willkürlichen oder Heimlichen bei der Durchführung einer Humanerprobung begegnet werden. Die Vorlage des Prüfplans an eine Ethikkommission ist daher auch bei Einzelerprobungen nicht verzichtbar; der Zeit- und ein eventueller Kostenaufwand sind hinnehmbar.

---

[582] Siehe bereits 4. Teil C. VI. 1.
[583] Dazu 4. Teil A II. 2.

6. Teil: Ergebnis, kritische Betrachtung und Ausblick

A. Ergebnis zur Bestimmung von Sorgfaltsanforderungen in der Humanforschung

Die Untersuchung kann im Ergebnis die Fragen beantworten, ob und mit welcher Methode im Bereich der Humanforschung eine Sorgfaltspflichtverletzung zur Bestimmung fahrlässigen Verhaltens ermittelt werden kann.

Diese Problematik stellte sich aufgrund der Tatsache, dass sich die "im Verkehr erforderliche Sorgfalt" nach der Theorie der objektiven Sorgfaltspflichtverletzung traditionell durch einen Vergleich mit bereits bewerteten Lebenssachverhalten ergibt. Im Bereich der Forschung fehlt es aber an Erfahrungen und übereinstimmenden Bewertungen, so dass unmöglich ist, durch einen Vergleich auf konkrete Verhaltensmuster zurückzugreifen. Die Folgen des ärztlichen Erprobungseingriffs sind ebenso unklar wie die Beurteilung möglicher Risiken und Sicherungsmaßnahmen. Damit ergeben sich Schwierigkeiten für die Ermittlung der Strafbarkeitsvoraussetzungen der fahrlässigen Tötung und Körperverletzung (§§ 222, 229 StGB), nämlich für die "Voraussehbarkeit der Rechtsgutverletzung" und das "erlaubte Risiko". Die Defizite an Erfahrung und Konsens führen zu einer Strukturdifferenz der Risikobewertung.[584]

Die Untersuchung hat ergeben, dass trotz aller Unterschiede zwischen Forschungs- und Standardbereich auf der Grundlage eines gewandelten Verständnisses der Theorie der objektiven Sorgfaltspflichtverletzung methodisch die Sorgfaltsanforderungen zu ermitteln und inhaltlich festzulegen sind.

Bei der Betrachtung der vorhandenen Regelungen im Humanforschungsbereich[585] - der revidierten Deklaration von Helsinki (RDH), des Menschenrechtsübereinkommens zur Biomedizin (Menschenrechtsübereinkommen) sowie des

---

[584] Siehe 2. Teil C. I., II.
[585] Dazu 4. Teil A.

Arzneimittel- und Medizinproduktegesetzes (AMG, MPG) - bestätigten sich weitgehend die ersten theoretischen Lösungsansätze zu einer Umgestaltung der Methodik.[586]

So ist in den Kodifizierungen eine Verpflichtung des Forschers vorgesehen,
Voruntersuchungen in Form von Labor-, Modell- oder eventuell Tierversuchen
durchzuführen, die letztlich eine Einschätzung des Erprobungsverlaufs ermöglichen.[587] In der Konsequenz muss der Forscher selbst die insoweit fehlenden
Erfahrungswerte ersetzen.[588] Durch die gewonnenen Erkenntnisse wird eine
Risikoprognose ermöglicht, die einer Gefahrenbewertung im traditionellen Sinne
nahe kommt[589]. Weil mit einem geringen Zeit- und Kostenaufwand des Forschers
so ein hoher Schutz der Versuchsteilnehmer erreicht wird, ist dies als
verhältnismäßig zu qualifizieren.[590] Die "Voraussehbarkeit der Rechtsgutsverletzung" kann auf diesem Wege festgestellt werden.

Ein weiteres Charakteristikum der Forschungsbeurteilung liegt darin, dass stets
eine neue Entscheidung über die Durchführung eines Forschungsprojekts am
Menschen getroffen werden muss; der Rückgriff auf abgeschlossene Bewertungs-
prozesse ist logisch ausgeschlossen. In der Betrachtung des vorhandenen Regelwerks bestätigt sich, dass die *Entscheidungsfindung* in den Mittelpunkt der Sorg-
faltbestimmung rückt.[591] Als zentrale Zulässigkeitsvoraussetzung wird durchgängig
die Abwägung von Nutzen und Risiken des Forschungsprojekts, also eine
bewusste Handlungsentscheidung, verlangt.[592]

Diese wird nicht allein dem Forschenden durch Zubilligung eines Beurteilungsspielraums überlassen, sondern einer *Ethikkommission* überantwortet. In der Konsequenz wird ihr damit die *Kompetenz zur Beurteilung der Risikotoleranz* zugesprochen.

---

[586] Dazu 4. Teil C.
[587] Vgl. 4. Teil C. III.
[588] Vgl. 3. Teil B. I.
[589] 5. Teil A. II. 1.
[590] Vgl. 5. Teil A. II. 2.
[591] Dazu 3. Teil B. I.
[592] Vgl. 4. Teil C. II., 5. Teil A. III.

Für den Forscher ist damit einerseits die Pflicht verbunden, die Prüfunterlagen einer Ethikkommission vorzulegen; er selbst muss damit die Eingriffsbewertung initiieren. Die *Beteiligung des Forschenden an der Ermittlung des „erlaubten Risikos"* kann als weiteres spezifisches Kennzeichen der Forschungsbeurteilung gelten. Im Gegenzug erlangt der Arzt durch die Bewertung der Ethikkommission Gewissheit über die Sorgfaltsgemäßheit seines Handelns.

Eine Humanerprobung ohne oder gegen eine Würdigung durch Ethikkommissionen zu untersagen, findet Berechtigung darin, das eine "Institutionalisierungslösung" die fehlenden *Erfahrungen und den fehlenden Konsens zu ersetzen geeignet* ist.[593] Aufgrund der interdisziplinären Zusammensetzung der Ethikkommissionen kann das Kompetenzdefizit zur Beurteilung einer erstmaligen Humanerprobung weitgehend ausgeglichen werden, indem neben medizinischen auch ethische und rechtliche Aspekte Berücksichtigung finden. Hinzu kommt, dass durch die Diskussion einer Mehrzahl von Entscheidungsträgern der fehlende Konsensbildungsprozess innerhalb des Verkehrskreises ersetzt wird.[594] Letztlich übt die Ethikkommission eine *Kontrollfunktion* aus, die das *gesellschaftliche Sicherheits- und Steuerungsbedürfnis* in einem wichtigen Lebensbereich befriedigt, was für die "Erlaubtheit" einer Handlung von Gewicht ist.[595]

Die dogmatische Erörterung abschließend kann zusammenfassend festgehalten werden, dass Erfahrung und Beurteilungskonsens durch Formen der *Kenntnisgewinnung und eine künstliche Konsensbildung* ersetzt werden. Der Forscher liefert mit Erfüllung seiner Ermittlungspflichten Erkenntnisse, die der Ethikkommission als Entscheidungsgrundlage dienen. Ihm kann ein Blick auf den Verkehrskreis im bisherigen Verständnis keine Auskünfte über das richtige Verhalten als Produkt vorangegangener Entscheidungsprozesse geben. Allein im Hinblick auf die Ermittlungspflichten kann der Vergleich mit forschenden Kollegen Vorbildfunktion ausüben.

---

[593] Siehe 5. Teil A III. 3. a).
[594] 5. Teil A III. 3. b).
[595] 5. Teil A III. 3. c).

Einen methodischen Tauglichkeitsanspruch kann die "Verkehrskreismethode" aber dennoch erheben, wenn man die Ethikkommissionen als *"entscheidungsautorisierten Teil des Verkehrskreises"* ansieht. Die Bewertung eines Forschungseingriffs erfolgt dann im Einklang mit der Theorie der objektiven Sorgfaltspflichtverletzung letztlich durch den Verkehrskreis.

Im Ergebnis ermöglichen die herausgearbeiteten Sorgfaltsmaßnahmen - *die Durchführung von Voruntersuchungen, die Vornahme einer Abwägung und die Vorlage eines Prüfplans vor eine Ethikkommission* - ein strafrechtliches Risikomanagement, das die verfassungsrechtlich tangierten Interessen zu einem angemessenen Ausgleich bringt.[596]

---

[596] Zum erforderlichen Ausgleich kollidierender Interessen vgl. 2. Teil D. II.

B. Kritische Betrachtung der Lösung nach aktueller Rechtslage

I. Schwierigkeiten bei der Erfolgszurechnung

Entsprechend der Zielsetzung dieser Untersuchung wurde eine Lösung zur Bestimmung des Handlungsunrechts der §§ 222, 229 StGB im Humanforschungssektor gefunden. Nicht gänzlich unerörtert bleiben sollen aber die Schwierigkeiten, die mit der *Zurechnung des tatbestandlichen Erfolges* verbunden sind. Sie betreffen sowohl die Kausalität im Sinne der Äquivalenzformel als auch den Pflichtwidrigkeitszusammenhang und stellen die Achillesverse einer Erfassung der Humanforschung nach aktueller Rechtslage dar. Erfordert die "Risikogesellschaft"[597] eine Entformalisierung oder Flexibilisierung strafrechtlicher Zurechnungsstrukturen?[598]

1. Problematik der Kausalitätsbestimmung

Für das Verhältnis zwischen Handlung und Erfolg[599] schlägt das Fehlen naturwissenschaftlicher Erfahrungswerte bei komplexen, nicht vollständig bekannten Lebenssituationen besonders zu Buche. Der Grund dafür ist, dass die Äquivalenztheorie von der Bekanntheit des naturgesetzlichen Zusammenhangs ausgeht. Der naturgesetzliche Zusammenhang ist für die Kausalitätsfeststellung eine notwendige Voraussetzung[600]:

Nach der „conditio sine qua non-Formel" muss feststellbar sein, dass das "Hinwegdenken" der Handlung den konkreten tatbestandlichen Erfolg entfallen lässt.[601]

---

[597] Dazu 1. Teil A.
[598] Vgl. dazu Schulz, S. 41, 46.
[599] Der BGH fragt im "Sattelzugfall" (BGHSt 11, 1 ff.) hingegen nicht danach, ob das Überholen des Radfahrers mit dem Sattelzug kausal für den Unfalltod war, sondern stellt auf die Kausalität der *Sorgfaltspflichtverletzung* (zu geringer Seitenabstand des LKW) ab. Nach Schlüchter (Strafrecht AT, S. 176; JuS 1977, S. 104, 106; JA 1984, 673, 674) kann ein Rechtsbegriff, die "Sorgfaltspflichtverletzung", nichts verursachen. Für die Kausalbeziehung könne nur das Verhältnis von *Handlung* und Erfolg entscheidend sein. In dieser Untersuchung wird dem Zusammenhang zwischen Pflichtverletzung und Erfolg unter 2. Rechnung getragen, für die Kausalbeziehung ist demnach die Handlung selber, also der ärztliche Eingriff, maßgeblich.
[600] Vgl. Puppe, ZStW 95 (1983), S. 287, 294 ff.
[601] Zur Äquivalenzformel z. B. RGSt 1, 373; BGHSt 1, 332; vgl. insbes. Armin Kaufmann, JZ 1971, S. 567.

Eine solche Feststellung wird beim Humanexperiment zwar häufiger möglich sein. Beim Heilversuch gestaltet sich dies aber anders: Da beim kranken Patienten auch andere Schädigungsursachen in Betracht kommen, wird eine sichere Rückführung des Erfolgs auf den ärztlichen Eingriff in vielen Fällen unmöglich sein.

a) Veränderung des deterministischen Kausalitätsverständnisses

Eine Lösung für die Fälle, in denen die Handlungsfolgen nicht sicher bestimmbar sind, könnte in einer Veränderung des deterministischen Kausalitätsverständnisses zugunsten eines probalistischen liegen. Bislang wurde dies in der Literatur aber weitgehend abgelehnt[602]. Auch der Bundesgerichtshof hat einer statistischen Wahrscheinlichkeitsaussage über den Zusammenhang zwischen Ursache und Erfolg im *"Metastasenfall"*[603] eine eindeutige Absage zugunsten der Anwendung des Zweifelssatzes erteilt. Letztlich wäre ein solches Kausalitätsverständnis für die Humanforschung aber auch wenig hilfreich, weil es auch an statistischen Aussagen über Handlungsfolgen fehlt.

Zwar ist im *"Ledersprayfall"*[604] eine Abweichung vom bisherigen Kausalitätsverständnis angedeutet. Die zugrundeliegende Fallkonstellation ist aber nicht mit der einer Humanforschung vergleichbar. Denn im "Ledersprayfall" war eindeutig, dass ein bestimmtes Spray eine Gesundheitsschädigung herbeigeführt hat. In Frage stand lediglich die Zuordnung der Schädigungswirkung zu einem der Inhaltsstoffe.

Der Bundesgerichtshof verzichtete in diesem Falle für die Kausalitätsfeststellung ausdrücklich auf die genaue Kenntnis der naturwissenschaftlichen Abläufe vom

---

[602] Vgl. dazu Köck, S. 9, 23 ff; Schulz, S. 41, 62 m. w .N.

[603] BGH in GA 1988, S. 184: Der angeklagte Arzt hatte zur Entfernung einer bösartigen Geschwulst eine Semikastration durchgeführt, ohne die medizinisch indizierte Bestrahlung zur Abtötung von Restkrebszellen durchzuführen. Der Patient verstarb nach zwei Jahren an Metastasen, während 95 % der Patienten, bei denen die Bestrahlung durchgeführt wurde, länger gelebt hatten. Der BGH führte dazu aus, dass eine Wahrscheinlichkeit von 95 % noch keine Gewissheit bedeute. Der Zweifelssatz müsste eine Verneinung der Kausalität zugunsten des Angeklagten ergeben. Zu Wahrscheinlichkeitsaussagen vgl. auch BGHSt 37, 107, 127 ("Ledersprayfall"); Puppe, S. 44 ff.

[604] BGHST 37, 106 ff.

Schadensfaktor zum Schadenseintritt[605]. Bei der Humanforschung wird aber in vielen Fällen bereits unsicher sein, ob überhaupt eine der zur Erprobung eingesetzten Handlungen zur Erfolgsherbeiführung tauglich war. Für ein Wahrscheinlichkeitsurteil fehlt es im Forschungssektor an etablierten Erfahrungen.

b) Prozessuale Lösung

Lehnt man ein Wahrscheinlichkeitsurteil für die (materielle) Kausalitätsbeurteilung ab, so entfaltet es doch in prozessrechtlicher Hinsicht Bedeutung. Dies ist vor allem in den Fällen strafrechtlicher Produkthaftung, im "Contergan-"[606], und im "Holzschutzmittelfall"[607], zu bemerken.

So lag im "Conterganfall" kein durch klinische Experimente erbrachter Beweis dafür vor, dass der Wirkstoff Thalidomid zu Nervenschäden führt. Hier war also bereits die Existenz des Kausalgesetzes, die generelle Kausalität, ungewiss[608]. Gemäß des Landgerichts Aachen sollte aber "unter dem Nachweis im Rechtssinne keineswegs der sogenannte naturwissenschaftliche Nachweis zu verstehen sein, der eine mathematische, jede Möglichkeit des Gegenteils ausschließende Gewissheit, also ein absolut sicheres Wissen, voraussetzt"[609]. Aus der weiteren Begründung geht hervor, dass es zwar materiell für die Verursachung auf die naturwissenschaftlichen Folgen ankommen soll, prozessual aber die diesbezügliche "subjektive Gewissheit"[610] der Richter maßgeblich sei.

Auch das Oberlandesgericht Frankfurt bestätigte im "Holzschutzmittelfall", dass es auf das Überzeugtsein des Richters ankäme[611], ließ aber die Frage nach den möglichen Bedingungen der materiellen Verursachungsbestimmung offen.

---

[605] Es wird von einer "Black-Box-Konstruktion" gesprochen: Wissenschaftlich kontrolliert sind Eingang und Ausgang der Kiste (des kombinierten Produktes), ihr Inhalt bleibt dunkel; vgl. dazu Hassemer, S. 33.
[606] LG Aachen, JZ 1971, S. 507 ff.
[607] Das Urteil umfasst 366 Seiten; zu Ausschnitten vgl. den Beschluss des OLG Frankfurt v. 19. 12. 91, NZS 1990, S. 592; Schulz, S. 41, 47 ff.
[608] Vgl. Armin Kaufmann, JZ 1971, S. 567, 572, 574.
[609] LG Aachen, JZ 1971, S. 507, 510.
[610] LG Aachen, JZ 1971, S. 507, 510.
[611] Vgl. Beschluss des OLG Frankfurt, NVZ 1990, S. 592.

Dieser prozessualen Lösung steht aber zum einen die Auffassung des Bundesgerichtshofs entgegen, nach der allgemein anerkannte wissenschaftliche Erfahrungssätze "Normen des ungeschriebenen Rechts"[612] seien. Aber auch die Qualifizierung der Bedingungstheorie als "Umschreibung der Struktur der gemeinten Gesetzmäßigkeiten, eine Möglichkeit zur Überprüfung bereits angewendeter Kausalgesetze, ein heuristisches Prinzip"[613] widerspricht ihr. Denn geht man von einem solchen engen Zusammenhang zwischen Naturgesetz und Kausalität aus, führt die prozessuale Lösung zu einer Verwässerung, die den materiell-rechtlichen Grundsatz letztlich in Frage stellt.

Zudem ist aus einem weiteren Grunde abzulehnen, die "subjektive Gewissheit" des Richters für maßgeblich zu erachten. Während die Beurteilung sich widersprechender sachverständiger Aussagen theoretisch noch möglich ist, fehlen solche Expertenmeinungen hingegen für den Humanforschungsbereich: Es fehlt die Möglichkeit des Rückgriffs auf bewertetes Wissen. Der Rechtsanwender ist in der Humanforschung damit nicht etwa "nur" mit einer streitigen Sachfrage konfrontiert, es mangelt vielmehr regelmäßig an jeglicher Auseinandersetzung mit einer solchen innerhalb der Fachwelt. Die Kompetenz des Richters zur Entscheidung solcher speziellen fachlichen Fragestellungen ist aber vernünftig nicht begründbar. Zudem ginge mit diesem Rechtsstandpunkt ein zweifelhafter Strafausdehnungseffekt einher[614].

Im Ergebnis stellt damit die Bestimmung der Kausalität im Forschungsbereich in vielen Fällen der Humanerprobung eine nicht lösbare Schwierigkeit dar. Unter Beibehaltung des bisherigen Kausalitätsverständnisses wird in vielen Fällen nach dem Grundsatz "in dubio pro reo" die Erfolgszurechnung zu verneinen sein.

---

[612] BGHSt 6, 72; 10, 208, 211; Armin Kaufmann, JZ 1971, S. 567, 572 ff.
[613] Armin Kaufmann, JZ 1971, S. 567, 574.
[614] So bzgl. des Conterganbeschlusses, Armin Kaufmann, JZ 1971, S. 567.

2. Problematik der Vermeidbarkeit (Rechtmäßiges Alternativverhalten)

Ungeachtet der dogmatischen Einordnung ist in der Sache doch weitgehend unbestritten, dass der Täter für einen tatbestandlichen Erfolg dann nicht verantwortlich ist, wenn dieser unvermeidbar war.[615] Davon ist zu sprechen, wenn der Erfolgseintritt auch bei rechtmäßigem Verhalten eingetreten wäre.[616] Eine diesbezügliche sichere Feststellung ist aber bei der Humanforschung selten möglich: Ebenso wenig, wie die Folgen des ärztlichen Eingriffs feststehen, sind die Wirkungen der Sorgfaltsanforderungen in bezug auf die Erfolgsverhinderung bekannt.[617]

a) Veränderung des Verständnisses von der "Erfolgsverhinderungskausalität"

In Parallele zu den obigen Ausführungen zur Kausalität kommt erst recht eine Abkehr vom Erfordernis eines deterministischen Zusammenhangs zwischen Sorgfaltsmaßnahme und Ausbleiben des Erfolgs in Betracht. So könnte für den Pflichtwidrigkeitszusammenhang genügen, dass der Erfolg bei rechtmäßigem Verhalten mit überwiegender Wahrscheinlichkeit[618] oder, nach der herrschenden Lehre, mit an Sicherheit grenzender Wahrscheinlichkeit[619] nicht eingetreten wäre.

Aber im Forschungsbereich sind solche Prognosen gerade nicht möglich, Wahrscheinlichkeitsaussagen lassen sich mangels Erfahrungswerten nicht treffen.[620]

---

[615] Entweder soll der "Schuldzusammenhang" zwischen Pflichtwidrigkeit und Erfolg entfallen (Vgl. z. B. RGSt 15, 151), oder der Rechtswidrigkeits- (Vgl. etwa Sch/Sch-Cramer, § 15, Rn 173), oder der Zurechnungszusammenhang (so z. B. Schlüchter, JA 1984, 673, 680). Verlangt man schon im Rahmen der Kausalität, dass die Pflichtwidrigkeit den Erfolg verursacht haben muß (Vgl. auch BGHSt 11, 1 ff.: "Sattelzugfall"), entfällt bei Unvermeidbarkeit bereits der Kausalzusammenhang.

[616] Vgl. dazu auch Tröndle/Fischer, Vor § 13 Rn 17c; Jescheck/Weigend, § 28 IV 5, § 55 II b aa); Schlüchter, JA 1984, S. 673.

[617] Vgl. dazu schon 5. Teil A IV. 2. b).

[618] Schlüchter, Strafrecht AT, S. 178.

[619] Vgl. Kühl AT, S. 572.

[620] Vgl. dazu: 5. Teil IV. 2. b).

b) Prozessuale Lösung

Die unterschiedlichen Anforderungen an das Verhältnis zwischen sorgfältigem Verhalten und Ausbleiben des Erfolgs spielen aber dann keine Rolle, wenn man mit der herrschenden Meinung[621] auf eine prozessuale Lösung abstellt: Sieht man nämlich in der Vermeidbarkeit des Erfolgs eine haftungsbegründende Voraussetzung, soll die Freisprechung des Angeklagten schon dann "in dubio pro reo" erfolgen, wenn konkrete Anhaltspunkte dafür vorliegen, dass der Erfolg auch bei Einhaltung der Sorgfaltsregeln eingetreten wäre.

Für den Bereich der Humanforschung gestaltet sich bereits die Bestimmung solcher Anhaltspunkte als schwierig, weil die Sorgfaltsregeln den Charakter von "Risikominimierungsmaßnahmen" haben, für die keine Wahrscheinlichkeitsaussage bezüglich der Erfolgsverhinderung getroffen werden kann[622]. Bei einer weiten Auslegung wird es dann wohl überwiegend zum Freispruch des Angeklagten kommen. In der Konsequenz scheint dies bedenklich: Das immanente Risiko von Forschung würde sich stets zugunsten des Arztes und zuungunsten des Opferschutzgedankens niederschlagen.

3. Lösung mit Hilfe der "Risikoerhöhungslehre"

Die Überlegungen haben gezeigt, dass eine Missachtung der Sorgfaltsanforderungen in vielen Fällen nur bei einem Verzicht auf die Erfolgszurechung zu einer Strafbarkeit des Täters führt. Weil die *"Risikoerhöhungslehre"*[623] die Unrechtsbeurteilung an das Überschreiten des "erlaubten Risikos" anknüpft, lässt diese bereits eine *Risikosteigerung* für eine Erfolgszurechung ausreichen. Eine Lösung für die spezifischen Probleme des Forschungssektors bietet die Lehre dennoch nicht. Zum einen wird dem generellen Herabsenken der Erfolgszurechungsanforderungen zugunsten der "Risikoerhöhungslehre" vielfache Kritik entgegengebracht[624].

---

[621] Z. B. BGHSt 11, 1; 21, 59; 24, 31; Sch/Sch-*Cramer*, § 15 Rn 174; Schlüchter, JuS 1977, 104, 108.
[622] Dazu 5. Teil IV.
[623] Roxin, ZStW 74 (1962), S. 411, 430; SK-Rudolphi, Vor § 1, Rn 66.
[624] Zur Kritik vgl. die Übersicht bei Wessels, S. 65.

Vor allem bietet diese aber aus einem anderen Grunde keine Lösungsmöglichkeit: Zwar könnte in der Humanforschung von einer Risikoerhöhung zu sprechen
sein, wenn erforderliche Sicherungsmaßnahmen nicht ausgeschöpft werden.
Denn die Handlung birgt dann die zusätzliche Gefahr, dass sich das Fehlen einer
solchen Maßnahme schädigend auswirkt. Ob die "Risikoerhöhungslehre" aber
anwendbar sein soll, wenn es an jeglichen Erfahrungen über das Verhältnis von
Handlung und Erfolg fehlt, ist fraglich. Typischerweise setzt diese die *grundsätzliche Eignung* einer Verhaltensweise zur Herbeiführung einer Rechtsgutsverletzung
voraus; die Lehre verzichtet für den Einzelfall lediglich auf einen Nachweis des
Wirkungszusammenhangs und reduziert so den Anwendungsbereich des Zweifelssatzes ("in dubio pro reo").[625] Im Forschungssektor können statistische Wahrscheinlichkeitsaussagen eine Erfolgszurechung aber gerade nicht stützen. Weil
die "Risikoerhöhungslehre" in der *"generellen Kausalität"* eine notwendige Bedingung für die Strafbarkeit sieht, ist letztlich auch diese ungeeignet, die forschungsimmanente Problematik zu erfassen.

---

[625] Roxin, ZStW 74 (1962) , 411, 430; vgl. auch Jescheck/Weigend, S. 585 f.; SK-Rudolphi, Vor §
1, Rn 66.

II. Zusammenfassung

Eine Analyse der aktuellen Rechtslage zur Humanerprobung bringt Schwierigkeiten bei der Zurechnung von Körperverletzungs- und Tötungserfolgen zutage. Während sich der Mangel an Erfahrung und Konsens für die Bestimmung sorgfältigen Verhaltens ersetzen lässt, kommt dieser bei der Erfolgszurechung zum Tragen. Daher ist die Frage nicht unberechtigt, ob "ein Grundprinzip der geltenden Strafrechtsordnung die Grenzen seiner Leistungsfähigkeit erreicht und überschritten hat: Das Haften an der Erfolgsverursachung im Sinne der Rechtsgutsverletzung als Grundvoraussetzung der Bestrafung."[626] So könnte sich die Funktion des Erfolgs in der Begründung des Straferfordernisses erschöpfen, während das strafrechtliche Unrecht allein als durch das Handlungsunrecht konstituiert anzusehen wäre[627].

Ist man zu einer folgenträchtigen Änderung der generellen Zurechnungsstrukturen nicht bereit, wird die Missachtung von Sorgfaltsanforderungen im Humanforschungsbereich letztlich in einer Vielzahl von Fällen nicht zur Strafbarkeit des Handelnden führen. Damit ist das Einhalten von Sorgfaltsregeln durch das Strafrecht nicht zu gewährleisten. Vieles spricht daher dafür, den Humanforschungsbereich mit seinen elementaren Besonderheiten konsequent in einer speziellen Regelung zu erfassen.

---

[626] Armin Kaufmann, JZ 1971, S. 567, 575.
[627] So Zielinski, S. 126 f., 129 ff., 153 ff., 162 ff., 168 ff., 185 ff.

C. Ausblick

Ohne den Anspruch auf eine vollständige Erörterung erheben zu können, sollen die folgenden Überlegungen zu einer spezialgesetzlichen Erfassung des Humanforschungsbereichs die bisherige Untersuchung abrunden.

I. Vorteile einer gesetzlichen Erfassung der Humanforschung

1. Gründe für den Zurechungsverzicht

Nach den modifizierten Methoden kann die für die Humanerprobung anzuwendende Sorgfalt ermittelt werden, so dass eine grundsätzliche strafrechtliche Erfassung dieses Forschungsbereichs möglich ist. Ohne eine spezialgesetzliche Regelung stünde aber nach obigen Überlegungen die Effektivität der Schutzwirkung dieser "Sorgfaltspflichten" in Frage. Die Überwindung von Erfolgszurechnungsproblemen kann man als Kennzeichen der "Risikogesellschaft" betrachten[628], die allerdings eine zu legitimierende Reduktion von Strafbarkeitsvoraussetzungen bedingt[629].

Für eine Legitimation ist erheblich, dass die Verfahrenvorschriften im Bereich der Humanforschung als Motivator für Rechtsgüterschutz geeignet sind und daher für das Ordnungsinteresse des Staates sprechen[630]. Einer damit einhergehenden funktionalen Ausrichtung des Strafrechts an den Belangen der Gesellschaft[631] steht auch die Befürchtung nicht entgegen, mit einer gesetzlichen Berücksichtigung des Sicherheitsdenkens gehe eine Innenpolitisierung des Strafrechts einher; und damit werde die Kraft des Strafrechts, fundamentale Normen zu schützen, geschwächt.[632]

---

[628] Lagodny, S. 540.
[629] Zum erhöhten Legitimationsbedarf bei abstrakten Gefährdungsdelikte, vgl. Hassemer, S. 11; Herzog, S. 70 f.
[630] Vgl. Bohnert, JuS 1984, S. 182, 185. Zur "Rechtsgüterschutzförderlichkeit" vgl. auch Hoyer, S. 39; Zielinski, S. 121.
[631] Dazu Wolter, S. 21.
[632] Vgl. Herzog, S. 72, 73.

Zu entkräften ist dieses Argument, wenn man eine Risikodogmatik zugrunde legt, die festen Regeln entspricht. Eine verbleibende gewisse Ausrichtung des Strafrechts an gesellschaftlichen Belangen ist aber nicht als Bedrohung zu bewerten, sondern stellt die Grundlage für einen effektiven Rechtsgüterschutz dar.

Mit einem Verzicht auf die Erfolgszurechung wird auch nicht etwa ein "Ungehorsamsdelikt"[633] statuiert. Selbst wenn sich die Strafbarkeit eines Verhaltens allein daraus ergäbe, dass der Täter "die Rechtsordnung erschüttert"[634] hat, müsste dies nicht zwingend illegitim sein; das zeigt etwa die Strafbarkeit des untauglichen Versuchs gemäß §§ 22, 23 Abs. 3 StGB. Zudem knüpft der Handlungsunwert der Fahrlässigkeitsdelikte an der Missachtung von Sicherheitsregeln an, denen als "Gefahrenreduzierungsmaßnahmen" ein unmittelbarer Bezug zum Rechtsgüterschutz zukommt. Damit ist nicht "Ungehorsam", sondern die Gefahrenerhöhung für ein Rechtsgut, bzw. das Schaffen eines "Gefahrenverdachts"[635], Anknüpfungspunkt für die Bestrafung.

2. Fortführung eines gesetzgeberischen Risikokonzepts

Für eine spezialgesetzliche Erfassung spricht neben den dogmatischen Gründen die Möglichkeit der Realisierung eines rechtsgebietsübergreifenden Risikokonzepts in der Humanforschung: Das Zusammenspiel von verwaltungs- und strafrechtlichen sowie zivilrechtlichen Rechtsgüterschutz- und Schadensausgleichsmöglichkeiten könnte den komplexen Forschungssektor optimal regulieren.[636]

Der deutsche Gesetzgeber hat sich mit den Strafvorschriften aus AMG und MPG in Teilbereichen der Humanerprobung bereits für die Beurteilung der Missachtung von Schutzregelungen als Unrecht entschieden.

---

[633] Zu diesem Begriff vgl. Binding, S. 45.
[634] So Lukes/Feldmann/Knüppel, S. 71, 104.
[635] Vgl. 2. Teil C. II.
[636] Vgl. 3. Teil C. II. 1.

Als weiteres Beispiel innerhalb des ärztlichen Lebensbereichs lässt sich das Transplantationsgesetz[637] als Regulierung medizinischen Neulands nennen; insoweit hat der Gesetzgeber auf ethische Fragestellungen und Missbrauchsbefürchtungen zugunsten eines die Transplantationsmedizin betreffenden Vertrauensschutzes reagiert. Neben der zu bemängelnden Lückenhaftigkeit dieser Spezialgesetze, die eine Forderung nach gesetzgeberischem Handeln begründen könnte[638], wird die häufig unzureichende Erfassung des Humanforschungsbereichs auch über die Landesgrenzen hinaus relevant, wie die folgenden Ausführungen zeigen.

3. Gewährleistung eines europäischen Forschungsstandards

Das Menschenrechtsübereinkommen zur Biomedizin[639] wird in Deutschland insbesondere wegen der Bestimmungen zum Schutze nichteinwilligungsfähiger Versuchsteilnehmer (Art. 17) kritisiert. Weitgehend unbeachtet blieb aber bisher die Frage, ob der Mindestschutz[640] des Übereinkommens durch nationale Regelungen in Deutschland überhaupt gewährleistet wäre. Die Ausführungen haben ergeben, dass das StGB dies jedenfalls nicht leisten kann. Nach einer Ratifizierung des Übereinkommens wird vor allem die bereits erkennbare Zurechnungsproblematik in den Vordergrund dogmatischer Überlegungen rücken müssen.

Im Folgenden sollen zwei Möglichkeiten für eine strafrechtliche Erfassung des Forschungssektors untersucht werden. Zum einen ist die Aufnahme einer Strafvorschrift in das StGB zu erörtern; auf den Charakter eines solchen Delikts sowie dessen mögliche Ausgestaltung soll kurz eingegangen werden.

---

[637] Gesetz über die Spende, Entnahme und Übertragung von Organen (Transplantationsge-setz - TPG) vom 5. November 1997 (BGBL. I S. 2631).
[638] So z. B. Andrea Jung, 266 ff., Peter, S. 130; Stock, S.191, 214.
[639] Dazu schon 4. Teil A. I.
[640] Der Charakter als Basisregelung offenbart sich deutlich aus Art. 27, der den Vertragsstaaten des Europarates ausdrücklich erlaubt, durch nationale Regelungen einen über das Abkommen hinausgehenden Schutz zu gewährleisten.

Vor allem aber bietet sich an, nach französischem Vorbild des "Loi Huriet"[641] ein nationales Gesetz zum Schutz von Patienten und Probanden bei der Humanerprobung in Erwägung zu ziehen. Insoweit ist im Rahmen dieser Untersuchung eine Beschränkung auf die Struktur und die inhaltlichen Mindestvoraussetzungen erforderlich.

II. Möglichkeit der Erfassung der Humanforschung durch das StGB

1. Deliktscharakter

Eine Möglichkeit der konsequenten Loslösung strafwürdiger Sorgfaltspflichtverletzungen vom tatbestandlichen Erfolg liegt in der Konstruktion von abstrakten Gefährdungsdelikten. Diese setzen nicht den Eintritt eines Körperverletzungs- oder Tötungserfolges voraus, geschweige denn einen strafbarkeitsbegründenden kausalen Zusammenhang mit der Handlung des Täters.[642] Die Zuordnung einer spezialgesetzlichen Regelung der Humanforschung zu dieser Deliktskategorie ist aber nicht so eindeutig, wie es auf den ersten Blick scheint:

Zwar ist die Gefahr bei den abstrakten Gefährdungsdelikten keine tatbestandliche Voraussetzung[643], dennoch aber überwiegend als der gesetzgeberische *Grund für die Strafdrohung* anerkannt.[644] Als primäre Aufgabe des Strafrechts wird die Verhinderung von Verletzungen und Gefahren bezeichnet[645].

---

[641] Loi Huriet-Serusclat et loi de Bioethique (Loi 88-1138 du 20 decembre 1988, J.O. du 22/12/88); vgl. schon 4. Teil A..

[642] Vgl. Kuhlen, ZStW 105 (1993), S. 697, 698; Sch/Sch-Heine, Vorbem. §§ 306, Rn 3 ff.

[643] Der Unwert der abstrakten Gefährdungsdelikte liegt allein in der Tathandlung begründet, auch ein Gefährdungserfolg ist nicht vorausgesetzt, vgl. z. B. Hoyer, S. 41, Tröndle/Fischer, Vor § 13, Rn 13 a; Meyer (S. 183 ff.) beschreibt diese Deliktskategorie als "Gefährlichkeitsdelikte", weil sie aus der Sicht des Subjektes gefährlich erscheinen. Der Gegensatzbegriff lautet "Gefährdungsdelikt", das eine reale Gefährdung beschreibt (Sicht des Objektes).

[644] Vgl. BGHSt 26, 88, 121; 43, 8, 12; Tröndle/Fischer, Vor § 13 Rn 13 a. Ob die Handlung letztlich tatsächlich zur Rechtsgutsverletzung tauglich ist, spielt keine Rolle, vgl. z. B. Hoyer, S. 41.

[645] So Wolter, S. 24.

Während die Legitimation von Handlungsverboten aufgrund eines weiten Gefahrbegriffs schon erörtert wurde[646], geht es hier um die Legitimation eines Verzichts
auf strenge Zurechnungskriterien. Maßgeblich ist in diesem Kontext, dass die Begründungen für die abstrakten Gefährdungsdelikte überwiegend an einen Gefahrbegriff anknüpfen, der gerade auf der Kenntnis von typischen Handlungsfolgen
basiert. Genau dies erschwert eine eindeutige Zuordnung.

So werden die abstrakten Gefährdungsdelikte zum einen gerechtfertigt aufgrund
der *Gefährlichkeit einer Handlungsgruppe*; man spricht dann von einer "generellen
Gefährlichkeit"[647]: "Die Gefährlichkeit ist nicht Attribut der einzelnen Handlung,
aber aufgrund der Massenbeobachtung erscheint sie als Eigenschaft einer Handlungsgruppe."[648] Ein weiterer Erklärungsansatz stellt auf die Fiktion eines Gefahr-
erfolges ab, der sich aber wiederum auf die *Kenntnisse einer regelmäßigen Gefährdung* stützt[649]. Die unterschiedlichen Ansätze haben damit gemeinsam, dass
sich in den abstrakten Gefährdungsdelikten die Erfahrung des Gesetzgebers nie-
derschlägt, dass gewisse Handlungen regelmäßig Ursache einer Gefahr sind[650].
Und das Urteil über die Gefährlichkeit basiert auf der Information über Erfahrungssätze, Naturgesetze und statistische Signifikanz bezüglich des schädigenden
Kausalverlaufs.[651]

---

[646] 5. Teil A IV. 2, vgl. auch 2. Teil C. II.
[647] Theorie der generellen Gefährlichkeit; Gefahr-/Gefährlichkeits-Motivtheorie: Bohnert, JuS 1984,
S. 182, 186; Graul, S. 144 ff.; Jakobs, Strafrecht AT, S. 145; Wohlers, S 297, 299 ff.; Vgl. auch
Henckel (S. 61), der auf das zahlreiche Auftreten von Situationen abstellt, die in ihrer Masse
das gesellschaftliche Zusammenleben gefährden.
[648] Binding, S. 379, 380.
[649] Theorie der abstrakten Gefährlichkeit/Gefahr; Gefahr-/Gefährlichkeits-Präsumtionstheorien:
Vgl. Binding, S. 380; Graul, S. 151 ff. m. w. N. (S. 157 ff.), Henckel, S. 73. Binding (S. 380) beschreibt diesen Erklärungsansatz wie folgt: "Diese Theorie erklärt den Unterschied zwischen
dem Erfordernis einer konkreten Gefahr bei den konkreten Gefährdungsdelikten und der Nicht-
erforderlichkeit derselben bei den abstrakten Gefährdungsdelikten "aus dem 'Hineinziehen des
Beweismoments'. Die Gefährdung sei oft schwer nachweisbar, der Gesetzgeber sähe sie dann
als bestimmte regelmäßig gefährliche Handlungen immer gegeben an, (....)".
[650] So ausdrücklich Henckel, S. 60 f.
[651] Vgl. BGHSt 18, 271, 272 ff; Lukes, S. 17, 21, 28; Lukes/Feldmann/Knüppel, S. 71, 108; Meyer,
S. 194, 197.

Da es an derartigen Informationen im Forschungssektor üblicherweise fehlt, kann eine Zuordnung zu der typischen Deliktskategorie der abstrakten Gefährdungsdelikte[652] nicht erfolgen. Der Gesetzgeber ist allerdings nicht gehindert, auch das Herbeiführen einer "Gefahrenverdachtssituation"[653] als nicht mehr tolerable Risikosetzung einzustufen und den Verstoß gegen Sorgfaltsmaßnahmen auch dann zu bestrafen, wenn dieser lediglich zur Unsicherheit darüber führt, ob Rechtsgüter verletzt werden können. Denkbar wäre deshalb - auf der Grundlage eines weiten Gefahrverständnisses - eine strafrechtliche Norm im Humanforschungsbereich einer neuartigen Form von abstrakten Gefährdungsdelikten[654] zuzuordnen oder von einem "Risikodelikt neuen Typs"[655] auszugehen. Maßgeblich ist allerdings das Bewusstsein, dass der Strafgrund eines solchen Delikts in der *theoretischen* Möglichkeit einer Erfolgsherbeiführung liegt: Im Gegensatz zur praktischen Möglichkeit zur Rechtsgutverletzung bei den klassischen abstrakten Gefährdungsdelikten ist der Strafgrund die *fehlende Minimierung potentieller Risiken*. Dies würde die deutliche Bezeichnung als *"Gefährdungsverdachtsdelikt"* rechtfertigen.

2. Ausgestaltung des Delikts

a) Beweislastverschiebung

Für eine spezialgesetzliche Erfassung käme zum einen die Statuierung eines Tatbestandes in Betracht, der die *Beweislast verschiebt*. Die Formulierung: "Wer einen humanforschenden ärztlichen Eingriff vornimmt, ohne dass eine Schädigung anderer an Leib oder Leben auszuschließen ist,..." kleidet letztlich aber nur die alte Problematik in ein neues Gewand. Denn es ist gerade unklar, ob bei Einhaltung aller ex-ante erkennbaren Sicherheitsmaßnahmen eine Schädigung des Versuchsteilnehmers auszuschließen ist.

---

[652] Zu einer Unterscheidung und Kategorisierung der abstrakten Gefährdungsdelikte vgl. Wohlers, S. 296 ff.

[653] Dazu 2. Teil C. II.

[654] So stellt auch Franz X. Kaufmann (S. 154 f, 157) für die abstrakten Gefährdungsdelikte eine neue Begründung auf, indem er die "Sicherheit als Normzweck" bezeichnet und damit unmittelbar an den Gedanken gesellschaftlicher Verunsicherung anknüpft.

[655] Dazu Armin Kaufmann, JZ 1971, S. 567, 576.

Damit wäre stets die Strafbarkeit des Arztes begründet, die Formulierung würde auf ein absolutes Handlungsverbot hinauslaufen.[656]

b) Aufzählung der Voraussetzungen im Tatbestand

Eine gesetzestechnische Lösung kann vielmehr darin bestehen, die Sorgfaltsregeln für erlaubt riskante Humanerprobungen unmittelbar in den Tatbestand aufzunehmen. Ein spezieller strafrechtlicher Tatbestand könnte eine *ausdrückliche Aufzählung* der Sorgfaltsanforderungen enthalten: "Wer einen humanforschenden ärztlichen Eingriff vornimmt, ohne 1. Voruntersuchungen durchzuführen, 2. die Zustimmung des Versuchsteilnehmers einzuholen, 3. einen Prüfplan anzufertigen, 4. diesen einer Ethikkommission vorzulegen, 5. ...". Bezüglich der Rechtsfolge würde sich eine Anlehnung an die Strafdrohung aus § 96 AMG und § 41 MPG empfehlen. Die Aufnahme eines solchen Delikts würde sich allerdings bereits der äußeren Form nach als wesensfremd gegenüber den sonstigen Vorschriften des StGB darstellen. Nachteilig wäre aber vor allem, dass diese Lösung einen umfangreichen Tatbestand bedeuten würde. Selbst ein solcher müsste aber noch auf die Regelung von Stellung, Zusammensetzung und Bedeutung der Ethikkommissionen verzichten, um sich nicht des Vorwurfs der Unübersichtlichkeit auszusetzen. Auch den Aufklärungsanforderungen und dem besonderen Schutz bestimmter Patienten- und Probandengruppen könnte kaum Rechnung getragen werden.

c) Verweis auf spezialgesetzlich geregelte Anforderungen

Gegenüber einer ausdrücklichen Aufzählung von Anforderungen stellt sich ein *Verweis innerhalb des Tatbestandes auf ein spezielles Gesetz* vorteilhaft dar. Dazu können die Umweltdelikte im neunundzwanzigsten Abschnitt des StGB, die auf die "Verletzung verwaltungsrechtlicher Pflichten" (§§ 324a, 325, 325a StGB) verweisen, ein Vorbild für die tatbestandliche Fassung darstellen; und bezüglich der Rechtsfolge bietet sich eine Anlehnung an die Strafvorschriften aus dem AMG und MPG[657] an.

---

[656] Zur verfassungsrechtlichen Problematik eines solchen Verbots vgl. schon 2. Teil D. II.
[657] § 96 Nr. 10 AMG, 41 Nr. 4 MPG.

Das Delikt könnte beispielsweise in den siebzehnten Abschnitt des StGB über die Straftaten gegen die körperliche Unversehrtheit eingeordnet werden und wie folgt lauten:

"Unerlaubte Humanerprobung

Wer eine neue diagnostische oder therapeutische Methode in einem körperlichen Eingriff an einer kranken oder gesunden Person unter Verletzung der Pflichten aus dem Patienten- und Probandenschutzgesetz erprobt, wird mit Freiheitsstrafe bis zu einem Jahr oder mit Geldstrafe bestraft."

Dieser Vorschlag ermöglicht es, die Strafbarkeit unmittelbar an die Verletzung von "Sorgfaltspflichten" anzuknüpfen sowie in einem speziellen Gesetz eine ausführliche Reglementierung des Humanforschungssektors vornehmen zu können. Zudem würde die Aufnahme eines Delikts in das StGB die staatlichen Schutzpflichten für Leben und körperliche Unversehrtheit erfüllen,[658] indem dieses den Schutz elementarer Rechtsgüter im Verhältnis zur Forschungsfreiheit explizit herausstellt. Einer gesellschaftlichen Verunsicherung bezüglich Humanerprobungen wäre damit ebenso begegnet. Die "Verweistechnik" betont dabei die Rolle des Strafrechts in einem rechtsgebietsübergreifenden Risikokonzept, wie es bereits in den Umweltdelikten zum Ausdruck kommt[659]: Das Strafrecht zielt darauf, den speziellen verwaltungsrechtlichen Regelungen Geltung zu verschaffen und damit einen umfassenden Rechtsgüterschutz zu gewährleisten. Einem solchen Spezialgesetz sind die folgenden Überlegungen gewidmet.

---

[658] Dazu bereits 1. Teil A.
[659] Dazu 3. Teil C. II. 1.

III. Möglichkeit einer spezialgesetzlichen Erfassung

1. Charakter einer spezialgesetzlichen Regelung

Ein rechtsgebietsübergreifendes Konzept zum Umgang mit dem Forschungssektor erfordert ein umfassendes Spezialgesetz, das allen Aspekten der Humanerprobung Rechnung tragen könnte.[660] Ein *"Gesetz zum Schutze von Patienten und Probanden in der Humanerprobung (Patienten- und ProbandenschutzG)"* trüge zudem zur Übersichtlichkeit und Einheitlichkeit rechtlicher Bewertungen des Forschungssektors bei. Vorbilder einer derartigen umfassenden Regelung sind die RDH, das Menschenrechtsübereinkommen zur Biomedizin sowie das französische Spezialgesetz ("Loi Huriet")[661]; ebenso enthalten die forschungsbezogenen Regelungen des AMG und MPG für den deutschen Gesetzgeber Beispiele für den Aufbau und die Struktur dieses Gesetzes.

2. Inhalt einer spezialgesetzlichen Regelung

Das *"Patienten- und ProbandenschutzG"* kann entweder selbst Strafvorschriften enthalten und damit in die Fußstapfen des AMG und MPG treten,[662] oder dies wahlweise, wie im Umweltrecht, dem Regelungsbereich des Strafgesetzbuchs überlassen[663]. Entscheidend für eine Risikosteuerung sind die Forschungsanforderungen des Gesetzes, das seinen umfassenden Regelungsgegenstand sowie seine Zielsetzung im Sinne eines effektiven Risikomanagements unmissverständlich formulieren sollte:

---

[660] Mit dem Transplantationsgesetz (vgl. dazu C. I.) hat beispielsweise der Gesetzgeber konkret auf die Unsicherheiten in einem medizinischen Bereich reagiert: Wie auch im AMG und MPG konnte er durch die spezialgesetzliche Erfassung einen Katalog von Zulässigkeitsvoraussetzungen statuieren (vgl. §§ 3, 8 TPG), Sonderfragen Rechnung tragen   (Bsp.: § 4 TPG), ein umfassendes Kontrollsystem einrichten (vgl. § 8 Abs. 2, 3, 9 ff. TPG), Wertprinzipien herausstellen (§ 6 TPG) und die Einhaltung der erforderlichen Anforderungen durch eine Strafdrohung unterstützen (§§ 18 ff. TPG).

[661] C. I. 3.

[662] Vorteilhaft wäre die Möglichkeit, eine Differenzierung zwischen Straftaten und Ordnungswidrigkeiten vornehmen zu können.

[663] Vgl. dazu II. 2. c).

Dieses Gesetz erfasst jegliche körperliche Eingriffe am Menschen zur Erpro-
bung einer neuen ärztlichen diagnostischen oder therapeutischen Methode
(Humanerprobung).
Es dient dem Schutze aller Teilnehmer einer Humanerprobung (Versuchsteil-
nehmer). Dazu zählen sowohl die kranken Personen (Patienten), zu deren
Heilung eine Humanerprobung vorgenommen wird (therapeutischer Versuch)
als auch die gesunden Personen (Probanden), wenn die Erprobung aus rein
wissenschaftlichen Zielsetzungen erfolgt (nicht-therapeutischer Versuch).
Zugleich soll es die Steuerung der Entwicklung diagnostischer und therapeuti-
scher Methoden im Sinne ethischer und rechtlicher Grundprinzipien gewähr-
leisten und damit das Vertrauen der Bevölkerung in einen gesellschaftlich
wichtigen Forschungssektor stärken.

Zudem müssen sich die Voraussetzungen, unter denen eine Humanerprobung
zulässig ist, *mindestens* auf die folgenden, bislang erörterten Sorgfaltsanforderungen[664] erstrecken. Danach sind die folgenden Pflichten zu erfüllen:

1. *Der Forschende hat eine Abwägung vorzunehmen. Diese muss bei einem*
   therapeutischen Versuch ergeben, dass die für den Patienten erwarteten Vor-
   teile nicht außer Verhältnis zu den Risiken stehen, bei einem nicht-
   therapeutischen Versuch hingegen, dass die für die ärztliche Heilkunde erwar-
   teten Vorteile die Risiken für den Probanden überwiegen.
2. *Der Versuchsteilnehmers ist umfassend aufzuklären. Dessen Zustimmung ist*
   notwendige Bedingung für die Durchführung des Forschungsprojekts.
3. *Der Humanerprobung müssen wissenschaftliche Voruntersuchungen voraus-*
   gegangen sein, die einen ungefährlichen Verlauf der Erprobung erwarten las-
   sen.
4. *Ein umfassender Prüfplan ist zu erstellen.*
5. *Der Prüfplan ist einer Ethikkommission vorzulegen, die das Forschungsprojekt*
   zustimmend bewerten muss.

---

[664] Vgl. insbesondere: 4. Teil C. II. -VI., 5. Teil B II., III.

Dabei könnte die Statuierung einer gesetzlichen Pflicht zur Anrufung einer *Ethikkommission* mit der detaillierten Regelung des Aufgabenbereichs, der Zusammensetzung sowie der Verfahrensweisen verbunden werden. Auch die Bedingungen, unter denen die Forschung an *Einwilligungsunfähigen* zulässig sein soll, könnte zur Sicherheit des Versuchsteilnehmers und zur rechtlichen Absicherung des forschenden Arztes klargestellt werden; dieser umfassenden Problematik ist eine gesonderte, ausführliche Vorschrift zu widmen[665]. Ein ausdrücklicher *"qualifizierter Arztvorbehalt"* nach dem Vorbild des AMG und MPG[666] würde die Zweifel über die zu Humanerprobungen befugten Personen zerstreuen: Die Humanerprobung muss von einem Arzt geleitet werden, der eine mindestens zweijährige Erfahrung in dem speziellen Forschungsbereich nachweisen kann. Zudem bestünde die Möglichkeit, im Sinne eines umfassenden Risikokonzepts, eine Pflicht zur *Probandenversicherung*[667] und zu *Nachuntersuchungen der Versuchsteilnehmer* im Sinne eines umfassenden Schutzsystems gesetzlich zu fixieren. Bestandteil eines solchen wäre auch eine Pflicht zur Dokumentation der Forschungsergebnisse, die optimalerweise in ein *komplexes Informationssystem* eingestellt werden sollten; das Schaffen einer entsprechenden Infrastruktur wäre den Selbstverwaltungskörperschaften aufzutragen. Letztlich könnten in einer gesonderten Vorschrift die Bedingungen für Forschungseingriffe in *medizinischen Notfällen und bei Einzelerprobungen*[668] aufgenommen und damit die rechtlichen "Grauzone" in diesem Bereich beseitigt werden.

III. Zusammenfassung

Aufgrund der durch die forschungsbedingten Unsicherheiten geprägten *Zurechnungsproblematik* ist eine spezielle gesetzliche Erfassung des Humanforschungsbereichs wünschenswert. Damit würde einem legitimen Bedürfnis nach Sicherheit innerhalb eines gesellschaftlich relevanten Lebensbereichs Rechnung getragen.

---

[665] Vgl. aber auch 5. Teil B. II. 2. a).
[666] § 40 Abs. 1, Satz 1, Nr. 4 AMG, § 20 Abs. 1, Nr. 4 MPG.
[667] Vgl. Stock (S. 188 ff.), die sich ausdrücklich für eine solche gesetzliche Verankerung der Versicherungspflicht ausspricht.
[668] Vgl. 5. Teil B. III. 2.

Vor allem aber bedeutet dies die Gewährleistung des in der Forschung möglichen Schutzes des Lebens und der körperlichen Unversehrtheit der Versuchsteilnehmer, ohne allerdings unzumutbare Hindernisse für die Forschenden zu bereiten. Letztlich geht es bei einer gesetzlichen Erfassung um die *Verankerung einer erforderlichen Risikoverteilung*, der das geltende Strafrecht nicht umfassend genügen kann.

Eine Lösung für die gesetzliche Erfassung des Humanforschungssektors kann darin liegen, nach dem Vorbild der Umweltdelikte eine Strafvorschrift in das Strafgesetzbuch aufzunehmen, die den Verstoß von "Sorgfaltspflichten" sanktioniert, die in einem Spezialgesetz aufgestellt sind. Ein derartiges *"Gesetz zum Schutze von Patienten und Probanden in der Humanforschung (Patienten- und ProbandenschutzG)"* wäre imstande, dem komplexen Regelungsgegenstand der Humanerprobung Rechnung zu tragen. Allerdings könnte dieses Gesetz entsprechend den arzneimittel- und medizinprodukterechtlichen Vorschriften auch selbst Strafvorschriften enthalten, die an die Missachtung der statuierten Anforderungen anknüpfen.

Die aufgezeigten Möglichkeiten zur Regulierung der Humanforschung können im Rahmen dieses Ausblicks nur die Defizite der aktuellen Rechtslage aufwerfen und einen Beitrag zu einer Diskussion leisten, die sich nicht auf den Bereich des ärztlichen Forschungssektors beschränken kann. Forschung und Entwicklung erfordern vielmehr in allen Lebensbereichen eine Diskussion über rechtspolitische Grundsatzentscheidungen. Sie betreffen die Zielsetzung des Rechts, in der "Risikogesellschaft" eine Kontroll- und Steuerungsfunktion des gesellschaftlichen Wandels einzunehmen.

Literaturverzeichnis

Alternativkommentar	Kommentar zum Strafgesetzbuch, Bd. 1 (§§ 1-21), Neuwied 1990 (zit. Bearbeiter: Zielinski).
Batz, Karl	Die Zulassungsvoraussetzungen für Arzneimittel, Gießen 1986.
Baumann, Jürgen / Weber, Ulrich / Mitsch, Wolfgang	Strafrecht Allgemeiner Teil, Ein Lehrbuch, 10. Aufl., Bielefeld 1995.
Beck, Ulrich	Risikogesellschaft - Auf dem Weg in eine andere Moderne, Frankfurt a. M. 1986.
Bender, Albrecht W.	Der Standard in der klinischen Transfusionsmedizin, MedR 2002, S. 487 ff.
Bender, Bernd	Nukleartechnische Risiken als Rechtsfrage, DÖV 1980, S. 633 ff.
Beulke, Werner/ Bachmann, Gregor	Die "Lederspray-Entscheidung" - BGHSt 37, 106, JuS 1992, S. 727 ff.
Biermann, Elmar	Die Arzneimittelprüfung am Menschen, Gießen 1985.
Binding, Karl	Die Norm und ihre Übertretung, Bd. 1, 4. Aufl., 1965.
Blasius, Helga/ Müller-Römer, Dietrich / Fischer, Jürgen	Arzneimittel und Recht in Deutschland, Stuttgart, 1988.
Blei, Hermann	Straftaten gegen die Person, gegen das Sittengesetz und gegen das Vermögen, 10. Auflage, München 1996.
Bockelmann, Paul	Strafrecht des Arztes, Stuttgart 1968.
Bohl, Winfried	Standard in der Psychiatrie, Frankfurt a. M. 1998.
Bohnert, Joachim	Die Abstraktheit der abstrakten Gefährdungsdelikte, JuS 1984, S. 182 ff.

Bork, Reinhard	Klinische Versuche in der Psychiatrie, NJW 1985, S. 654 ff.
Brammsen, Joerg	Strafrechtliche Rückrufpflicht bei fehlerhaften Produkten?, GA 1993, S. 97 ff.
Buchborn, Eberhard	Ärztliches Ermessen, MedR 1987, S. 221 ff.
ders.	Ärztlicher Standard: Begriff - Entwicklung - Anwendung, MedR 1993, S. 328 ff.
Bundesärztekammer	Materialien zur Fortbildung und Weiterbildung, Bd. 16.: Klinische Arzneimittelprüfung in der Praxis des niedergelassenen Arztes, Hrsg.: Bundesärztekammer in Zusammenarbeit mit der Arzneimittelkommission der deutschen Ärzteschaft, 1. Aufl., 1997.
Classen, Claus Dieter	Ethikkommissionen zur Beurteilung von Versuchen am Menschen: Neuer Rahmen, neue Rolle, MedR 1999, S. 148 ff.
Van den Daele, Wolfgang / Müller-Salomon, Heribert	Die Kontrolle der Forschung am Menschen durch Ethikkommissionen, Stuttgart 1990.
Dähne, Harald	Erneut: Die Doppelfunktion öffentlich-rechtlicher Ethik-Kommissionen, MedR 2003, S. 164 ff.
Deutsch, Erwin	Das internationale Recht der experimentellen Humanmedizin, NJW 1978, S. 570 ff.
ders.	Die zehn Punkte des Nürnberger Ärzteprozesses über die klinische Forschung am Menschen: der sog. Nürnberger Codex, in Festschrift für Rudolf Wassermann; Darmstadt, Neuwied 1985, S. 69 ff. (zit.: Deutsch, Nürnberger Codex).
ders.	Medizinische Versuche und Fahrlässigkeitstheorie, in: Forschung am Menschen, Hrsg.: H. Kleinsorge, G. Hirsch, W. Weissauer, Berlin, Heidelberg 1985, S. 25 ff. (zit.: Deutsch, Medizinische Versuche).
ders.	Fahrlässigkeit und erforderliche Sorgfalt, 2. Aufl., Köln, Berlin 1995 (zit.: Deutsch, Fahrlässigkeit).

ders.	Medizinrecht, Arztrecht, Arzneimittelrecht und Medizinprodukterecht, 4. Aufl., Heidelberg 1999 (zit.: Deutsch, Medizinrecht).
Deutscher, Jörg / Körner, Peter	Die strafrechtliche Produktverantwortung von Mitgliedern kollegialer Geschäftsleitungsorgane, wistra 1996, S. 292 ff.
Dickert, Thomas	Naturwissenschaften und Forschungsfreiheit, Regensburg, Berlin 1991.
Doppelfeld, Elmar	Funktion und Arbeitsweise der Ethik-Kommission, in: Forschungsfreiheit und Forschungskontrolle in der Medizin, Hrsg.: Erwin Deutsch, Berlin 2000, S. 341 ff.
Dreier, Ralf	Forschungsbegrenzung als verfassungsrechtliches Problem, DVBl. 1980, S. 471 ff.
Duttge, Gunnar	Zur Bestimmtheit des Handlungsunwertes von Fahrlässigkeitsdelikten, Tübingen 2001.
Ebert, Udo	"Kausalität und objektive Zurechnung", Jura 1979, S. 561 ff.
Engisch, Karl	Ärztliche Eingriffe zu Heilzwecken und Einwilligung, ZStW 58 (1938), S. 1 ff.
Eser, Albin	Das Humanexperiment, in: Gedächtnisschrift für Horst Schröder, S. 191 ff., München 1978 (zit.: Eser, Humanexperiment).
ders.	Medizin und Strafrecht: eine schutzgutorientierte Problemübersicht, ZStW 97 (1985), S. 1ff.
ders.	Lexikon Medizin, Ethik, Recht; Hrsg.: Albin Eser, Freiburg 1989 (zit.: Eser, Lexikon).
Fabio, Udo di	Risikoentscheidungen im Rechtsstaat, Tübingen 1994.
Freund, Georg Heubel, Friedrich	Forschung mit einwilligungsunfähigen und beschränkt einwilligungsfähigen Personen, MedR 1997, S. 347 ff.
Frisch, Wolfgang	Vorsatz und Risiko, Köln, Berlin 1983 (zit.: Frisch, Vorsatz)

ders.	Tatbestandsmäßiges Verhalten und Zurechnung des Erfolges, Heidelberg 1988 (zit.: Frisch, Zurechnung).
ders.	Verwaltungsakzessorität und Tatbestandsverständnis im Umweltstrafrecht, Heidelberg 1993 (zit.: Frisch, Verwaltungsakzessorietät).
Gallwas, Hans-Ullrich	Zulassungspflicht für Arzneimittel, ZRP 1975, S.113 ff.
Grahlmann, Hans-Günter	Heilbehandlung und Heilversuch: zur strafrechtlichen Problematik von Neulandoperationen und experimentellen Heilmethoden, Stuttgart 1977.
Gramm, Christoph	Ethikkommissionen: Sicherung oder Begrenzung der Wissenschaftsfreiheit, WissR 1999, S. 209 ff.
Graul, Eva	Abstrakte Gefährdungsdelikte und Präsumtionen im Strafrecht, Berlin 1991.
Gropp, Walter	Strafrecht Allgemeiner Teil, 2. Auflage, Berlin, Heidelberg, New York 2001.
Grunwald, Reinhard	Gute wissenschaftliche Praxis: Mehr als die Kehrseite wissenschaftlichen Fehlverhaltens, in: Gedächtnisschrift für Hartmut Krüger, Hrsg.: Peter Hanau, Berlin 2001, S. 127 ff.
Habermann, Ernst / Lasch, Hans / Gödicke, Patrick	Therapeutische Prüfungen an Nicht-Einwilligungsfähigengen im Eilfall - ethisch geboten und rechtlich zulässig?, NJW 2000, S. 3389 ff.
Hart, Dieter	Heilversuch, entwicklungstherapeutische Strategien, klinische Prüfung und Humanexperiment, MedR 1994, S. 94 ff.
ders.	Grundlagen des Arzthaftungsrechts: Pflichtengefüge, JURA 2000, S. 64 ff.
ders.	Evidenz-basierte Medizin und Gesundheitsrecht, in: MedR 2002, S. 1 ff.
Hart, Dieter / Merkel, Harald / Woggan, Olaf	Das Recht des Arzneimittelmarktes, Baden-Baden, 1988.

Hassemer, Winfried	Symbolisches Strafrecht und Rechtsgüterschutz, NStZ 1989, 553 ff.
ders.	Produktverantwortung im modernen Strafrecht, 2. Aufl., Heidelberg 1996.
Hasskarl, Horst	Spezifische Prüfungsprobleme der Forschung am Menschen aus juristischer Sicht, in: Forschung am Menschen, Hrsg.: H. Kleinsorge / G. Hirsch / W. Weißauer, München 1985, S. 69 ff.
Heghmanns, Michael	Grundzüge einer Dogmatik der Straftatbestände zum Schutz von Verwaltungsrecht oder Verwaltungshandeln, Berlin 2000.
Henckel, Hans	Der Gefahrbegriff im Strafrecht, Breslau 1930.
Herzberg, Rolf Dietrich	Das vollendete vorsätzliche Begehungsdelikt als qualifiziertes Versuchs-, Fahrlässigkeits- und Unterlassungsdelikt, JuS 1996, S. 377 ff.
Herzog, Felix	Gesellschaftliche Unsicherheit und strafrechtliche Daseinsvorsorge, Frankfurt a. M. 1990.
Hilgendorf, Eric	Strafrechtliche Produzentenhaftung in der "Risikogesellschaft", Berlin 1993.
Hirsch, Günter	Heilversuch und medizinisches Experiment, in: Forschung am Menschen, Hrsg.: H. Kleinsorge/G. Hirsch/ W. Weißauer, München 1985, S. 13 ff.
Horn, Eckhard	Konkrete Gefährdungsdelikte, Köln 1973 (zit.: Eckard Horn).
Horn, Norbert	Einführung in die Rechtswissenschaft und Rechtsphilosophie, Heidelberg 2001 (zit.: Norbert Horn).
Hoyer, Andreas	Die Eignungsdelikte, Berlin 1987.
Isensee, Josef/ Kirchhoff, Paul	Handbuch des Staatsrechts, Bd. V, Allgemeine Grundrechtslehre, 2. Aufl., Heidelberg 2000.
Jakobs, Günther	Strafrecht Allgemeiner Teil, Die Grundlagen und die Zurechnungslehre, 2. Aufl., Berlin, New York 1991 (zit.: Jakobs, Strafrecht AT).

ders.   Bemerkungen zur Zurechnung, in: Festschrift für Hans-Joachim Hirsch, Hrsg.: Thomas Weigend, Georg Küpper, Berlin, New York 1999 (zit.: Jakobs, Zurechnung).

Jescheck, Hans-Heinrich /   Lehrbuch des Strafrechts Allgemeiner Teil, 5. Aufl.,
Weigend, Thomas   Berlin 1996.

Jung, Andrea   Die Zulässigkeit biomedizinscher Versuche am Menschen, Saarbrücken, Köln, Berlin 1996 (zit.: Andrea Jung).

Jung, Heike   Entscheidungsprozesse bei medizinisch-ethischen Grenzfragen: Zur Rolle der Ethikkommissionen, in: Recht und Moral, Hrsg. Jung/Müller-Dietz/Neumann, Baden/Baden 1991, S. 401 ff. (zit.: Heike Jung).

Kamp, Ilka   Die Europäische Bioethik-Konvention, Frankfurt a. M. 2000.

Kaufmann, Armin   Tatbestandsmäßigkeit und Verursachung im Contergan-Verfahren, JZ 1971, S. 567 ff.

ders.   Zum Stand der Lehre vom personalen Unrecht, in: Festschrift für Hans Welzel, Hrsg.: Stratenwerth, Günter; Kaufmann, Armin, S. 393 ff., Berlin, New York 1974 (zit.: Armin Kaufmann, Personales Unrecht).

ders.   Das fahrlässige Delikt, in: Strafrechtsdogmatik zwischen Sein und Wert, Hrsg.: Gerhard Dornseifer, Eckhard Horn, Georg Schilling, Wolfgang Schöne, Eberhard Struensee, Diethard Zielinski, Köln, Berlin 1982 (zit.: Armin Kaufmann, Das fahrlässige Delikt).

Kaufmann, Arthur   Strafrechtspraxis und sittliche Normen, JuS 1978, S. 361 ff. (zit.: Arthur Kaufmann).

Kaufmann, Franz Xaver   Normen und Institutionen als Mittel zur Bewältigung von Unsicherheit: Die Sicht der Soziologie, in: Bayrische Rückversicherung Aktiengesellschaft (Hrsg.), Gesellschaft und Unsicherheit, Karlsruhe 1987 (zit.: Franz X. Kaufmann, Normen).

Keller, Rolf   Das Recht der medizinischen Forschung am Menschen, MedR 1991, S. 11 ff.

Kleindiek, Ralf   Wissenschaft und Freiheit in der Risikogesellschaft,
                                Berlin 1998.

Klinkhammer, Gisela   Ethikkommissionen Verwirrende Vielfalt, DÄBl. 2003,
                                S. A 304 ff.

Kloesel, Arno /   Arzneimittelrecht Kommentar, Stuttgart 2001, 3. Aufl.,
Cyran, Walter /   74. Ergänzungslieferung
Feiden, Karl /
Pabel, Hermann J.

Köck, Wolfgang   Kausalität   im   Haftungsrecht/Klassische und
                                moderne Problemkonstellationen, in: Kausalität und
                                Zurechung/Über   Verantwortung   in   komplexen
                                kulturellen Prozessen, Hrsg.: Weyma Lübbe, Berlin,
                                New York 1994, S. 9 ff.

Köhler, Michael   Medizinische Forschung in der Behandlung des
                                Notfallpatienten, NJW 2002, 853 ff.

Kollhosser, Helmut /   Rechtliche Aspekte sog. Pilotstudien in der medizini-
Krefft, Max   schen Forschung, MedR 1993, S. 93 ff.

Kollhosser, Helmut /   Grundfragen des Arztrechts, JA 1996, S. 339 ff.
Kubillus, Manfred

Koziol, Helmut   Erlaubte Risiken und Gefährdungshaftung, in:
                                Prävention im Umweltrecht, Hrsg.: Fritz Nicklisch,
                                Heidelberg 1988, S. 143 ff.

Kratzsch, Dietrich   Prävention und Unrecht- Eine Replik, in GA 1989,
                                S. 49 ff.

ders.   Verhaltenssteuerung und Organisation im Strafrecht,
                                Berlin 1985.

Kremer-Bax, Alexandra   Das personale Verhaltensunrecht der Fahrlässig-
                                keitstat, Zur Individualisierung des Bewertungsgegen-
                                standes, Marburg 1999.

Kreß, Manfred   Die Ethikkommissionen im System der Haftung bei
                                der Planung und Durchführung von medizinischen
                                Forschungsvorhaben am Menschen, Karlsruhe 1990.

Kretschmer, Joachim   Das Fahrlässigkeitsdelikt, Jura 2000, S. 267 ff.

Kriele, Martin   Wer entscheidet über die Wirksamkeit von
                          Arzneimitteln?, ZRP 1975, S. 260 ff.

Kühl, Kristian   Strafrecht Allgemeiner Teil, 4. Aufl., München 2002.

Küpper, Georg   Grenzen der normativen Strafrechtsdogmatik, Köln,
                          Berlin 1990.

Kuhlen, Lothar   Umweltstrafrecht- auf der Suche nach einer neuen
                          Dogmatik, ZStW 105 (1983), S. 697 ff.

ders.   Der Handlungserfolg der strafbaren Gewässer-
                          reinigung, GA 133 (1986), S. 389 ff.

ders.   Fragen einer strafrechtlichen Produkthaftung,
                          Heidelberg 1989.

ders.   Strafhaftung bei unterlassenem Rückruf gesundheits-
                          gefährdender Produkte, NStZ 1990, S. 566 ff.

Lagodny, Otto   Strafrecht vor den Schranken der Grundrechte,
                          Tübingen 1996.

Lang, August R.   Die rechtliche Problematik der Forschung am
                          Menschen, in: Forschung am Menschen, Hrsg.: H.
                          Kleinsorge/G. Hirsch/ W.Weißauer, München 1985,
                          S. 1 ff.

Laufs, Adolf   Die klinische Forschung am Menschen nach
                          deutschem Recht, VersR 1978, S. 385 ff.

ders.   Arztrecht, 5. Aufl., München 1993 (zit.: Laufs,
                          Arztrecht).

ders.   Zur Freiheit des Arztberufs, in: Festschrift für Erwin
                          Deutsch, Köln, Berlin, Bonn 1999, S. 625 ff.
                          (zit.: Laufs, Arztberuf).

Lazerat, Dirk   Biomedizinische Ethik in Europa zwischen Differenz
                          und Konsens, in: Jahrbuch für Wissenschaft und Ethik
                          1996; Hrsg.: Gethmann / Honnefelder, Berlin, New
                          York 1996.

Leipziger Kommentar	StGB Leipziger Kommentar Großkommentar, 11. Aufl., Hrsg.: Burkhard Jähnke / Heinrich W. Laufhütte/Walter Odersky, 11. Aufl. - §§ 223-233: 37. Lieferung, Berlin, New York 2001, (zit. Bearbeiter: Hirsch). - §§ 15-18: 14. Lieferung, Berlin, New York 1994, (zit. Bearbeiter: Schroeder).
Lenckner, Theodor	Arzt und Strafrecht, in: Praxis der Rechtsmedizin, Hrsg.: Balduin Forster; Stuttgart, New York 1986.
Lilie, Hans / Orben, Steffen	Zur Verfahrenswirklichkeit des Arztstrafrechts, ZRP 2002, S. 154 ff.
Lucke, Doris	Akzeptanz: Legitimität in der "Abstimmungsgesellschaft", Opladen 1995.
Lukes, Rudolf	Gefahren und Gefahrenbeurteilungen in der Rechtsordnung der Bundesrepublik Deutschland, in: Gefahren und Gefahrenbeurteilungen im Recht, Teil I, Hrsg.: Rudolf Lukes, Köln, Berlin, Bonn 1980, S. 17 ff.
Lukes, Rudolf/ Feldmann, Franz / Knüppel, Hans-Chr.	Länderbericht Bundesrepublik Deutschland, in: Gefahren und Gefahrenbeurteilungen im Recht, Teil II, Köln, Berlin, Bonn 1980, S. 71 ff.
Maiwald, Manfred	Kausalität und Strafrecht, Göttingen 1980.
Meder, Stephan	Schuld, Zufall, Risiko: Untersuchung struktureller Probleme privatrechtlicher Zurechnung, Frankfurt a. M. 1993.
Meier, Bernd-Dieter	Verbraucherschutz durch Strafrecht? Überlegungen zur strafrechtlichen Produkthaftung nach der "Lederspray"- Entscheidung des BGH, NJW 1992, S. 3191 ff.
Mengel, Hans-Joachim	Gesetzgebung und Verfahren: ein Beitrag zur Empirie und Theorie des Gesetzgebungsprozesses im föderalen Verfassungsstaat, Berlin 1997.
Meyer, Andreas H.	Die Gefährlichkeitsdelikte, Münster, Hamburg 1997.

Mummenhoff, Winfried   Erfahrungssätze im Beweis der Kausalität, Köln, Berlin, Bonn 1997.

Nicklisch, Fritz   Wechselwirkungen zwischen Technik und Recht, NJW 1982, S. 2633 ff.

Nomos   Kommentar zum Strafgesetzbuch, Bd. 1, 1. Auflage, Baden-Baden 1995 (zit. Bearbeiter: Puppe).

Otto, Harro   Vorangegangenes Tun als Grundlage strafrechtlicher Haftung, NJW 1974, S. 528 ff.

ders.   Die strafrechtliche Haftung für die Auslieferung gefährlicher Produkte, in: Festschrift für Joachim Hirsch zum 70. Geburtstag, Hrsg.: Weigend, Thomas; Küpper, Georg, Berlin/ New York 1993, S. 291 ff.

Pawlowski, Hans-Martin   Einführung in die juristische Methodenlehre, Heidelberg 2000.

Peter, Christoph   Forschung am Menschen, Regensburg, 2000.

Picker, Eduard   Vertragliche und deliktische Schadenshaftung, JZ 1987, S. 1041 ff.

Prittwitz, Cornelius   Strafrecht und Risiko, Frankfurt a. M. 1993.

Puppe, Ingeborg   Zurechnung und Wahrscheinlichkeit, ZStW 95 (1983), S. 287 ff.

dies.   Die Erfolgszurechung im Strafrecht, 1. Aufl., Baden-Baden 2000.

Rosenau, Henning   Landesbericht Deutschland, in: Forschungsfreiheit und Forschungskontrolle in der Medizin, Hrsg.: Erwin Deutsch/Jochen Taupitz, Heidelberg 2000, S. 63 ff.

Roxin, Claus   Pflichtwidrigkeit und Erfolg beim fahrlässigen Delikt, in ZStW 74 Bd. (1962), S. 411 ff.

ders.   Literaturbericht Allgemeiner Teil, in: ZStW 78 Bd. (1966), S. 214 ff.

ders.   Strafrecht Allgemeiner Teil, Bd. 1, Grundlagen, Der Aufbau der Verbrechenslehre, München 1992.

Rudolphi, Hans-Joachim	Die pflichtgemäße Prüfung als Erfordernis der Rechtfertigung, in: Gedächtnisschrift für Horst Schröder, Hrsg.: Walter Stree, Theodor Lenckner, Peter Cramer, Albin Eser, München 1978, S. 73 ff.
Sachs, Michael	Grundgesetz Kommentar, 3. Aufl., München 2003.
Salzwedel, Jürgen	Rechtsgebote der Umweltvorsorge, in: Prävention im Umweltrecht, Hrsg.: Fritz Nicklisch, Heidelberg 1988, S. 13 ff.
Sandbiller, Eva	Interdependenzen zwischen Arzthaftungs- und Krankenversicherungsrecht, MedR 2002, S. 19 ff.
Schenke, Wolf-Rüdiger	Rechtliche Grenzen der Rechtsetzungsbefugnisse von Ärztekammern, NJW 1991, S. 2313 ff.
Schiwy, Peter	Deutsches Arztrecht, Kommentar der Bundesärzteordnung und Sammlung des Medizinalrechts, Bd. 1, 3 (Stand September 2001).
Schlüchter, Ellen	Grundfälle zur Lehre von der Kausalität, JuS 1976, S. 312 ff.
dies.	Grundfälle zur Lehre von der Kausalität, JuS 1977, S. 104 ff.
dies.	Zusammenhang zwischen Pflichtwidrigkeit und Erfolg Fahrlässigkeitstatbeständen, JA 1984, S. 673 ff.
dies.	Grenzen strafbaren Verhaltens, Nürnberg 1996 (zit.: Schlüchter, Grenzen).
dies.	Strafrecht Allgemeiner Teil in aller Kürze, 3. Aufl., Thüngersheim, Frankfurt a. M. 2000 (zit.: Schlüchter, Strafrecht AT).
Schmidt-Bleibtreu, Bruno / Klein, Franz	Kommentar zum Grundgesetz, 9. Aufl., Neuwied 1999 (zit. Bearbeiter: Kannengießer).
Schmidhäuser, Eberhard	Fahrlässige Straftat ohne Sorgfaltspflichtverletzung, in: Festschrift für Friedrich Schaffstein, Hrsg.: Grünwald, Gerald; Miehe, Olaf, S. 129 ff, Göttingen 1975 (zit.: Schmidhäuser, Fahrlässige Straftat).

ders.   Strafrecht Besonderer Teil: Grundriss, 2. Aufl.,
                              Tübingen 1983 (zit.: Schmidhäuser, Strafrecht BT).

Schönke, Adolf /   Kommentar zu Strafgesetzbuch, 26. Auflage,
Schröder, Horst   München 2001 (zit. Bearbeiter: Cramer/Sternberg-
                             Lieben, Eser, Stree).

Schreiber, Hans - Ludwig   Die Nutzen-Risiko-Abwägung in der medizinischen
                             Forschung am Menschen aus: Forschungsfreiheit und
                             -kontrolle in der Medizin, Hrsg. E. Deutsch /
                             J. Taupitz, Heidelberg 2000, S. 303 ff. (zit.: Schreiber,
                             Forschungsfreiheit).

Schroeder,   Die Fahrlässigkeit als Erkennbarkeit der Tatbestands-
Friedrich-Christian   verwirklichung, in: JZ 1989, S. 776 ff.

Schünemann, Bernd   Moderne Tendenzen in der Dogmatik der Fahr-
                             lässigkeits- und Gefährdungshaftung, in: JA 1975,
                             S. 435ff., 575 ff., 647 ff., 787 ff.

ders.   Die Unterlassungsdelikte und die strafrechtliche
                             Verantwortlichkeit für Unterlassungen, ZStW 1984,
                             S. 287 ff.

Schulz, Lorenz   Kausalität und Produkthaftung. Materiell- und
                             prozessrechtliche Aspekte, in: Kausalität und
                             Zurechung/Über Verantwortung in komplexen
                             kulturellen Prozessen, Hrsg.: Weyma Lübbe, Berlin,
                             New York 1994, S. 41 ff.

Siebert, Arvid   Strafrechtliche Grenzen ärztlicher Therapiefreiheit,
                             Berlin, Heidelberg, New York 1983.

ders.   Strafrechtliche Grenzen ärztlicher Therapiefreiheit,
                             MedR 1983, S. 216 ff.

Stock, Meike   Der Probandenschutz bei der medizinischen
                             Forschung am Menschen, Frankfurt a. M. 1998.

Struensee, Eberhard   Objektive Zurechnung und Fahrlässigkeit, in GA 1987,
                             S. 97 ff.

ders.   Der subjektive Tatbestand des fahrlässigen Deliktes,
                             JZ 1987, S. 53 ff.

Systematischer Kommentar	Kommentar zum Strafgesetzbuch, Bd. 1 Allgemeiner Teil / §§ 1-37, 37. Lieferung (Oktober 2002), Hrsg.: Hans-Joachim Rudolphi/Eckard Horn/Erich Samson (zit. Bearbeiter: Horn, Hoyer, Rudolphi, Samson).
Taupitz, Jochen	Die Neufassung der Deklaration von Helsinki des Weltärztebundes vom Oktober 2000, in: MedR 2001, S. 277 ff.
ders.	Forschung am Menschen, Die neue Deklaration von Helsinki, DÄBl. 2001, S. A 2413 ff.
Tiedemann, Inge K.	Voraussetzungen und Grenzen rechtlicher Regelungen für die Tätigkeit von Ethik-Kommissionen bei Forschungsvorhaben am Menschen, ZRP 1991, S. 54 ff.
Tröndle, Herbert/ Fischer, Thomas	Strafgesetzbuch und Nebengesetze, 51. Aufl., München 2003.
Ulsenheimer, Klaus	Arztstrafrecht in der Praxis, 2. Aufl., Heidelberg 1998.
Victor, Norbert	Prüfung der wissenschaftlichen Qualität und biometriespezifischer Anforderungen durch die Ethikkommissionen?, MedR 1999, S. 408 ff.
Wagner, Gerlinde	Arzneimittel-Delinquenz, Herstellen und Inverkehrbringen von Arzneimitteln, Lübeck 1984 (zit.: Gerlinde Wagner).
Wagner, Hellmut	Die Risiken von Wissenschaft und Technik als Rechtsproblem, NJW 1980, S. 665 ff (zit.: Hellmut Wagner).
Welti, Felix / Raspe, Heiner	Evidenz und Akzeptanz von Medizin und Recht, NJW 2002, S. 874 ff.
Welzel, Hans	Abhandlungen zum Strafrecht und zur Rechtsphilosophie, Berlin, New York 1975.
Wessels, Johannes/ Beulke, Werner	Strafrecht Allgemeiner Teil, Die Straftat und ihr Aufbau, 32. Aufl., Heidelberg 2002.
Wessler, Ignaz	Erhebliche Verantwortung für Ethikkommissionen, DÄBL. 2001, S. A 2410 ff.

Wilkening, Almut   Zur aktuellen Praxis der Ethik-Kommissionen -
                          Verbreitung, Besetzung und Beratungsinhalte,
                          MedR 2001, S. 301 ff.

Winter, Stefan/   Von Menschenbild und Menschenwürde, DÄBl. 2000,
Fuchs, Christoph   S. A - 301 ff.

Wohlers, Wolfgang   Deliktstypen des Präventionsstrafrechts - zur
                          Dogmatik "Moderner" Gefährdungsdelikte, Berlin
                          2000.

Wolf, Rainer   Rechtsordnung und Technostruktur: Die Grenzen
                          regulativer Politik im Bereich der Kernenergie, in:
                          Jahrbuch für Rechtssoziologie und Rechtstheorie /Bd.
                          VIII: Rechtsformen der Verfechtung von Staat und
                          Wirtschaft, Hrsg.: Werner Maihofer, Helmut Schelsky,
                          Dortmund 1982, S. 240 ff.

Wolter, Jürgen   Objektive und personale Zurechung von Verhalten,
                          Gefahr und Verletzung in einem funktionalen
                          Straftatsystem, Berlin 1981.

Zielinski, Diethart   Handlungs- und Erfolgsunwert im Unrechtsbegriff,
                          Berlin 1973.

Anhang

I. Arzneimittelgesetz (AMG): Auszüge

Gesetz über den Verkehr mit Arzneimitteln
vom 24. August 1976 (BGBl I 1976, 2445, 2448) i. d. F. v. 11. Dezember 1998
(BGBl I, 3586), zuletzt geändert durch Gesetz vom 21. August 2002 (BGBl I, 3352)

Sechster Abschnitt

Schutz des Menschen bei der Klinischen Prüfung

§ 40   Allgemeine Voraussetzungen

(1)   Die klinische Prüfung eines Arzneimittels darf bei Menschen nur durchgeführt werden, wenn und solange

1.   die Risiken, die mit ihr für die Person verbunden sind, bei der sie durchgeführt werden soll, gemessen an der voraussichtlichen Bedeutung des Arzneimittels für die Heilkunde, ärztlich vertretbar sind,

2.   die Person, bei der sie durchgeführt werden soll, ihre Einwilligung hierzu erteilt hat, nachdem sie durch einen Arzt über Wesen, Bedeutung und Tragweite der klinischen Prüfung aufgeklärt worden ist, und mit dieser Einwilligung zugleich erklärt, dass sie mit der im Rahmen der klinischen Prüfung erfolgenden Aufzeichnung von Krankheitsdaten, ihrer Weitergabe zur Überprüfung an den Auftraggeber, an die zuständige Überwachungsbehörde oder die zuständige Bundesoberbehörde und, soweit es sich um personenbezogene Daten handelt, mit deren Einsichtnahme durch Beauftragte des Auftraggebers oder der Behörden einverstanden ist,

(...)

5. eine dem jeweiligen Stand der wissenschaftlichen Erkenntnisse entsprechende pharmakologisch-toxikologische Prüfung durchgeführt worden ist,

6. die Unterlagen über die pharmakologisch-toxikologische Prüfung, der dem jeweiligen Stand der wissenschaftlichen Erkenntnisse entsprechende Prüfplan mit Angabe von Prüfern und Prüforten und das Votum der für den Leiter der klinischen Prüfung zuständigen Ethik-Kommission bei der zuständigen Bundesbehörde vorgelegt worden sind,

(...)

8. für den Fall, dass bei der Durchführung der klinischen Prüfung ein Mensch getötet oder der Körper oder die Gesundheit eines Menschen verletzt wird, eine Versicherung nach Maßgabe des Absatzes 3 besteht, die auch Leistungen gewährt, wenn kein anderer für den Schaden haftet.

Die klinische Prüfung eines Arzneimittels darf beim Menschen vorbehaltlich des Satzes 3 nur begonnen werden, wenn diese zuvor von einer nach Landesrecht gebildeten unabhängigen Ethik-Kommission zustimmend bewertet worden ist; Voraussetzung einer zustimmenden Bewertung ist die Beachtung der Vorschriften in Satz 1 Nr. 1 bis 5, Nr. 6, soweit sie die Unterlagen über die pharmakologisch-toxikologische Prüfung und den Prüfplan betrifft, sowie Nr. 7 und 8. Soweit keine zustimmende Bewertung der Ethik-Kommission vorliegt, darf mit der klinischen Prüfung erst begonnen werden, wenn die zuständige Bundesoberbehörde innerhalb von 60 Tagen nach Eingang der Unterlagen nach Satz 1 Nr. 6 nicht widersprochen hat. (...)

(...)

§ 41 Besondere Voraussetzungen

Auf eine klinische Prüfung bei einer Person, die an einer Krankheit leidet, zu deren Behebung das zu prüfende Arzneimittel angewendet werden soll, findet § 40 Abs. 1 bis 3 mit folgender Maßgabe Anwendung:

1. Die klinische Prüfung darf nur durchgeführt werden, wenn die Anwendung des zu prüfenden Arzneimittels nach den Erkenntnissen der medizinischen Wissenschaft angezeigt ist, um das Leben des Kranken zu retten, seine Gesundheit wiederherzustellen oder sein Leiden zu erleichtern.

(...)

§ 96 Strafvorschriften

Mit Freiheitsstrafe bis zu einem Jahr oder mit Geldstrafe wird bestraft, wer

(...)

10. entgegen einer Vorschrift des § 40 Abs. 1 Nr. 1, 2, 3, 4, 5 oder 8, Abs. 4 oder des § 41 Nr. 1, jeweils auch in Verbindung mit § 73 Abs. 4, die klinische Prüfung eines Arzneimittels durchführt,

(...)

§ 97 Bußgeldvorschriften

(1) Ordnungswidrig handelt, wer eine der in § 96 bezeichneten Handlungen fahrlässig begeht.

(2) Ordnungswidrig handelt auch, wer vorsätzlich oder fahrlässig

(...)

9. entgegen einer Vorschrift des § 40 Abs. 1 Nr. 6 oder 7, auch in Verbindung mit § 73 Abs. 4, eine klinische Prüfung eines Arzneimittels durchführt.

(...)

II. Medizinproduktegesetz (MPG): Auszüge

Gesetz über Medizinprodukte

v. 2. August 1994 (BGBl I, 1994, 1963) i. d. F. v. 7. 8. 2002 (BGBl I, 3146)

§ 20 Allgemeine Voraussetzungen zur klinischen Prüfung

(1) Die klinische Prüfung eines Medizinproduktes darf bei Menschen nur durchgeführt werden, wenn und solange

1. die Risiken, die mit ihr für die Person verbunden sind, bei der sie durchgeführt werden soll, gemessen an der voraussichtlichen Bedeutung des Medizinproduktes für die Heilkunde ärztlich vertretbar sind,

2. die Person, bei der sie durchgeführt werden soll, ihre Einwilligung hierzu erteilt hat, nachdem sie durch einen Arzt, bei für die Zahnheilkunde bestimmten Medizinprodukten auch durch einen Zahnarzt, über Wesen, Bedeutung und Tragweite der klinischen Prüfung aufgeklärt worden ist und mit dieser Einwilligung zugleich erklärt, dass sie mit der im Rahmen der klinischen Prüfung erforderlichen Aufzeichnung von Gesundheitsdaten und mit der Einsichtnahme zu Prüfungszwecken durch Beauftragte des Auftraggebers oder der zuständigen Behörde einverstanden ist,

(...)

5. soweit erforderlich, eine dem jeweiligen Stand der wissenschaftlichen Erkenntnisse entsprechende biologische Sicherheitsprüfung oder sonstige für die vorgesehene Zweckbestimmung des Medizinproduktes erforderliche Prüfung durchgeführt worden ist,

(...)

8. ein dem jeweiligen Stand der wissenschaftlichen Erkenntnisse entsprechender Prüfplan vorhanden ist und

9. für den Fall, dass bei der Durchführung der klinischen Prüfung ein Mensch getötet oder der Körper oder die Gesundheit eines Menschen verletzt oder beeinträchtigt wird, eine Versicherung nach Maßgabe des Absatzes 3 besteht, die auch Leistungen gewährt, wenn kein anderer für den Schaden haftet.

(...)

(6) Die klinische Prüfung ist vom Auftraggeber der zuständigen Behörde sowie von den beteiligten Prüfeinrichtungen den für sie zuständigen Behörden anzuzeigen. (...)

(7) Mit der klinischen Prüfung darf, soweit nichts anderes bestimmt ist, in Deutschland erst begonnen werden, nachdem die Anzeigen nach Absatz 6 Satz 1 erfolgt sind und eine zustimmende Stellungnahme einer unabhängigen und interdisziplinär besetzten sowie beim Bundesinstitut für Arzneimittel und Medizinprodukte registrierten Ethikkommission vorliegt. Bei multizentrischen Studien genügt ein Votum. Aus der Stellungsnahme muss hervorgehen, dass die in Absatz 8 Satz 1 genannten Aspekte geprüft sind. Soweit eine zustimmende Stellungnahme einer Ethikkommission nicht vorliegt, kann mit der betreffenden klinischen Prüfung nach Ablauf einer Frist von 60 Tagen nach der Anzeige durch den Auftraggeber begonnen werden, es sei denn, die zuständige Behörde hat innerhalb dieser Frist eine auf Gründe der öffentlichen Gesundheit oder der öffentlichen Ordnung gestützte gegenteilige Entscheidung mitgeteilt.

(8) Die Ethikkommission hat die Aufgabe, den Prüfplan mit den erforderlichen Unterlagen, insbesondere nach ethischen und rechtlichen Gesichtspunkten, mit mindestens fünf Mitgliedern mündlich zu beraten und zu prüfen, ob die Voraussetzungen nach Absatz 1 Nr. 1 und 4 bis 9, Absatz 4 Nr. 1 bis 3 und Absatz 5 vorliegen. (...)

§ 21   Besondere Voraussetzungen zur klinischen Prüfung

Auf eine klinische Prüfung bei einer Person, die an einer Krankheit leidet, zu deren Behebung das zu prüfende Medizinprodukt angewendet werden soll, findet § 20 Absatz 1 bis 3 sowie 6 bis 8 mit folgender Maßgabe Anwendung:

1. Die klinische Prüfung darf nur durchgeführt werden, wenn die Anwendung des zu prüfenden Medizinproduktes nach den Erkenntnissen der medizinischen Wissenschaft angezeigt ist, um das Leben des Kranken zu retten, seine Gesundheit wiederherzustellen oder sein Leiden zu erleichtern.

(...)

§ 41   Strafvorschriften

Mit Freiheitsstrafe bis zu einem Jahr oder mit Geldstrafe wird bestraft, wer

(...)
4.   entgegen § 20 Abs. 1 Nr. 1 bis 6 oder 9, jeweils auch in Verbindung mit Abs. 4 oder 5 oder § 21 Nr. 1, oder entgegen § 20 Abs. 7 Satz 1 eine klinische Prüfung durchführt.

(...)

§ 41   Bußgeldvorschriften

(...)
(2)   Ordnungswidrig handelt, wer vorsätzlich oder fahrlässig
(...)
10.   entgegen § 20 Abs. 1 Nr. 7 oder 8, jeweils auch in Verbindung mit § 21 Nr. 1, eine klinische Prüfung durchführt.

(...)

III. Musterberufsordnung (MBO): Auszüge

(Muster-) Berufsordnung (MBO) für die deutschen Ärztinnen und Ärzte

in der Fassung der Beschlüsse des 100. Deutschen Ärztetages 1997 in Eisenach,
zuletzt geändert durch die Beschlüsse des 105. Deutschen Ärztetages 2002 in
Rostock

(Abgedruckt bei Schiwy, Nr. 31)

§ 15 Forschung

(1) Der Arzt muss sich vor der Durchführung biomedizinischer Forschung am Menschen - ausgenommen bei ausschließlich epidemiologischen Forschungsvorhaben - durch eine bei der Ärztekammer oder bei einer Medizinischen Fakultät gebildeten Ethik-Kommission über die mit seinem Vorhaben verbundenen berufsethischen und berufsrechtlichen Fragen beraten lassen. Dasselbe gilt vor der Durchführung gesetzlich zugelassener Forschung mit vitalen menschlichen Gameten und lebendem embryonalen Gewebe.

(2) Zum Zwecke der wissenschaftlichen Forschung und Lehre dürfen der Schweigepflicht unterliegende Tatsachen und Befunde grundsätzlich nur soweit offenbart werden, als dabei die Anonymität des Patienten gesichert ist oder dieser ausdrücklich zugestimmt.

(3) In Publikationen von Forschungsergebnissen sind die Beziehungen des Arztes zum Auftraggeber und dessen Interessen offenzulegen.

IV. Revidierte Deklaration von Helsinki (RDH): Auszüge

Deklaration des Weltärztebunde von Helsinki

Ethische Grundsätze für die medizinische Forschung am Menschen

v. Juni 1964 in der Fassung der 52. Generalversammlung des Weltärztebundes, Edinburgh, Schottland, Oktober 2000

(Abgedruckt bei Deutsch, Medizinrecht, Anhang)

A. Einleitung

1. Mit der Deklaration von Helsinki hat der Weltärztebund eine Erklärung ethischer Grundsätze als Leitlinie für Ärzte und andere Personen entwickelt, die in der medizinischen Forschung am Menschen tätig sind. (...)

(...)

5. In der medizinischen Forschung am Menschen haben Überlegungen, die das Wohlergehen der Versuchsperson (die von der Forschung betroffene Person) betreffen, Vorrang vor den Interessen der Wissenschaft und Gesellschaft.

(...)

8. Medizinische Forschung unterliegt ethischen Standards, die die Achtung vor den Menschen fördern und ihre Gesundheit und Rechte schützen. (...)

(...)

B.   Allgemeine Grundsätze für jede Art von medizinsicher Forschung

(...)

11.   Medizinische Forschung am Menschen muss den allgemein anerkannten
       wissenschaftlichen Grundsätzen entsprechen, auf einer umfassenden
       Kenntnis der wissenschaftlichen Literatur, auf anderen relevanten
       Informationsquellen sowie auf ausreichenden Laborversuchen und
       gegebenenfalls Tierversuchen basieren.

(...)

13.   Die Planung und Durchführung eines jeden Versuchs am Menschen ist
       eindeutig in einem Versuchsprotokoll niederzulegen. Dieses Protokoll ist
       einer besonders berufenen Ethikkommission zur Beratung, Stellungnahme,
       Orientierung und gegebenenfalls zur Genehmigung vorzulegen, die
       unabhängig vom Forschungsteam, vom Sponsor oder anderen
       unangemessenen Einflussfaktoren sein muss. (...)

14.   Das Forschungsprotokoll muss stets die ethischen Überlegungen im
       Zusammenhang mit der Durchführung des Versuchs darlegen und
       aufzeichnen, dass die Einhaltung der in dieser Deklaration genannten
       Grundsätze gewährleistet ist.

(...)

16.   Jedem medizinischen Forschungsvorhaben am Menschen hat eine
       sorgfältige Abschätzung der voraussehbaren Risiken und Belastungen im
       Vergleich zu dem voraussichtlichen Nutzen für die Versuchsperson oder
       andere vorauszugehen. (...)

17.   Ärzte dürfen nicht bei Versuchen am Menschen tätig werden, wenn sie
       nicht überzeugt sind, dass die mit dem Versuch verbundenen Risiken
       entsprechend eingeschätzt worden sind und in zufriedenstellender Weise
       beherrscht werden können. (...)

18.   Medizinische Forschung am Menschen darf nur durchgeführt werden, wenn
       die Bedeutung des Versuchsziels die Risiken und Belastungen für die
       Versuchsperson überwiegt. (...).

(...)

20. Die Versuchspersonen müssen Freiwillige sein und über das Forschungsvorhaben aufgeklärt sein.

(...)

C. Weitere Grundsätze für die medizinische Forschung in Verbindung mit ärztlicher Versorgung

28. Der Arzt darf medizinische Forschung mit der ärztlichen Behandlung nur insoweit verbinden, als dies durch den möglichen prophylaktischen, diagnostischen oder therapeutischen Wert der Forschung gerechtfertigt ist.

(...)

29. Vorteile, Risiken, Belastungen und die Effektivität eines neuen Verfahrens sind gegenüber denjenigen der gegenwärtig besten prophylaktischen, diagnostischen und therapeutischen Methoden abzuwägen. (...)

(...)

V. Menschenrechtsübereinkommen zur Biomedizin (Menschenrechtsübereinkommen): Auszüge

Übereinkommen zum Schutz der Menschenrechte und der Menschenwürde im Hinblick auf die Anwendung von Biologie und Medizin: Übereinkommen über Menschenrechte und Biomedizin vom 4. April 1997 (Nichtamtliche deutsche Fassung abgedruckt in: BT-Drs. 13/S. 19 ff.)

Artikel 16: Schutz von Personen bei Forschungsvorhaben

Forschung an einer Person ist nur zulässig, wenn die folgenden Voraussetzungen erfüllt sind:

i) Es gibt keine Alternative von vergleichbarer Wirksamkeit zur Forschung am Menschen;

ii) die möglichen Risiken für die Person stehen nicht im Missverhältnis zum möglichen Nutzen der Forschung;

iii) die zuständige Stelle hat das Forschungsvorhaben gebilligt, nachdem eine unabhängige Prüfung seinen wissenschaftlichen Wert einschließlich der Wichtigkeit des Forschungsziels bestätigt hat und eine interdisziplinäre Forschung ergeben hat, dass es ethisch vertretbar ist;

iv) die Personen, die sich für ein Forschungsvorhaben zur Verfügung stellen, sind über ihre Rechte und die von der Rechtsordnung zu ihrem Schutze vorgesehenen Sicherheitsmaßnahmen unterrichtet worden, und

v) die nach Artikel 5 notwendige Einwilligung ist ausdrücklich und eigens für diesen Fall erteilt und urkundlich festgehalten worden. Diese Einwilligung kann jederzeit frei widerrufen werden.

SCHRIFTEN ZUM STRAFRECHT UND STRAFPROZESSRECHT

Herausgegeben von Manfred Maiwald

Band 67 Bettina Noltenius: Kriterien der Abgrenzung von Anstiftung und mittelbarer Täterschaft. Ein Beitrag auf der Grundlage einer personalen Handlungslehre. 2003.

Band 68 Bettina Kraft: Tendenzen in der Entwicklung des Jugendstrafrechts seit der Jugendgerichtsbewegung. 2003.

Band 69 Jessica Däbritz: Die Bestimmung strafbaren fahrlässigen Verhaltens in der Forschung am Beispiel ärztlicher Humanerprobungen. Ein Beitrag zur methodischen Ermittlung und inhaltlichen Bestimmung von Sorgfaltspflichten in der Humanforschung. 2004.

Band 70 Maike Steenbock: Über die Unfallflucht als Straftat. Eine kritische Untersuchung zum Zusammenhang der Strafbarkeit der Unfallflucht mit den Besonderheiten des Straßenverkehrs. 2004.

Peter Lang · Europäischer Verlag der Wissenschaften

Tanja Kaschubs-Saeedi

Menschliches Leben als Schutzgut des Strafrechts

Studien zu den Grenzen des Strafrechts im Zeitalter von Reanimations-, Transplantationsmedizin und Humanexperiment

Frankfurt am Main, Berlin, Bern, Bruxelles, New York, Oxford, Wien, 2002. XVII, 308 S.
Europäische Hochschulschriften: Reihe 2, Rechtswissenschaft. Bd. 3523
ISBN 3-631-50185-4 · br. € 50.10

Das geltende Transplantationsrecht wirft neue Probleme an den Grenzen des Lebens auf. Ist der Hirntod allgemeinverbindlich als juristischer Tod des Menschen anzuerkennen oder spielt er nur als formelles Entnahmekriterium eine Rolle? Könnte auch ein Teilhirntodkriterium als sicheres Todeszeichen anerkannt werden? Die Arbeit ist eine Suche nach verbindlichen Richtlinien insbesondere am Lebensende in Form einer juristischen Todesdefinition. Dabei wird im Rahmen der Sterbehilfediskussion die Frage untersucht, ob das Leben naturnotwendig als das höchste Gut angesehen werden muß, oder ob dem Selbstbestimmungsrecht möglicherweise der höhere Rang gebührt. Welche Antworten können Lebensrecht und Menschenwürde auf die Frage geben, ob Embryonen bei der Gewinnung von Stammzellen zu Forschungszwecken verbraucht werden dürfen oder nicht? All diese offenen Fragen führen im Grunde zu der einen: Wie sicher ist das Strafrecht an den Grenzen des Lebens?

Aus dem Inhalt: Strafrechtssicherheit an Lebensbeginn und Lebensende · Organtransplantation, Sterbehilfe, Embryonenforschung · Was ist der Mensch im Spannungsfeld von Lebensschutz, Selbstbestimmungsrecht und Menschenwürde im Zeitalter von Reanimations-, Transplantationsmedizin und Humanexperiment

Frankfurt am Main · Berlin · Bern · Bruxelles · New York · Oxford · Wien
Auslieferung: Verlag Peter Lang AG
Moosstr. 1, CH-2542 Pieterlen
Telefax 00 41 (0) 32 / 376 17 27

*inklusive der in Deutschland gültigen Mehrwertsteuer
Preisänderungen vorbehalten
Homepage http://www.peterlang.de